행복한 이기주의자

두 번째 이야기

Wayne Dyer

웨인 다이어 지음 김선 옮김

행복한 이기주의자
두 번째 이야기

언제나
답은 내 안에 있다

Wisdom of the Ages

21세기북스

인생 여정에서 우리는 날마다 새롭게 지혜의 보석을 발견하고 이를 제대로 갈고 닦는 삶을 살고자 애쓰지만 뜻대로 되지 않아 좌절하고 고민할 때가 많습니다. 이 책에 소개된 다양한 모습의 역사적 인물들이 들려주는 시와 경구와 철학적 단상들은 오랜 세월이 지났어도 빛바래지 않은 깨우침으로 우리에게 일상을 살아갈 새로운 힘과 용기를 줍니다.

인용된 텍스트를 더 잘 이해하기 위해 이 책을 엮은 저자가 곁들이는 설명만으로도 친절해서 좋은데 한걸음 더 나아가 우리가 일상생활에 적용할 수 있는 실천적인 항목까지 구체적으로 제시해 주니 마치 경건한 수련회나 피정retreat에 초대된 느낌이 들기도 합니다.

이 책이 우리 모두에게 갈 길을 밝혀주는 소중한 인생 길잡이가 될 수 있길 바라며 많은 분들에게 즐거운 일독을 추천하고 싶습니다. 이 책의 원제인 '세기의 지혜Wisdom of the ages'가 우리네 일상의 지혜로 계속 이어질 수 있기를 기원하면서. -이해인(수녀, 시인)

나같은 소인배가 이렇게 훌륭한 책에 꼬리표를 달아 말해도 좋을지 모르겠다. 감히 송구한 마음으로 몇 말씀을 달아보면 이러하다.

사람은 자기 삶을 통해 무언가를 배우게 되어 있다. 성공이나 행복보다는 실패와 불행을 통해 배우게 되어 있다. 그래서 나이가 들면 제법 무언가를 아는 사람이 된다. 하지만 그때는 이미 많이 늦은 때이다. 만시지탄(晚時之嘆)이 있게 마련이다. 좀 더 일찍 알았어야 했다. 그래야 그 배운 것을 써먹을 수 있지. 그것이 현명이고 지혜다.

내 삶을 보다 좋은 쪽으로 안내하고 함께하는 능력! 일생의 실패와 불행을 통해 얻지 못할 지혜와 현명을 이 책이 가져다줄 것이다. 그래서 책이 필요한 것이고 좋은 것이다. -나태주(시인)

옛사람들은 밤하늘의 별을 보면서 길을 찾아갔지요. 우리 인생의 길은 어떻게 찾을까요. 앞사람의 발자국이 내비게이션이 되어주겠지요. 호젓한 길에 숨어 있지만 족적이 또렷한 발자국, 심리학자 웨인 다이어는 애써 찾아낸 그 걸음걸음을 우리에게 기꺼이 알려줍니다. 하나씩 들여다보노라면 60일이 훌쩍 지나갈 정도로 의미 있고 소중한 나침반 말입니다. 이제 당신 마음속에는 별이 하나 반짝일 겁니다. -이금희(방송인)

우리의 삶은 한 번뿐이지만, 먼저 살아 본 이들이 남긴 글과 말을 통해 오늘을 좀 더 괜찮은 하루로 만들 수 있다. 수천 년 전의 삶이나 지금의 삶이나 우리가 당면한 삶의 진리는 똑같다. 책 속에서 자신이 선택한 길을 먼저 충실히 걸어간 이들이 건네는 말처럼, 끝내 맞이하게 될 우리의 시간도 그들처럼 사랑 안에서, 두려워하기보다는 미소 지으며 맞을 수 있다고 믿는다. -김혜남(정신분석 전문의, 『만일 내가 인생을 다시 산다면』 저자)

실패와 실수를 하지 않는 사람은 없다. 하지만 시행착오가 길어질수록 어떻게 살아야 될지 길을 잃으며 위기가 찾아온다. 그럴 때 우리보다 먼저 길을 찾아 걸어나간 이들에게 소중한 힌트를 얻을 수 있다. 웨인 다이어와 함께 인생의 해답을 찾은 이들의 지혜를 따라 여러분의 답을 스스로 찾을 수 있게 되길 바란다. -김미경(MKYU 대표)

매일 만나는 행복을 위한 지침서

지금과 분명 달랐을 과거에는 세상이 어떤 모습이었을지 상상해 본다. 우리보다 앞서 살았던 사람들은 무엇을 느끼고 어떤 생각을 했을까? 피타고라스, 부처, 예수, 미켈란젤로, 셸리, 셰익스피어, 에머슨, 그리고 우리가 존경하는 수많은 정신적 지도자들이 우리와 똑같은 땅을 걸어다니고, 똑같은 물을 마시고, 똑같은 달을 보고, 오늘 내 몸을 덥혀 준 바로 그 햇볕에 몸을 녹였다고 상상하면 호기심이 구름처럼 피어오른다. 그런데 그보다 더 흥미를 끄는 것은 '시대를 초월한 이 위대한 인물들이 우리에게 과연 무엇을 알려 주고 싶어 했는가.'이다.

그들이 남겨 준 지혜를 깨달아 그것을 삶에 적용하며 살아간다면, 우리 마음속 깊은 곳에서부터 변화가 일어나리라는 생각이 들었다. 이 해박한 스승들 중 상당수는 당시에 문제적 인간으로 취급되었다.

어떤 이들은 자신의 신념 때문에 죽어야 했다. 그러나 그들의 가르침은 결코 침묵으로 묻힐 수 없었다.

그들의 말은 아직도 살아 있으며, 우리에게 더 심오하고 풍요로운 인생을 경험하라고 조언한다. 이 현명하고 창조적인 사람들은 지금 이 순간도 우리에게 속삭이고 있다. 어떤 의미에서, 지금 이 지구에 살고 있는 우리들은 우리보다 먼저 살았던 이들과 여러 가지 방법으로 관계를 맺고 있다. 이 책은 이 놀라운 사실을 마음속으로 되새겨 보고, 현명하고 위대했던 이들의 지혜를 함께 나누기 위해 쓴 것이다.

그들이 남긴 산문, 시, 연설에는 인생의 위대한 교훈이 담겨 있다. 그들은 지금과는 판이하게 다른 시대에 살았지만, 아직도 당신과 나에게 말을 건넨다. 과거의 위대한 정신들은 그들의 언어를 통해 아직도 우리와 함께 존재하고 있는 것이다.

나는 우리의 옛 스승들 중에서 60명을 선택했는데, 그들은 고대, 중세, 르네상스, 근대 그리고 현대를 대표하는 세계 각지의 다양한 그룹으로 이루어져 있다. 어떤 이들은 90세를 넘어서까지 살았는가 하면 어떤 이들은 이십 대 초반에 죽었다. 남자도 있고, 여자도 있다. 아메리카 원주민, 극동지방, 중동지방 사람도 있다. 학자, 군인, 과학자, 철학자, 시인, 정치가들도 모두 여기 모였다. 그들은 각자 여러분에게 하고 싶은 말이 있는 것이다.

이 책에서는 60명으로 한정했지만, 여기서 언급하지 않은 사람들역시 중요하기는 마찬가지다. 선정한 글귀 하나하나와 글쓴이의 면면은, 각 장의 주제를 잘 설명하기 위해 선택한 것일 뿐이다. 과거의 위대한 스승들을 빠짐없이 포함하려면, 이 책을 트레일러와 크레인으로 들어올려야 할지도 모른다. 우리 조상들이 남긴 유산은 그만큼 방대하다!

이 책의 각 장은, 고귀한 스승들의 저술이 지금 여기 있는 당신에게 어떤 도움이 되는지를 설명하는 식으로 풀어냈다. 그리고 각각의 장 끝에는 이 교훈들을 삶에서 직접 실행할 수 있는 방법들을 실었다. 그것은 우리가 가장 존경하는 스승들이 갖춘 통찰력을 당신도 공유하도록 하고 싶어서이다. 따라서 여기에 선정된 글 하나하나를 열린 마음으로 읽기 바란다. 그러면 내가 이 글을 쓰면서 그랬듯이, 여러분도 그들과 함께 있다는 것을 느낄 것이다.

이 책에 선정된 글은 대부분 시다. 나는 시를 유희가 아닌, 마음의 언어라고 생각한다. 그것은 또한 서로의 지혜를 주고받을 수 있는, 짧지만 강력한 통로라고 믿는다. 지혜는 무지를 밝힌다. 내가 그랬던 것처럼, 제대로 마주한 적 없던 완전한 나의 모습, 내가 정말로 사랑하는 것들, 그리고 내가 진실해지는 순간은 언제인지를 당신도 알게 되기를 바란다. 그리하여 마침내 당신이 원하는 삶의 모습을 살아갈 지혜를 얻는다면, 나로서는 더할 나위 없는 기쁨이다.

당신은 이제 각각 다른 장소와 다른 시대에 살면서, 당신을 향해 직접 메시지를 남긴 60명의 당당한 영혼들을 만나려는 찰나에 있다. 비록 이 세상을 떠났지만 아직도 우리 곁에 머물고 있는 위대한 현인들을 만나, 최상의 지혜를 얻게 되길 바란다.

이 책이 2개월 동안 매일, 어제의 나보다 나은 하루를 살게 하는, 당신의 영혼을 새롭게 하는 지침서가 되기를 바란다. 그 계획에 따라 매일 한 장씩 읽은 다음, 그날 그 장에서 제안하는 것을 적용하려고 의식적으로 노력하라. 그리고 두 달 뒤에는 이것을 당신에게 주어진 한 해를 인도할 참고서로 사용해 보자.

차례에 있는 60개의 주제를 살펴보고 나서, 당신이 인내, 자비, 친절, 명상, 용서, 겸손, 리더십, 기도, 또는 그 외에 과거의 스승들이 언급한 것을 더 강화할 필요가 있다면, 그 주제에 관한 글을 다시 읽고 역동적으로 적용해 보자. 이렇게 하면 당신의 하루가 충만하게 될 것이다!

당신의 마음속에 그들의 지혜가 살아 반짝이게 하고, 당신의 삶이 더 빠르고 강하게 고동치도록 하라. 과거의 위대한 스승들은 내가 그렇게 할 수 있도록 도와주었다. 당신 또한, 모든 시대의 지혜를 삶에 적용할 수 있기를 소망한다.

웨인 다이어

Wayne Dyer
WISDOM OF THE AGES

차 례

1부 · 나는 내 운명의 주인

2부 · 나는 내 영혼의 선장

3부 · 나는 내 인생의 옹호자

4부 · 그 누구도 섬이 아니다

5부 · 충만한 삶을 살기 위하여

1부

나는
내 운명의
주인

01

피타고라스와 파스칼 · 명상의 힘

우리가 침묵할 때
마음속에서 일어나는 일

피타고라스(580 B. C.~500 B. C.)
그리스 철학자이자 수학자인 피타고라스는 무게, 크기, 음악적 원리 등에 관한
수학 연구에 특히 관심이 있었다.

블레즈 파스칼(1623~1662)
블레즈 파스칼은 프랑스의 철학자, 과학자, 수학자이자 작가로
수리학과 순수 기하학 분야를 다룬 논문들을 썼다.

침묵하는 법을 배우라.

너의

고요한 마음이

흡수하게 하라.

들리는 그대로. **피타고라스**

인간의 모든 불행은 방안에 홀로 조용히 앉아 있을 수 없는 것에

서 시작된다. **블레즈 파스칼**

이 책에서 한 주제를 조명하기 위해 두 명의 작가를 선정한 것은 이 장뿐이다. 피타고라스와 파스칼은 2,200년이라는 시간의 격차를 두고 수학과 과학 분야에서 각각 당대의 가장 뛰어난 인물로 손꼽혔다.

피타고라스는 플라톤과 아리스토텔레스의 사상에 영향을 주었고, 특히 수학과 서구 합리주의 철학의 발전에 크게 이바지했다. 파스칼은 '과학적 사고'의 원조로 평가받는 사람 가운데 하나로, 수동식 펌프, 수압기 그리고 디지털 계산기를 최초로 발명했다. 아직도 세계 곳곳의 학교에서는 압력에 관한 법칙인 '파스칼의 법칙'을 아이들에게 가르친다.

두 과학자가 지극히 논리적인 사람들이었음을 기억하면서, 다음 인용문을 다시 읽어보자. 파스칼은 이렇게 말했다. "인간의 모든 불행은 방 안에 홀로 조용히 앉아 있을 수 없는 것에서 시작된다." 피타고라스는 다음과 같이 말했다. "침묵하는 법을 배우라. 너의 고요한 마음이 흡수하게 하라. 들리는 그대로."

두 사람 모두 삶에서 침묵과 명상이 얼마나 중요하고 가치 있는지를 말하고 있다. 당신이 회계사이든 예술가이든 그건 상관없다. 침묵 속에서 홀로 시간을 보내는 것은 매우 가치 있는 일이다. 그들은 우리에게 다소 낯설 수도 있지만 아주 중요한 삶의 존재 방식에 대해 말해주고 있다. 불행에서 벗어나려면, 방안에 홀로 조용히 앉아 명상하는 법을 배우라.

일반적으로 사람은 하루에 6만 개 정도의 생각을 한다고 한다. 문제는 어제 했던 6만 개의 생각을 오늘 또 하고 내일 다시 반복한다는 것이다. 우리 마음속은 날이면 날마다 똑같은 수다로 가득 차 있다. 명상하는 법을 배운다는 것은, 생각과 생각 사이에 있는 빈 공간, 즉 생각의 틈새로 들어가는 길을 찾아내는 것이다. 당신은 생각들 사이에 있는 이 고요한 빈 공간에서 완전한 평화가 어떤 것인지 느낄 수 있을 것이다. 보통의 경우 그 평화는 전혀 감지할 수 없는 영역에 속해 있다. 하루에 6만 개의 독립된 생각을 한다면 그 생각들 사이에 있는 공간으로 비집고 들어가기란 여간 힘든 게 아닐 것이다.

밤이고 낮이고 전속력으로 달릴 생각만 하는 우리의 머릿속은 언제나 스케줄, 돈 걱정, 성(性)적 환상, 식료품 목록, 옷 문제, 아이들에 대한 걱정, 휴가 계획, 그리고 회전목마처럼 반복되는 자잘한 생각들로 뒤범벅이다. 그런 6만 개의 생각은 대개 매일 일어나는 일상의 것들로, 그 결과 침묵을 위한 공간이 전혀 없는 정신 구조가 형성된다.

이 정신 구조로 인해 대화 중 침묵이나 생각의 모든 틈새를 채우려는 문화가 만들어진다. 사람들은 침묵을 당혹감이나 사회성 결여와 동일시하는 경향이 있다. 우리는 재빨리 달려들어 이 공간을 메우는 방법을 배운다. 무슨 내용으로 채우든 상관없다. 차 안이나 식사하는 동안의 침묵을 우리는 어색한 것으로 여긴다.

이는 우리 자신에 대해서도 마찬가지다. 우리는 침묵하는 훈련이 안 되어 있다. 내면의 대화도 사람들 간의 대화와 똑같이 생각해 침묵을 불편해하고 못 견뎌 한다. 그러나 내면의 대화란 고요한 영역, 즉

혼돈이 사라지고 앞을 밝혀 주는 안내자가 우리에게 다가오는 곳, 피타고라스가 우리에게 '들리는 것들을 들리는 그대로 고요한 마음이 흡수하게 하라.'고 말한 바로 그곳이다. 명상은 또한 우리가 침묵하지 않을 때의 일상적 삶에도 영향을 끼친다. 매일 명상을 하면 행복감이 점점 커지고, 에너지가 증가하고, 생산성이 높아지고, 사람들과의 관계가 더 만족스러워지고, 신에게도 더 친밀감을 느끼게 된다.

마음이란 연못과 같다. 온갖 파문이 이는 수면은 연못의 일부일 뿐이다. 진정한 연못은 수면 아래 고요하고 깊은 곳이다. 마음도 깊은 곳으로 내려가야 생각들 사이의 공간에 다다르게 된다. 그 틈은 온전히 비어 있으며 고요 그 자체다. 쪼갤 수도 없다. 고요함은 수십 번씩 쪼개도 여전히 고요할 뿐이다. 어쩌면 이것이 신, 혹은 완전함의 본질인지도 모른다. 나누어질 수 없는 '하나' 말이다.

파스칼과 피타고라스는 우주의 본질을 연구했다. 그들은 에너지, 공간, 시간, 그리고 우주의 진실과 씨름했다. 여기 있는 우리 모두에게 그들이 던지는 메시지는 정말 단순하다. '만약 자기 내면의 우주를 이해하고 싶다면, 그리고 그 우주가 어떻게 움직이는지 알고 싶다면, 침묵하라. 방 안에 홀로 앉아 있는 것이 두렵더라도 그 두려움과 직면하라. 자신의 마음속 밑바닥까지 깊숙이 내려가 보라.'

당신도 수많은 형상에 둘러싸여 있지만, 진정한 당신은 중심에 있는 고요하고 텅 빈 공간에 자리 잡고 있다. 자신을 둘러싼 형상들을 뚫고 들어가 가장 창조적인 자신의 본성을 발견하기 위해서는 날마다 조용히 침묵하면서 생각 사이에 있는 황홀한 공간으로 들어가는 시간이 반드시 필요하다. 매일 명상하는 것은 너무도 중요하다. 직접 시도해 보지 않고서는 이 명상 훈련의 가치를 결코 알 수 없을 것이다.

이 글의 목적은 명상의 방법을 가르쳐주는 데 있지 않다. 명상법을 가르쳐주는 훌륭한 연구 과정, 안내서, 테이프 등은 많다. 내 목적은 명상이 생산적인 일이나 사회적 책임을 잊어버리고 오로지 명상만을 일삼는 영적 추종자들의 전유물이 아니라는 사실을 강조하려는 것이다. 명상이란 도리를 벗어나지 않고 신념에 따라 사는 사람들, 숫자를 가지고 씨름하는 사람들, 그리고 파스칼의 법칙을 믿는 사람들이 옹호했던 훈련이다. "이 끝없는 공간의 영원한 침묵이 나를 두렵게 한다."고 했던 파스칼의 심정을 당신도 아마 똑같이 느낄 것이다.

두려움을 이겨내고 방안에 홀로 고요하게 앉아 있을 수 있는 방법을 몇 가지 소개한다.

- 내면으로 시선을 돌리기 위한 훈련 방법으로, 들숨과 날숨을 인지하는 연습을 해보자. 이것은 회의나 대화, 파티 중에도 할 수 있다. 자신의 호흡을 의식하면서 몇 분 동안 숨이 쉬어지는 대로 따르면 된다. 하루에도 여러 차례 시도해 본다.

- 오늘 시간을 내어 방안에 혼자 조용히 앉아 자신의 마음을 들여다보자. 그리고 꼬리를 물고 계속되는 다양한 생각들이 흘러가는 대로 따라가 보자. 마음속에서 날뛰고 있는 이 움직임을 깨닫게 되면 그 생각들을 넘어서는 데 도움이 될 것이다.

02

허먼 멜빌 · 내면으로 들어가기
머리보다 마음에
귀를 기울이는 방법

허먼 멜빌(1819~1891)
미국의 소설가이자 단편 작가이며 시인이었던 허먼 멜빌은
문학적이고 영웅적인 여행담 『모비 딕Moby Dick』으로 유명하다.

이 무시무시한 대양이 신록 푸른 육지를 둘러싸고 있는 것처럼,
그렇게 사람의 영혼 속에는 고립된 섬 '타히티'가 자리 잡고 있다.
평화와 기쁨에 가득 차서. 그러나 반쪽짜리 인생이 겪은 온갖 공
포에 에워싸여. 『모비 딕』에서

여기 인용된 이 글을 읽을 때면 나는 아내와 함께 이탈리아 아시시에
있는 작고 예쁜 예배당을 방문했던 일이 생생하게 떠오른다. 아시시
는 13세기에 성 프란체스코가 기적들을 행했던 곳이다. 이 예배당은
아시시 지역의 대부분이 그렇듯 잘 보존되어 있어서 방문객들은 마치

중세로 되돌아간 것 같은 느낌에 빠지곤 한다. 세계 곳곳에서 수백만 명이 찾아와 이 오래됐으나 잘 보존된 작은 교회에서 기도를 드린다.

본 예배당은 성 프란체스코가 죽은 뒤 몇백 년 지나서 지은, 훨씬 더 넓고 화려한 건물의 한가운데에 자리 잡고 있다. 사방이 막혀 있는 이 건축물은 기둥이 웅장하고, 천장은 거대하며, 매우 열정적이었던 성 프란체스코를 찬사하며 교회가 바친 물건들로 장식되어 있어, 바깥쪽 방을 걸을 때는 마치 박물관에 와 있는 듯한 느낌을 받았다.

그렇게 중앙에 있는 본당에 들어선 순간, 우리 두 사람은 그 장소가 뿜어내는 기쁨과 평화를 느꼈다. 내 영혼 속의 "고립된 섬 타히티"가 이런 곳이겠구나 싶었다. 우리는 내면의 벅차오름을 느끼면서 성 프란체스코의 상징인 조건 없는 사랑의 에너지를 느꼈다. 30분 정도 깊은 생각에 잠긴 뒤 우리는 어떤 신성한 존재와 교감한 느낌을 받고 떠나왔다. 그 순간이, 서로의 영적 성장에 도움을 주는 동반자가 된 우리 두 사람의 삶에 전환점이 되었다는 것을 자주 깨닫곤 한다.

허먼 멜빌의 글은 아시시에서의 그 극적인 순간으로 나를 데려다준다. 중앙에 있는 본당은 영혼 즉, 신의 진실과 축복의 장소를 나타낸다. 둘러싸고 있는 바깥 건축물은 우리의 육신과 같다. 그것은 중앙에 자리 잡은 아름다움과 진리에서 한 걸음 떨어져 있다. 반쪽짜리 인생이란 평화와 기쁨의 장소, "고립된 섬 타히티"에 이르지 못한 삶이다.

반쪽짜리 삶은 외부 세계의 구조물 속에서 구속된 채 사는 삶이다. 멜빌이 영혼을 둘러싸고 있다고 표현한 그 공포는 축복이 자리 잡은 중심부를 사람들이 발견하지 못하도록 방해하려는 듯하다. 당신은 중심부에 다가가면 훨씬 더 심오하고 풍부한 인생을 경험할 수 있음을 알지만, 웬일인지 신록이 푸릇한 타히티, 그 평화로운 예배당을 멀리서 훔쳐보며 바깥쪽의 대양 여기저기를 건드리기만 한다.

가장 무서운 시나리오를 상상해 보자. 그것은 우리가 가상의 두려움 때문에 마음이 늘 원하는 것을 회피한 채 반쪽짜리 인생을 선택하고, 그 사실을 아는 상태로 죽음을 맞는 것이다. 나는 당신에게 지금 그 시나리오를 바꾸라고 충고하겠다. 해변으로 걸어가 자신의 고립된 섬 타히티로 가겠다는 용기를 가지고 자기 인생을 살아가자.

19세기에 쓰인 멜빌의 이 날카로운 글을 당신 스스로의 삶에 적용하기 위해 읽고 또 읽어야 한다. 그 공간은 형체도 부피도 없지만 존재의 참된 핵심이다. 그 공간을 경험할 수 있다면, 완벽하게 살아온 삶, 완벽하게 감사하는 삶에서 오는 평화와 기쁨을 알게 될 것이다.

우리는 명상을 통해 육체라는 껍질을 통과해 풍랑이 이는 마음속 대양과 외부의 압력들을 자신의 방식대로 헤쳐 나가 그 안에 있는 더 이상 나뉘지 않는 핵심, 소리도 없는 그곳에 도착함으로써 신록이 푸른 타히티, 평화로운 예배당에 다가갈 수 있다. 그러려면 머리보다 가슴에 귀를 기울여야 한다. 당신의 가슴은 침묵으로 목적을 말하는 반면에 머리는 우리가 이를 따를 수 없는 이유를 자주 말한다. 성공한 음악가는 이렇게 말한다. "음악을 만드는 것은 음표 사이의 침묵이다." 형체도 없고 부피도 없는 그 침묵 없이는 음악이 존재할 수 없다.

그곳에서 듣고 느낀 후에야 반쪽짜리 인생이 결코 자신을 위한 것이 아님을 깨닫게 된다. 자신이 진실이라고 생각하는 것들을 메모해 보자. 자신의 가장 깊은 곳에 있는 느낌들을 말로 털어놓아 보자. 꼭 해야 한다거나 하지 말아야 한다고 들어왔던 것들을 지워 버리자. 그러면 일, 가족, 삶 전체에서 성취감을 느끼게 될 것이다.

당신의 마음이 당신에게 해보자고 간청하는 것은 무엇인가? 육체라는 대양에 있는 푸른 섬이 와서 보라고 유혹하는 것은 무엇인가? 그것은 갈라파고스나 히말라야를 탐험하는 여행광이 되는 것일 수도 있다. 어쩌면 미술관을 열거나 에스키모인과 함께 일하자는, 진심에서 우러나는 감정일지 모른다. 그것은 또한 시를 쓰거나 교향곡을 작곡하려는 고통스러운 열망일 수도 있다.

중심부에 있는 당신의 비밀은 무엇인가? 로버트 프로스트는 "둥글게 둘러선 우리는 춤을 추며 미루어 짐작한다 / 그러나 비밀은 한가운데에 자리 잡고 앉아 다 알고 있다."라고 썼다. 그는 멜빌이 말하는 것을 알았음에 틀림없다. 당신이 무엇을 느꼈건, 회피 혹은 외면하려 마음속에서 어떤 이유를 만들어내건 간에 새로운 눈과 귀로 그것을 탐구해 보자. 이 침묵의 중심에 다가갈 때, 당신의 지성을 어떻게 사용할지 주의를 기울이자. 고요 속을 탐험하는 것과 고요한 가운데서 사는 것이 별개라는 사실을 스스로 깨닫기 시작했다면, 왜 자신을 바깥쪽 방들에서 계속 버둥거리게 두는지 그 원인을 주의 깊게 살펴보자. 당신은 자신의 생각에 따라 행동하고 있을 것이다. "이건 불가능해. 실천할 수 없어. 내 능력 밖의 일이야."라고 생각한다면, 정확하게 그 생각에 따라 행동하게 될 것이다. 그것은 자신을 그 무서운 대양으로 되돌아가게 한다.

멜빌은 19세기, 우리가 태어나기도 전에 이 지구를 떠났지만 그의 말은 지금도 진실하게 울려 퍼지고 있다. 그는 반쪽짜리 인생의 공포란 우리 모두에게 평화와 기쁨을 주는 내면의 소리 없는 불꽃을 모른 체한 결과라고 생각했다.

이 지혜를 실행하기 위한 몇 가지 제안을 하겠다.

- 매일 내면의 침묵의 공간으로 들어가는 명상을 하자. 이 내면의 장소는 평화를 선사할 것이다. 그 평화 속에서는 무시무시한 대양의 혼란에 빠지는 일이 없을 것이다.

- 머리보다 마음에 귀를 기울이자. '느낌'은 자신이 무엇을 원하는지 알 수 있는 민감한 척도다. 푸른 타히티를 마음속에 만들어 방문하는 상상을 해보자. 자신이 좋아하는 것을 하는 것과 자신이 하는 것을 좋아하는 것, 이 두 가지를 놓고 자신의 영혼 속에서, 그런 다음에는 자신의 마음속에서 자세히 명상해 보자.

- 어떤 어려움이 있더라도 당신의 영혼에 귀 기울이는 일에 열중하자. 자신의 결정에 대해 실패, 파멸을 생각하는 것은 피해야 한다. 멜빌이 당신을 향해 그 글을 썼다는 것을 매일 기억하자. 죽음의 천사가 와서 부를 때—그 부름은 피할 수 없다—"무서워, 기다려, 난 아직 절반밖에 못 살았어."라고 말하지 않도록. 영혼의 목소리를 듣는 기쁨을 알게 된다면, "나는 평화로워. 무섭지 않아. 나는 타히티에 가 봤어."라고 말하게 될 것이다.

모한다스 카람찬드 간디 · 에고에게서 벗어나기

나를 연약하게 만드는 것이 무엇인가

모한다스 카람찬드 간디(1869~1948)
'위대한 영혼'이라는 뜻의 마하트마로 알려진 간디는 인도의 독립과
인도 민중의 시민권 획득을 위해 투쟁하면서 비폭력을 주장했다.

숫자의 힘은

겁 많은 자의 기쁨이다.

정신이 용감한 자는

홀로 싸우는 것을 자랑스러워한다.

간디의 위 말은 삶에서 원하는 것을 구현하기 위한 비밀과 양자물리
학의 신비, 이 두 가지를 부분적으로 밝히고 있다. 이 사실은 우리가
경험하는 개인적인 우주를 보이는 것과 보이지 않는 것, 또는 물질과
정신으로 나눌 수 있다고 생각해 보면 더 명확해진다. 보이는 세계는

감각으로 경험한 것이다. 이 세계는 원하는 것을 가질 수 있다는 점 때문에 우리가 가장 흥미를 갖는 세계이다.

존재하는 것, 사물, 이른바 실재는 어떻게 나타나는가? 하나의 실 재는 에고(이기적 자아)와 정신, 두 가지 면으로 나누어진다. 나 자신 인 것처럼 행세하는 에고는 '지상에서만의 인도Earth Guide Only'를 상징 하는 것으로 자주 묘사된다. 왜냐하면 에고의 차원에서는 하나의 실 재를 만들 수도, 나타낼 수도 없기 때문이다. 보이지 않는 세계는 정신 이라고 부른다. 우리가 꿈을 드러내기 위해서는 에고에서 자유로워야 한다. 에고는 자신이 다른 사람과 분리되어 독립된 존재로 그들과 경 쟁하고 있으며, 신(혹은 자신의 근원)과도 분리되어 있다는 주장을 펼 친다. 자신이 모든 사람, 또 자신의 근원과 따로 떨어져 있는 존재라고 믿는 한, 인간은 자신의 원초적인 힘을 잃게 된다. 한편 근원과 다시 연결되거나 보이지 않는 세계(정신)와 의식적인 접촉을 하게 되면, 다 시 원초적인 힘을 얻게 된다. 이것은 겉으로 드러내고, 치유하고, 삶에 서 원하는 것을 끌어내는 힘을 얻었다는 뜻이다. 그런데 근원과 다시 연결되면 변덕스럽게도 에고 또한 거기 끼려고 한다.

당신이 원하는 것, 당신이 운명이라고 생각하는 그런 인생을 다른 사람에게 말하는 순간, 에고가 당신 주변을 기웃거린다. 당신이 어떤 혁신적인 생각을 말하려고 하면 에고는 자신을 방어하라고 요구할 것 이다. 그러면 당신은 상대방이 그 생각을 어떻게 받아들일지 고민하 게 될 것이다. 무엇보다도 가장 마음을 약하게 만드는 것은, 당신이 꿈 을 함께 나누고자 했던 그 사람들이 '현실을 알라'거나 '주위 여건을 생각하라'고 말할 때, 그들의 논리에 귀 기울이게 되는 것이다.

무엇보다도 에고가 연루되면, 마음에서 들려오는 소리를 자신의 운명으로 여기지 않게 된다. 바라는 것을 에고와 공유하면 그때부터 숫자의 힘을 추구하게 되는데, 그것이 간디가 '겁 많은 자의 기쁨'이라고 말한 것이다. 그렇게 실수하지 말라. 겁 많은 자는 자신의 꿈을 건져 올리지 않는다. 그들은 꿈을 이루지 못한 자들의 줄에 서 있다.

당신의 운명이라고 알고 있는 것을 위해 홀로 싸우게 되면 다른 사람이 뭐라 하든 상관없이, 당신은 '홀로 싸우는 것을 자랑스러워하는 정신이 용감한 자'가 된다. 정신은 당신이 보는 모든 것, 당신이 목격하는 모든 것, 당신이 관찰하는 모든 것의 원천이다. 에고의 영향에서 벗어나면 정신과 다시 연결될 수 있다. 이것은 명확하게 꿈을 간직하고, 신 또는 모든 것의 보이지 않는 원천이라고 부르는 근원의 힘과 꿈을 공유한다는 뜻이다. 하지만 에고를 불러들이면 당신은 그 원천에서 확실히 떨어져 나갈 것이다.

젊었을 때 나는 경제적으로 독립하려는 꿈이 있었다. 나는 가족과 친구들에게 내 '계획'을 설명했다. 그 계획은 내가 번 모든 수입 중에서 5분의 1을, 다른 곳에 쓰기 전에 미리 저축하는 식이었다. 그때마다 나의 재테크 작전에 대해 온갖 반대하는 소리를 들었다. "현실을 모르는군. 수입의 20퍼센트를 저축할 수는 없어. 세금 내야지, 청구서 지불해야지, 가족 먹여 살려야지, 불가능해." 나는 이자를 불려나가는 방법, 15년 안에 면세 이자로 살아가게 될 비결을 설명하면서 내 계획을 고수했다. 그러나 내가 빈곤에 대한 '전문가'의 말을 들었다면 풀이 죽어 버렸을 것이다. 나는 입을 다물고 침묵하는 것을 배웠다. 내 꿈을 다른 사람에게 설명할 필요가 적어질수록, 내 꿈은 더 빨리 이뤄질 것이라는 사실을 알았다.

내 꿈에서 에고를 제거하고, 대신 침묵의 힘에 의지하면서 나는 재정적 독립에 관한 내면의 비전을 실현할 수 있었다. 많은 사람한테서 내 꿈을 보장받을 필요는 없다. 대신 내면의 길잡이를 믿고 자랑스러워하는 용감한 정신이 되어라. 조금 투박한 표현이긴 하지만 똑같이 깊은 뜻을 지닌 또 다른 말이 있다. "무리를 따라가면 그들이 남긴 수많은 것들을 밟기만 하다 끝장을 보게 될 것이다."

간디의 말을 실천하려면 다음과 같이 하라.

- 자신의 꿈을 다른 사람에게 보장받고자 할 때, 잠깐 멈춰 서자. 그리고 에고가 일단 개입하면 원하는 것을 만들어 낼 정신적이고 과학적인 수단을 잃는다는 사실을 기억하자.

- 자신의 계획을 알리고 싶은 욕구를 만족시키기 위해 자기 인생에서 펼치고자 하는 일들을 일기에 써 보자. 최소한 일기는 자기 꿈을 의심할 이유를 만들지는 않을 것이다.

- 창조의 과정이 보이지 않는 것에서 보이는 것으로, 정신에서 물질로 옮겨간다는 것을 마음속에 떠올려 보자. 보이지 않는 세계와 의식적으로 접촉하는 자신의 능력을 깊이 신뢰하자.

윌리엄 제임스 · 자유의지

너는 네가 생각하는 대로 될 것이다

윌리엄 제임스(1842~1910)
미국의 철학자이자 심리학자이며 교사였던 윌리엄 제임스는
신학, 심리학, 윤리학, 형이상학 분야에서 타고난 저술가였다.

심리학에는 한 가지 법칙이 있다. 이루고 싶은 모습을 마음속에 그린 다음 충분한 시간 동안 그 그림이 사라지지 않게 간직하고 있으면, 반드시 그대로 실현된다는 것이다.

제임스 가족은 뛰어난 업적을 쌓은 사람들이었다. 그의 아버지 헨리 제임스 시니어는 이마누엘 스베덴보리의 가르침에 기초를 둔 독창적인 철학을 발전시킨 신학자로 매우 존경을 받았다. 윌리엄의 한 살 어린 형제 헨리는 『데이지 밀러Daisy Miller』, 『어떤 부인의 초상The Portrait of a Lady』, 『사자들The Ambassadors』 등을 쓴 세계적인 소설가가 되었다.

많은 사람이 윌리엄 제임스를 근대 심리학의 아버지로 여기고 있다. 이 짧은 인용문에서, 그는 우리 모두가 일상생활에서 매일 사용할 수 있는 강력한 무기를 하나 보여준다. 그것은 아주 간단하면서도 매우 훌륭하다. 완벽하게 이해한다면, 정확히 자신이 원하는 그런 사람이 될 수 있는 위대한 비밀이기도 하다. 하지만 너무 단순하기 때문에 사람들은 종종 이 비밀을 무시하고는 자신의 불행을 신, 환경, 경제, 유전, 가족사의 탓으로 돌린다. 그러고 나서 자신의 실패와 결함에 대해 장황하게 변명한다.

윌리엄 제임스는 종교, 철학, 심리학을 가르치는 훌륭한 교수가 되고 싶어 했는데, 그는 이 세 분야를 통해 비과학적인 철학을 실험실의 과학으로 발전시켰다. 그는 결정론의 철학을 폐기하며, "나는 자유의지에 의한 첫 번째 행위로서, 자유의지를 믿을 것이다."라고 선언했다. 그는 이 글 시작 부분에서 한 말을 '심리학의 법칙'에서 인용했다. 우리 마음속에 그림을 그리는 이 과정을 종종 시각화라고 한다. 그것은 "너는 네가 생각하는 대로 될 것이다."라는 성서의 아이디어에 기반을 두고 있다. 이것은 긍정적 사고라는 아이디어보다 훨씬 높은 수준의 것이다. 완전히 새로운 차원에서 인생이 이뤄지는 것을 보고 싶다면, 이 법칙이 작용하는 원리를 찾기 바란다.

우리는 꿈꿀 때와 마찬가지로, 생각도 그림으로 하게 된다. 단어도, 문장도, 구절도 없고, 정신적인 이미지만 있을 뿐이다. 단어는 서로 의사소통을 하거나 그런 그림들을 묘사할 수 있게 해 주는 상징들이다. 윌리엄 제임스가 자신의 자유의지로 통제한다고 말하고 있는 것은 바로 이 그림을 그리는 과정이다. 그 그림이 희미해지지 않게 하면서 충분한 시간 동안 마음속에서 사라지지 않게 간직하는 방법을 배울 수 있다면, 정말로 그림이 현실이 되게 할 수 있다. 당신은 바로 자기 존재, 자기 삶에서 볼 수 있는 모든 것의 공동 창조자가 될 것이다.

나는 이런 원칙에 따라 『네 운명을 명시하라Manifest Your Destiny』라는 책을 쓴 적이 있다. 여기서 그 아홉 가지 원칙을 되풀이하지는 않겠다. 대신 '4R'이라는 나의 아이디어를 통해서 오늘 하루를 시작하도록 제안하려 한다. 여기 그 '4R'이 한 문장 안에 있다. 정말로, 정말로, 정말로, 정말로 원하는 것은 결국 얻게 될 것이다What you Really, Really, Really, Really, want, you will get.

첫 번째 'R'은 '진정으로 소망하는Really-wish' 것을 나타낸다. 승진, 새 차, 몸무게 줄이기, 중독에서 벗어나기 등, 자신이 좋아하는 것의 그림을 만들어 내는 곳은 여기다. 일단 그림이 만들어지면, 자신이 원하는 일을 하고 있거나, 원하는 새 차를 몰고 있거나, 원하는 몸무게에 도달해 있거나, 중독에서 벗어나 있는 모습을 그림 속에서 보게 되므로 그것들을 바라게 된다. 우리가 겉으로 표현하는 모든 것들은 내부의 그림 그리기가 기초가 되어 그것을 바라는 데서 시작된다.

두 번째 'R'은 '진정으로 갈망하는Really-desire' 것을 상징한다. 바라는 그림을 마음속에 그리고 있는 것과 갈망하는 것의 차이는, 그것을 자발적으로 기꺼이 요구하느냐 아니냐에 있다. "구하라, 그러면 얻을 것이다."라는 말은 빈 약속이 아니다. 상상 속에서 바라는 것은 무엇이든지 큰 소리로, 그러나 비밀스럽게 이루어 달라고 요구하자. "하느님, 실재적인 방법으로 이 그림이 이루어지도록 도움을 주십시오."

세 번째 'R'은 '진정으로 의도하는Really-intented' 것을 의미한다. 이제 원하고 요구하는 그림을 얻었으니, 그것을 의도나 의지를 실은 말로 표현하는 것이다. 그 내용은 이렇다. 창조적 지성이라고 부르고 싶은 신적 존재를 떠올리면서 "그의 협력으로 내 세계 속에 이 그림을 가져오려고 한다."라고 말하는 것이다. "일이 잘 풀린다면" 혹은 "행운이 따른다면"과 같은 말로 빗나갈 여지를 둘 필요는 없다. 의도를 실은 말은 윌리엄 제임스가 이 장의 첫 부분에서 명확하게 언급한 법칙에 기초하고 있다.

네 번째 'R'은 '진정으로 열정을 느끼는Really-passionate' 것, 혹은 내가 의지의 강화라고 표현하는 것을 뜻한다. 당신의 열정적인 목적을 누군가가 꺾어 버리거나, 당신의 그림에 악평하도록 놔두고 싶지는 않을 것이다. 그래서 다른 사람의 부정적인 의견에 저항한다. 그리고 삶 속에 만들어 넣으려는 것에 대해 가능한 한 입을 다물어 버린다. 이 열정은 윌리엄 제임스가 "그 그림을 충분히 오랫동안 간직한다……" 라는 말로 설명할 수 있다.

갈망하는 것을 모두 삶에 끌어들이는 데 '정말로, 정말로, 정말로, 정말로' 성공한 사람들은 결코 운이 좋아서 그렇게 된 것이 아니다. 환경 때문에 갈망하게 된 것도 아니다. 그들은 자신들을 위해 작용하는 '네 개의 R'을 모두 가졌다. 특히 네 번째의 R을 가졌다. 그들은 '진정으로 열정적인' 사람들이다.

내 모든 저서와 테이프를 포함해서, 실제로 내 인생의 모든 것들은 이 '심리학의 법칙'을 적용한 결과들이다. 이것들은 모두 '소망'에서 시작되었다. 이 책도 내가 일평생 그토록 흠모한 사람들의 위대한 지혜와, 비록 그들이 이 세상을 떠났지만 오늘의 우리 모두에게 제시하고 있는 것들을 사람들에게 들려주고 싶다는 '소망'으로 시작되었다. 나는 실제로 이 책의 각 장마다 나오는 여러 시와 글들, 그리고 독자 여러분에게 드리는 내 에세이를 그림 상태로 보았다. 그런 다음 아내와 편집자뿐 아니라 변호사에게 이 '갈망'을 얘기했다.

이 소망을 품은 뒤에 실제로 그런 책을 만들어 내기 위한 '의지'가 이어졌고 출판 과정과 관련된 다양한 사람들과의 만남이 이루어졌다. 어떤 사람은 좋아했고, 어떤 사람은 시를 분석하는 것은 대중적이지 못하다는 이유로 회의적인 태도를 보였으며, 어떤 사람은 나의 기를 꺾어 버렸다. 나에게는 그 책에 대한 그림이 있었다. 그리고 나는 위대한 스승들을 독자들에게 소개한다는 이 아이디어가 좋았다.

마침내 '열정'이 일을 떠맡는 단계가 되자, 내가 그 그림을 모른 체하는 건 불가능한 일이 되어 버렸다. 윌리엄 제임스가 말한 것처럼, "반드시 그대로 실현된 것이다." 그래서 여기까지 왔다. 바로 당신 손에까지. 이 일에 대한 열쇠는 '네 개의 R' 모두를 작용하게 해서 실제로 그것들을 활용하는 것이다.

"당신은 왜 주저하는가?" 이 말은, 어떤 일이 왜 그려진 대로 실현되지 않았는지 사람들이 의아해할 때 내가 하는 질문이기도 하다. 열정이 있고, 외부의 원인들이 방해하는 걸 일체 거부할 때 당신을 멈추게 할 수 있는 것은 없다. 윌리엄 제임스에 의하면, 그것은 법칙이다!

이 법칙이 당신의 인생에서 영향력을 발휘하게 하려면 '네 개의 R'
을 이행하라.

- 원하는 것은 무엇이든지 흔쾌히 소망하자. 당신은 우주에 가득
  차 있는 것들을 나눠 가질 자격이 있다. 자신을 한계 안에 가두
  지 말자. 자신을 가치 없다고 보지 말자. 당신은 신의 신성한 창
  조물이다. 이 지구상에 살았던 누구보다도 많은 부와 사랑과 건
  강을 누릴 자격이 있다.

- 자신의 이름과 자신의 말투로, 사람들이 신이라고 부르는 창조
  적 지성에게 요청하는 형식으로 당신의 소원들을 표현하자. 기
  꺼이 도움을 청하자. 침착하게 당신의 요청을 소리 내어 말하고
  글로도 적어 두자. "구하라, 그러면 얻을 것이다."라는 말은 빈
  약속이 아니다.

- 의심 없는 확실한 용어를 써서 당신의 요청을 말로 나타내 보자.
  구하기는 하지만 받을 기대는 안 한다는 식의 표현으로 자신의
  바람을 위장하기보다는 "나는 할 거야.", "그렇게 될 거야.", "나
  는 할 작정이야."와 같은 말을 사용하자.

- 자신에 대한 그림을 되도록 많이 간직하자. 그것을 실현하려는
  자신의 의도도 함께 간직하자. 반대에 부딪히면 용기를 잃는 대
  신에 부정적인 것들을 열정적 에너지로 바꿔 그림을 선명하게
  볼 수 있고 만져 볼 수 있는 초점으로 맞춰 놓자.

05

랠프 월도 에머슨 · 자주성
먼저 당신 자신이 되어라

랠프 월도 에머슨(1803~1882)
전통적인 사상에 도전한 미국의 시인이자 수필가이며 철학자로 알려진 에머슨은
진실을 이해하기 위한 방법으로 직관을 지지하는 철학을 발전시켰다.

우리가 고독할 때면 어디선가 들려오는 목소리가 있다. 그러나 우리가 세상 속으로 걸어 들어감에 따라 그 소리들은 점점 희미해져서 들을 수 없게 된다. 어떤 곳이든지 사회는 그 구성원 모두의 인간성을 거스르는 음모에 빠져 있는 법이다. 사회는 마치 하나의 주식회사와도 같다.

그 회사의 구성원들은 주주들의 몫을 더 확실히 보장해 주기 위해 주주의 자유와 문화를 제한하자는 데 동의하게 된다. 주식회사에서 요구하는 미덕은 대부분 획일적인 통일이다. 홀로 자립적인 행동을 취하는 사람들은 회사의 기피 대상이 된다. 회사는 진실한 것을 외면하며, 창조적인 사람들을 좋아하지 않는다. 회사가 좋아하는 것은 이름과 관습뿐이다.

인간이 되려면 누구나 반획일주의자가 되어야 한다. 영원한 승리를 얻으려는 사람은 선이라는 허명에 방해받지 말고, 그것이 이름 그대로 선한 것인지 아닌지 조사해 보아야 한다. 결국 신성한 것은 아무것도 없다. 신성한 것은 자신의 마음이 지니고 있는 본래의 모습, 흠 없는 모습뿐이다. 「자립」에서

「자립」이라는 에세이 한 편에 담긴 사상들은 내 모든 저술에 영향을 끼쳤다. 한 세기도 훨씬 넘었지만 나는 에머슨을 가장 위대한 스승으로 여기고 있다. 그의 에세이 중 가장 유명한 것은 아마 「자립」일 것이다. 초월주의 운동의 아버지인 에머슨은 여기서 스스로가 생각하는 '나'라는 인간이 되는 것의 의미를 깊이 되새기고 있다. 「자립」, 그리고 에머슨과 동시대 사람인 헨리 데이비드 소로의 「시민 불복종의 불가피성에 대하여」라는 에세이가 열일곱 살의 고등학생이던 나에게 준 충격을 아직도 기억한다.

이 짧막한 인용문에서 에머슨이 말하고 있는 것은, 완전하게 살아 있기 위해서는 반획일주의자가 될 필요가 있고, 교화되는 것에 저항할 필요가 있다는 것이다. 사회는 획일화된 통일을 요구하기 위해 개인의 자유를 희생하고 있다고 그는 주장한다. 즉, 사회는 맞춰서 살든지 아니면 퇴출자가 되라고 요구한다. 에머슨은 개인의 정신은 절대적으로 신성하고 흠 없는 것이라고 주장한다. 자, 신성한 것은 규칙도,

법도, 사회적인 관습도 아니고 당신의 마음, 인간의 정신이라고 우리에게 얘기하는 에머슨이 목사였다는 사실을 기억하자. 「자립」에서 더 나아가 에머슨은, "나에게 신성한 법은 있을 수 없다. 내 본성에 따르는 법칙을 제외하고는."이라고 선언하고 있다. 용감한 이 말은, 신성함은 교회 제도 안에 있는 것이 아니라 개인의 마음속에 있다는 것을 알아 버린 두려움 없는 사람에게서 나온 말이다. 자신을 신성한 피조물로 만드는 것은 자신의 행동이다. 회원증이 그렇게 만드는 게 아니다. 생각이 자유로운 사람이 되어야, 자신을 신성하게 만들 수 있는 것이다. 자신의 악의나 허영을 보호하기 위해 법 조항을 아무리 잘 외운다 해도 그로 인해 신성하게 되는 것은 아니다.

인류에게 저질러 온 수많은 악에 대해 우리가 깊이 생각하지 않게 되면, 사회의 법이 방어하고 보호해 주는 우산 아래에서 그 악들은 실제로 다 이뤄질 것이다. 소크라테스가 죽음을 당한 이유는, 의견이 다른 지성인은 그렇게 처리하는 게 적절하다고 법이 말했기 때문이다. 잔다르크는 그것이 법이기 때문에 기둥에 묶여 화형을 당했다. 헤롯은 그가 정한 법에 따라서 나라 안에 있는 모든 사내 아기들을 조직적으로 죽이라고 명령했다. 내 어머니가 태어났을 때, 미국 인구의 절반에 해당하는 여성들은 참정권이 없다는 이유로 투표할 수 없었다. 내가 태어났을 때는 수백만 명이 죽음의 수용소로 떼 지어 밀려들어갔다. 그들의 재산은 비인간적인 법 때문에 모두 몰수되었다. 흑인에게 '버스 뒤쪽에 앉아라, 음료수를 분리된 음수대에서 마셔라, 기회를 잡을 수 없거나 잡기 어려운 삶을 살아라.'고 요구한 것은 법이었다. 그러니 제발 행동을 정당화할 사회의 법과 규칙을 외우지 말자.

자립이 의미하는 바를 진실로 이해하는 사람은 규칙보다는 윤리에 따라 삶을 살아간다. 어떤 애매모호한 법과 규칙과 사회적 관습이, 사실상 정당화할 수 없는 것은 없다. 자기 마음의 무결함이 제일이라는 생각을 먼저 하지 않는 사람들은 자신들이 한 짓을 설명하기 위해서 법을 들먹일 것이다. 더 성스러운 존재가 되기를 열망한다는 것은 스스로 획일화를 믿지 않는다는 의미다. 에머슨은 이 열정적인 에세이에서 "우리가 상징과 이름에 대해, 거대 사회와 죽은 관습에 대해 얼마나 쉽게 저항을 포기하는가 생각해 보면 나는 부끄럽다."라고 계속해서 말한다. 그는 법으로 보호받고 있는, 오래 유지되어 왔지만 부도덕한 인습인 노예제도에 대해 공공연하게 말했다. "나는 올바르고 활기 있게 살아야 한다. 그리고 언제나 생생한 진실을 말해야 한다. 악의와 허영이 자선의 코트를 입고 있다고, 그걸 그냥 내버려 둘 수 있는가?" 노예제도가 합법적이며 사회로부터 보호받고 있던 때에 에머슨이 이렇게 말하고 썼다는 것을 상기해 보라.

자립에 대한 이 에세이가 오늘날 우리에게 말하는 것은 무엇일까? 규칙이나 법률보다는 우리 자신을 지배하는 내부의 빛으로부터 윤리를 배양하라고 고무한다. 그것이 옳다는 것을 깨닫게 되면, 그것은 이 책에 기록된 많은 영적 원칙들과 조화를 이룰 것이다.

예를 들면, 자비 같은 것 말이다. 법은 법적으로 죄수들을 처단할 때는 전혀 자비를 보이지 않는다. 입법자나 판관이나 언론이 범인에게 전혀 자비심을 보이지 않았다고 말할 때, 우리는 법이 왜 자비를 보여야 하는지 자신의 의견을 명확하고 조직적으로 표현해야 한다. 그러기 위해서는 무엇이 옳은지에 대한 자신의 감각을 찾아야만 한다. 만약 자비가 영적으로 실행해야 할 일의 본질적 모습이라면, 다른 사람의 자비심 부족을 욿는다고 해서 자신의 내적 진실을 눈감는 것이 정당화될 수는 없다. 자비롭고 싶다면 자립적으로 행동하라. 그것은 떼거리를 쫓아서 생각하거나 자신의 내적 진실을 말할 때 논리적인 규칙을 들먹이는 것이 아니다. 에머슨은 어떤 법이든 고의적으로 거부하라고 가르치지 않는다. 삶을 살아가는 데 자신의 윤리 감각을 활용하라는 것이다. 그는 그것을 명확히 하고 있다. "인간이 되려면 누구나 반획일주의자가 되어야 한다."

에머슨에게서 나온 이 심오한 진리를 채택하는 가장 좋은 방법은 생활 속에서 조용하게 실천할 방법을 배우는 것이다. 획일화되기를 어떻게 거부했는지 드러내 놓고 떠들 필요 없이, 자기 안에 있는 편안한 힘에서 위안을 찾고, 자신에게 의지하는 법을 아는, 침묵하는 개인으로 걸어가는 것이다.

나는 열일곱이었을 때 에머슨의 에세이를 처음 본 것이 단초가 되어, 그의 철학을 실천하기 시작했다. 나는 열아홉 살이던 1959년에 해군에서 '유에스에스 레인저USS Ranger'라는 항공모함에 처박혀 있었는데, 아이젠하워 대통령이 우리 위를 비행할 것이라는 계획이 잡혔다. 그에 따라서 대통령이 샌프란시스코 회담을 위해 날아오르면 모든 수병이 정복을 입고 비행 갑판 위에 줄줄이 서서 "HI IKE(하이 아이크)"라는 글자를 만들라는 명령이 떨어졌다. 내가 그 행사에 참가해야 한다는 사실을 알았을 때, 나는 분노와 모욕감을 느꼈다. 하지만 나는 작은 소수파인 것 같았다. 확실히 승무원의 대다수는 인간 글자로 된 이 인사를 만들어 내기 위해 일제히 '집단 대형'을 이루는 걸 개의치 않았다. 나는 항의를 하기보다 에머슨의 말을 떠올렸다. "인간이 되려면 누구나 반획일주의자가 되어야 한다." 나는 침묵 속에서 반획일주의자가 되어야 했다. 위엄을 지닌 한 개인으로서 나의 자립에 대한 이 모욕이 끝날 때까지 배 밑바닥 깊숙이 숨어 있는 동안 그 획일주의자들이 임무를 완수하도록 나는 허용했다. 감정의 폭발이나 무용한 싸움도 없었고, 그저 침묵 속에 행했다.

규칙은 내가 어떤 특정 방식으로 살도록 규정할 이유가 못 된다. 자립이라는 속성을 경험해 볼 것인지를 먼저 무결한 당신 마음에게 물어보아야 한다. 이 교훈은 삶의 전 영역에 적용된다. 자유시간을 어떻게 보낼 것인지부터 어떻게 옷을 입고, 무엇을 먹고, 아이를 어떻게 키울지에 이르기까지. 사회적 음모에 동조하여 당신 내부의 목소리가 점점 희미해져서 더 이상 들리지 않기까지 내버려 두면 안 된다. 원래의 자신을 찾아 자신이 옳다고 알고 있는 것에 따라 자신의 영적 본질과 조화를 이루며 자신의 삶을 살자. 그것이 자기 본래 모습에 따라 사는 것이다.

간단히 말해서, 당신 자신이 되라는 것이다. 당신을 존경하고, 당신 마음의 고결함과 당신의 일상 행동 사이에 조화로운 관계를 만들라는 것이다.

에머슨의 메시지로 효과를 볼 수 있는 아이디어가 몇 개 있다.

- 에세이 「자립」 전문을 읽고 이 고전적인 글에서 에머슨이 표현한 핵심을 메모해 보자.

- 어떤 특정 방식으로 행동하는 이유를 정당화하기 위해 당신이 규칙이나 법률을 들먹이려고 할 때 그걸 자제하고 당신의 인간적인 무결한 마음으로 돌아가자. 무슨 일을 할 때는 그것이 옳기 때문에, 그리고 자신의 영적 진실에 부합하기 때문에 해야 한다. 용서가 신성하다는 것을 안다면, 용서하고 싶지 않은 마음을 정당화하기 위해 법 같은 걸 운운하지 말자.

- 입거나 행동하는 방식이 스스로가 만족스러워서인지, 아니면 다른 이들에게 맞추기 위해선지 자신에게 물어보자. "좋아하기 때문에 이것을 입고, 이런 행동을 하고 있는가. 아니면 다른 사람에게 맞추는 것이 중요하기 때문인가?" 그런 다음 독자적인 선택을 하고서 기분이 얼마나 좋아지는지 보자.

- 자아정체성이라는 견지에서 사회로부터의 독립을 선언하자. 2,500년 전에 소크라테스가 선언했다. "나는 아테네 사람이 아니고 세계 시민이다." 당신 역시 신의 창조물이며, 사회로부터 제한받지 않는다.

- 단지 다른 사람들이 다 하기 때문에 따라하는 식의 행동을 하지 말자. 만약 그것이 당신의 윤리적 정의에 부합하면, 주변 사람들의 말이나 행동에 구애받지 말고 무슨 수를 쓰든지 시작하자.

06

헨리 데이비드 소로 · 반획일주의자 되기

'내 마음의 북소리'에 맞춰 걸어라

헨리 데이비드 소로(1817~1862)
헨리 데이비드 소로는 하버드에서 공부했다. 그러나 자신의 영혼이 강렬하게
이끄는 대로 따라가 인기 없는 작가이자 시인의 길을 택했다. 에머슨과 함께 뛰어난
뉴잉글랜드 초월주의자로 꼽혔던 그는 자연과 자유와 개성을 사랑했다.

어떤 사람이 자기 동료들과 보조를 맞추지 않으면, 아마 그가 다
른 사람이 치는 북소리를 듣기 때문일 것이다. 그가 자신이 듣는
음악에 맞춰 걷게 내버려 두자. 그 북소리의 박자가 어떻든, 또 얼
마나 먼 곳에서 들리든. 『월든』에서

몇 년 동안 내 책을 읽었거나 내 테이프를 들은 사람들에게서 내가 가
장 듣기 좋아하는 말 중 하나는 이런 것이다. "당신의 말이 결국은 내
가 미치지 않았다는 것을 확인해 주었어요. 평생 동안 사람들은 나에

게 이렇게 말했죠. 내 사고방식에는 뭔가 잘못된 게 있다구요. 당신의 말은 내가 미치지 않았다는 걸 깨닫게 해 주었어요." 내가 그와 똑같은 종류의 직관적인 진실을 파악한 것은 소로를 읽을 때였던 것 같다.

나는 종종 소로의 흉내를 내는 나 자신을 상상한다. 숲속에서 단순하고 진지하게 살면서, 자급자족하고, 마음속 깊이 느낀 것들을 글로 쓰는 생활을 하는 것이다. 다른 사람이 나를 어떻게 생각하고 대하든 상관 않고 살아간다는 것은 꽤나 고상해 보인다.

우리 각자의 내부에는 이렇게 속삭이는 목소리가 있다. "위험을 감수하고 꿈을 좇아 충만한 삶을 살아라. 다른 사람을 해치지 않는 한 말이야. 왜 안돼?" 그런데 우리 외부에는 이렇게 외치는 목소리들이 있다. "바보짓 하지 마. 실패할 거야. 다른 사람들처럼 살아. 자신이 원하는 대로 한다는 것은 이기적이고 다른 사람을 다치게 하는 거야."

우리 동료들은 우리가 그들과 보조를 맞추도록 끊임없이 몰아가며, 그러지 않으면 배제하려고 든다. 그러나 사회가 존경하는 이들 중 많은 이가 살아있을 때는 문제아로 불렸다. 어떤 일에서나 뚜렷한 업적을 쌓은 사람들은 다른 이들의 목소리에 얽매이지 않고 자신만의 음악소리에 맞춰 앞으로 나아갔다. 그들에게는 문제아, 구제 불능자, 적응 불능자라는 딱지가 붙지만 사후에 존경받는다. 헨리 데이비드 소로도 마찬가지인데, 「시민 불복종의 불가피성에 대하여」라는 그의 에세이에서 주장한 것 때문에 비난을 받았으며, 불합리한 지배라고 생각하는 것에 복종하기를 거부했기 때문에 감옥에 갇혔다. 하지만 오늘날의 고등학교나 대학에서는 모두들 소로를 꼭 읽으라고 요구한다.

내부에서 들리는 북소리는 자신의 영혼이 목적하는 바와 관계가 있다. 사회에 적응하겠다는 생각으로 그 북소리를 무시하거나 억누른다면, 그 때문에 계속 마음이 편치 않을 것이다. 어떤 사람들은 당신을 사랑하는 마음에서 좋은 의도를 가지고 자신의 북소리에 발맞춰 가자고 당신에게 애원하기도 한다. 그들은 "나는 당신이 가장 관심 있어 하는 것을 알고 있어. 이건 경험에서 나온 소리야. 내 조언을 따르지 않으면 후회할 거야."라고 말한다. 우리는 그 말을 듣고 모두가 원하는 모습이 되기 위해 많이 노력한다. 하지만 다른 누구도 희미하게나마 들어본 적이 없는 성가신 북소리가 당신의 귀에는 어디서나 쿵쾅거리며 울려 퍼진다. 그것을 계속 무시하면 좌절하는 삶을 살게 될 것이다. '편안함 속에서 고통받는' 것을 배우게 될 수도 있는데, 당신이 이룰 수 있는 것은 그 정도일 뿐이다.

소로는 19세기 중반에 쓴 이 글을 통해 자급자족과 행복에 관해 당신에게 직접 말하고 있다. 행동이나 상황을 강요받는다고 느낀다면, 그것들은 모두 영혼의 목소리와 부딪히는 중이다. 꿈을 좇는 다른 사람의 권리를 방해하지 않는 한, 자신한테만 들리는 멜로디를 들으며 거기에 맞춰 행동할 용기를 갖도록 설득하는 영혼의 목소리인 것이다. 나뿐 아니라 다른 이들도 자신의 북소리에 발을 내딛는 게 금지되어서는 안 된다. 비록 귀에 거슬리고 음정이 고르지 않게 들릴지라도.

모든 사람이 한 음악에 맞춰 행진하고, 거기에 순응하며, 아무도 벗어나려 하지 않는다면 우리 모두는 여전히 동굴 속에 살면서 다음과 같은 조리법을 반복하고 있을지도 모른다. "들소 한 마리를 통째로 잡아 가죽을 벗기고, 불에 구워 게걸스럽게 먹어라." 진보란 마음속에서 들려오는 소리를 개인들이 처음으로 듣고서, 종족의 항의를 무시하고 그 메시지에 따라 행동한 결과이다.

내게는 예쁜 아이들이 여덟이다. 그들이 내 관심사를 따르기로 결정하여 내가 이 세상을 떠난 뒤 내 주장을 선택해 준다면 얼마나 좋겠는가? 그러나 아내와 나는 너무나 잘 알고 있다. 아이들 모두 저마다 자신의 북소리를 듣고 있다. 어떤 북소리는 확실히 내가 듣고 있는 것과 거리가 멀다. 하지만 나는 그들의 직관과 선택을 존중한다. 스스로 길을 찾아갈 수 있을 때까지 나쁜 길로 새지 않게 인도할 뿐이다.

나는 늘 내 북소리에 맞춰 걸어왔다. 그 북소리는 나와 가장 가까운 가족뿐 아니라 우리 문화와도 맞지 않을 때가 많았다. 나는 전통적인 심리학적 관행에 문제를 제기하는 책들을 써 왔다. 내가 말하는 것이 현재 통용되는 일반적인 전문 지식에 반할 때도 나는 그것을 내 책에서 말했다. 나에게 설교하는 소리들을 늘 상당 부분 무시했기 때문에, 청중들에게도 내 방식을 따르라고 설교할 마음은 전혀 없었다.

남북전쟁 전인 1840년대로 돌아가, 소로와 함께 숲속을 거닌다고 상상해 보자. 그의 생각들은 백인들이 아메리카 원주민들을 다룬 방법을 직접 체험한 공포에 기초를 두었다. 당시 인디언들을 살고 있던 땅에서 쫓아내는 일이 광범위하게 저질러졌는데, 그것은 바로 자신들이 저지른 대량 학살이라는 것을 그는 알고 있었다. 그래서 그는 자연 속에 살면서 다수의 압력에서 벗어나 자급자족하는 생활을 위해 떠나 버렸다. 당시에는 그것 때문에 비난을 받았다.

하지만 시간이 지난 지금, 그는 우리가 존경하는 문제아 중 하나이다. 마음속으로 소로와 함께 걷는 상상을 해보자. 당신에게 들리는 목소리와 당신만이 느낄 수 있는 북소리에 귀를 기울이자. 사랑하는 사람들의 가슴속에 있는 북소리를 존중해 주면서, 자기 안의 북소리도 귀중하게 생각하자. 이것은 무조건적인 사랑이 취할 수 있는 최고의 행동이다. 살아 있는 동안 상 같은 건 못 받을지 모르지만, 당신은 성스러운 목적을 달성했고, 다른 사람들에게도 그렇게 해보라고 격려했던 사실로 인해서 평안을 느낄 수 있을 것이다.

소로의 조언을 실천하기 위해 다음과 같이 해 보자.

- 주변 사람의 기대를 기준으로 자신을 미쳤다, 안 미쳤다 평가하지 말자. 스스로 느껴지는 것이 있고, 그것이 아무에게도 해가 되지 않는다면 그것은 믿을 만하고 매우 분별력 있는 것이다.

- 자신만의 북소리에 맞춰 걷는 것은 때로 동족의 오해와, 아마 분노까지도 불러일으킬 수 있음을 명심하고 개인적으로 받아들이지 말자. 당신을 복종하게 만들려는 전략일 뿐이어서, 당신이 반응하지 않으면 그 분노는 재빨리 사라질 것이다.

- 당신의 가족과 친구들이 자신들의 박자에 맞춰 즐겁게 행진하는 기쁨을 누리고 있으면 절대 막지 마라. 그러면 당신은 분노와 원한을 평화와 사랑으로 바꿔 주는 사람이 될 것이다.

07

오마르 하이얌 · 과거에의 집착 버리기
과거는 배가 지나간 자국일 뿐

오마르 하이얌(1048~1122)
오마르 하이얌은 이란 출신의 학자이자 천문학자이다. 그의 시에는 신, 선과 악,
정신, 물질 그리고 운명에 대한 자신의 생각이 반영되어 있다.

운명을 기록하는 신의 손가락,

쉴 새 없이 움직이며 기록을 하네.

기도나 잔꾀로야 한 줄이나 지울쏜가.

눈물로 호소한들 한 마디나 씻을쏜가.

「오마르 하이얌의 루바이야트」에서

세계에서 가장 유명한 천막 제조자, 시인, 천문학자, 이 세 가지 직업
을 아우르던 철학적 이야기꾼 오마르가 태어난 지 거의 1,000년이 흘
렀다. 「루바이야트」에서 뽑은 이 특이한 4행시는 1,000년이 지나는 동

안에도 전혀 스러지지 않는 교훈을 담고 있다. 이 유명한 구절에는 사람들이 깨닫지 못한 미묘한 진실이 담겨 있다.

이 4행시의 지혜를 이해하는 한 방법은 당신의 몸이 40노트의 속도로 물을 뚫고 항진하는 쾌속보트라고 상상하는 것이다. 당신은 그 보트의 고물에 서서 물을 자세히 굽어다 보고 있다. 상상 속의 이 장면에서 당신이 보게 될 것은 배가 지나간 자리이다. 이제 다음 세 가지 질문에 관해 철학적으로 설명해 보자.

질문1 배가 지나간 자국이란 무엇인가? 그것은 배 뒤에 남겨진 흔적일 뿐이며 그 이상은 아니라고 당신은 아마 결론을 내릴 것이다.

질문2 배는 무엇이 운전하는가? (배란 인생을 순항하여 통과하는 당신을 가리킨다.) 그 대답은 "지금 이 순간 엔진에 의해 발생되는 에너지이다. 그 이상은 없다. 그것이 보트를 앞으로 가게 만든다."일 것이다. 인생의 경우에는, 몸을 앞으로 움직이게 만드는 지금 이 순간의 생각, 그 이상은 아니다!

질문3 배가 지나간 자국이 보트를 앞으로 나아가게 할 수 있는가? 그 대답은 명확하다. 뒤에 남겨진 자국은 결코 보트를 앞으로 나아가게 할 수 없다. 그것은 지나간 자국일 뿐, 그 이상의 것은 아니다. "운명을 기록하는 신의 손가락, 쉴 새 없이 움직이며 기록을 하네……"

우리가 살면서 갖게 되는 가장 큰 환상은, 현재의 상황은 과거 때문이라고 믿는 것이다. 우리는 종종 왜 지루한 일상에서 벗어날 수 없는지를 설명하면서 과거의 문제들 때문이라고 주장한다. 젊었을 때 겪은 상처를 떠올리며, 현재의 상황이 그런 불행한 경험 때문이라고 계속 탓한다. 이런 것들 때문에 앞으로 나아갈 수 없다고 주장한다. 말하자면 지나온 궤적이 우리 삶을 운전하고 있다는 환상 속에서 살고 있는 것이다.

　손가락을 베였던 경험을 생각해 보자. 우리 몸은 즉시 그 상처를 받아들여 아물게 한다. 물론 낫기 위해선 상처를 깨끗하게 할 필요가 있다. 정서적인 상처도 깨끗하게 해야 낫기 마련이다. 그래야 빨리 치유가 시작된다. 본능적으로 "모든 상처를 오므려라. 너는 치유될 것이다."라고 몸이 말하기 때문이다. 그러나 본능이 "과거의 모든 상처를 오므려라."라고 말하면, 우리는 종종 본능을 무시한다. 대신 그런 상처들에 얽매이기 시작한다. 우리는 과거의 기억 속에 살며 과거의 상처 때문에 움직이지 못하고 앞으로 나아가지 못한다는 환상을 키운다.

　오마르 하이얌이 말한 움직이는 손은 우리 몸이다. 일단 기록(우리 몸이 살아온 흔적으로서의 삶)하면 완결되며, 기록을 막을 수 있는 방법은 전혀 없다. 그걸 고치고 싶어 아무리 눈물을 흘려도 자신이 쓴 이야기를 단어 하나 지우지 못한다는 것이다. 아무리 기지가 뛰어나고, 기도가 아무리 간절하고, 그리고 신에 대한 경건함이 아무리 깊어도, 자신이 지나온 자국은 조금도 고쳐 쓸 수 없다. 그것은 자신이 뒤에 남기고 지나간 흔적이다. 그 흔적을 다시 들여다보면 얻는 게 있을지도 모르지만, 자신의 지나온 그 자국을 어떻게 처리할까 생각하는 지금 이 순간만이 지금의 삶에 책임질 수 있는 때임을 깨달아야 한다.

환경이 사람을 만들지는 않는다. 환경은 사람을 드러낼 뿐이다. 지금 우리의 단점이 과거 때문이라고 탓하려는 마음은 상당히 유혹적이다. 그것은 쉬운 길이다. 우리는 보트를 운전하는 과정에서 생기는 위험을 감수하기 싫어서 핑계를 준비해 둔다. '모든' 사람에게는 자신의 행동에 대해 변명할 수 있는 과거의 상황과 경험이 있다. 우리 삶이 지나간 모든 자리는 과거사의 파편으로 넘치고 있다. 부모로서의 단점, 중독, 공포, 자포자기의 문제, 장애가 있는 가족, 잃어버린 기회, 불운, 경제적 문제, 심지어는 태어난 순서, 이 모든 것이 우리가 살아온 자취 바로 밑에서 우리를 노려보고 있다. 그리고 아직도 움직이는 손가락은 그 이야기를 쓰고 있다. 어떤 것도 쓰는 것을 말릴 수는 없다.

오마르 하이얌은 우리에게 다른 장소, 다른 시간, 다른 언어로 과거란 지나갔으며, 지나갔을 뿐 아니라 되감거나 되부르기가 쉽지 않다는 간단한 상식을 상기시킨다. 더 나아가, 오늘의 삶 속에서 성공했거나 실패한 것이 과거 탓이라고 믿는 것은 환상이다. 그 손가락은 우리의 심장에 속해 있어서 그것이 원하는 것은 뭐든지 쓸 수 있다. 어제 쓴 것과는 아무 상관 없이. 깨어나서 지나간 궤적 밖으로 나가자. 그리고 텐트장이 오마르의 지혜에 귀를 기울이자!

이 4행시의 핵심적인 교훈은 다음과 같다.

- 오늘을 살아라. 오늘의 상황에 대한 변명으로 삼고 있는 과거에 대한 집착을 버려라. 당신은 바로 지금 당신이 내린 선택의 산물이다. 이 상식적인 생각에 유념하면 이미 흘러가 버린 어떤 것도 오늘의 당신에게 영향을 미칠 수 없다.

- 당신이 쓰는 어휘 중에서 비난의 말은 모두 버리자. 오늘 어떤 일을 실행하지 못한 이유를 과거사에서 찾고 있는 걸 깨닫는 즉시 멈추어야 한다. 그 대신 "과거에 늘 그랬더라도 지금의 나와는 상관없다. 나는 이제 자유다."라고 선언하자.

- 눈물은 과거에 대한 집착의 상징이다. 눈물을 흘리지 말자. 슬픔과 자기 연민은 과거의 아주 작은 티끌 하나도 씻어 주지 않을 것이다. 자신의 상처에게 그것은 그때였고 이것은 지금이라고 부드럽게 타이르자. 그런 경험들을 통해서 배워야 한다. 그 경험들을 위대한 스승으로 여기고 감사하자. 그런 다음 바로 지금, 삶 속의 일을 향해 달려가자. 과거는 있다. 그러나 과거가 지금은 아니다. 미래는 있다. 그러나 미래가 지금은 아니다. 이 간단한 진리를 움켜쥐고 그것으로 당신의 인생을 쓰자!

08

오그던 내시 · 비교 의식

비교는 타인에게
내 인생의 통제권을 넘기는 것

오그던 내시(1902~1971)
경쾌한 시를 쓰는 미국 작가 오그던 내시는
교양미 있는 기발한 생각과 풍자로 유명하다.

그러니까 그게 나를 보면 떠오르는 사람이다

황금 같은 재능을 가진 사람들을 생각하면
나는 저울을 꺼내 들고서
팔이 안으로 굽는다는 내 방법으로
나와 그들, 우리가 얼마나 공통점이 많은지
즐겁게 찾아본다.

번스처럼, 나는 술에 약하다.
셰익스피어처럼, 라틴어는 젬병이고 그리스어는 더듬거린다.
아리스토텔레스처럼 손톱을 물어뜯는다.

새커리처럼, 속물 근성이 있다.

나는 바이런의 허영심에 감염되어 있고
포프의 원한을 물려받았다.
페트라르카처럼, 요정을 찾는 젖먹이이고
밀턴처럼, 의기소침해하는 경향이 있다.

내 철자법은 초서를 떠올리게 하지만
존슨처럼, 으음, 그렇게 죽고 싶지는 않다.
(나 역시 접시에 커피를 따라 마신다.)
그리고 골드스미스가 앵무새라면, 나도 그렇다.

비용처럼, 많은 계정을 갖고 있으며
스윈번처럼, 간호사가 필요할까 걱정한다.
내 주사위 노름으로 크리스토퍼는 말로우를 이겼다.
그리고 나는 콜리지처럼 꿈을 많이 꾼다, 나쁜 꿈만.

황금 같은 재능을 가진 사람들과 비교해 보면,
나는 확실히 재능이 있는 사람이다.
나는 나쁜, 가공할 만한 재능만 다 닮았다.
그러나 나는 쓰는 것은 내 식대로 쓴다.

오그던 내시는 대단한 유머 감각과 호방한 시로 유명하다. 그의 시는 종종 짓궂게 야유했으며, 한 단어로 된 문장을 쓰거나 전체 문단이 구불구불해지도록 글줄을 만드는 등 매우 변화가 심했다. 생전에는 그를 따르는 추종자가 많았다. 특히 일상의 단점을 풍자하는 시 때문이었다. 여기 선정한 시에서는 세계 최고 시인들인 '황금 같은 재능을 가진 사람들'을 한 줄로 세워 놓고 자신의 약점을 정당화하면서 스스로를 조롱하고 있다. 이 시는 분명 비꼬아서 쓰긴 했지만 우리들 중 많은 사람이 자신을 다른 사람과 비교하는 경향을 집중적으로 조명하고 있다.

살아가면서 우리가 어디쯤 서 있는지 판단하기 위해 우리는 스스로를 손쉽게 다른 사람과 비교하곤 한다. 실제로 집과 학교에서는 이 비교하는 방법을 사용한다. 다른 모든 사람이 어떻게 해 나가는지를 기준으로 해서 우리는 중간 어디쯤에 끼도록 훈련된다. 우리가 지리와 수학을 어느 정도로 잘하는지, 무엇을 입어야 하는지, 지켜야 할 통금 시간을 정하는 데 표준곡선을 적용하고 평가한다. 다른 사람들이 어떻게 하느냐가 끊임없이 우리가 해야 할 것들을 결정하는 바로미터가 된다. 비교는 평가의 수단으로 널리 쓰이고 있어서, 가족 구성원의 생활을 관리하는 것뿐만 아니라 성인의 생활을 평가하기 위한 수단으로도 이용된다.

하지만 한 사람을 다른 사람과 비교하는 것은 개인의 독특함을 부정하는 것이며, 때로는 그를 모욕하는 것이기도 하다. 비교를 통해서는 절대로 자아 인식에 이를 수가 없다. 다른 사람들도 다 비교하면서 살고 있다면, 그게 정상이라고 생각하며 살면 편하다. 대략 68퍼센트의 사람들이 그렇게 하고 있다면, 우리도 그것이 정상이라고 해석하고 싶은 유혹을 받을 수도 있다. 우리가 계속해서 자신의 삶을 다른 사람과 비교할 때 우리 마음속에 비교 개념이 자리하기 때문에 우리는 외부에서 정당성을 찾는 일을 계속 반복한다. "남을 아는 사람은 현명한 사람이다. 자신을 아는 자는 세상의 이치를 아는 사람이다."라는 노자의 말을 나는 좋아한다.

우리가 비교로써 무언가를 판단할 때는 최대한 지혜롭기를 바란다. 그러나 세상의 이치를 알기 위해서는 우리 각자가 독특한 창조물이라는 것을 알고 스스로를 존중해야 한다. 이것은 평균치로는 결코 발견될 수 없는 재능이다.

끊임없이 '표준' 곡선의 가장 높고 가장 넓은 지점으로 가려고 애쓰며, 양극단을 나타내는 좁은 끄트머리를 피하는 것은 필수적인 일이 아니다. 창조적인 재능은 평균값에서 멀리 떨어져 있는 사람에게서 발견되기 때문이다.

장 피아제는 유명한 스위스 심리학자로 학생들이 학교에서 학업 성취를 가장 잘 이룰 수 있는 방법을 연구한 사람이다. 오래전 내가 수련의였을 때 그에게서 잊지 못할 중요한 통찰을 얻은 적이 있다. 그는 학생들을 통해서 학습과 성취 수준은 각 개인마다 다르다는 것을 알게 되었는데, 먼저 한 교실에서 오직 말만을 사용해 강의해 보았다. 그 뒤에 시험을 치렀는데, 약 3분의 2가 C 또는 평균 범위에 드는 표준곡선 분포의 양상을 보였다. 4분의 1은 평균 이상 또는 이하(D와 B)로 반반씩 나뉘어 분포했다. 6퍼센트는 낙제와 최고 성적(F와 A)으로 각각 나뉘었는데 중앙 부분에서 멀리 벗어난 극소수 그룹이었다. 한쪽은 천재들이었고 다른 쪽은 아무것도 학습하지 못한 상태였다.

이 대목은 내가 깊은 인상을 받은 것도 아니고, 잊지 못한 부분도 아니다. 피아제는 정보를 전달하는 방법을 바꾸면, 즉 말로 강의하는 방법에서 그림을 보여주는 방법으로 바꾸면, 역시 똑같은 표준형 분포 곡선을 얻는다고 했다. 극소수의 천재와 백지 상태, 6퍼센트의 A와 F, 20퍼센트의 D와 B, 67퍼센트의 C 플러스와 C 마이너스. 그러나 놀라운 일은 이때 천재 영역과 백지 영역의 사람들이 다 바뀌었다는 점이다. 똑같은 그룹에게 전달 방법을 달리하면, 말하자면 똑같은 문제에 대해 소그룹 토론을 한다든지 비디오 프레젠테이션을 하는 등 새로운 교수법을 쓰면 새로운 천재와 새로운 백지 상태, 그리고 새로운 평균 그룹이 나온다는 것이었다.

나는 피아제의 의미심장한 결론을 잊을 수 없었다. 모든 사람에게는 나름의 천재성이 있다. 그래서 교사로서, 부모로서, 자신의 인생을 이끌어 가는 감독으로서 우리가 해야 할 일은 그 천재성을 드러낼 수 있게 이끌어 주는 방법을 찾는 것이다.

오그던 내시의 유머러스하고 신랄한 시 「그러니까 그게 나를 보면 생각나는 사람이다」는 누군가와 자신을 비교하는 것이 얼마나 부적절한지를 알려 준다. "그러나 나는 쓰는 것은 내 식대로 쓴다."라는 그의 결론은 그가 무엇을 주장하는지 뚜렷하게 보여준다. 바로 그 자신이 되는 것. 그것이 그가 할 수 있는 전부였다.

우리는 종종 무리에 끼어들려고 노력하면서 그들과 어떻게 비교되는지를 몰래 지켜본다. 우리는 학교에 다닌 이래로 늘 어떤 조건 속에 있었기에 우리 개인의 천재성이 발전하지 못할 수도 있다는 사실을 잊어버리곤 한다. 자신이 독특한 개인이라는 사실을 생각한다면 스스로를 다른 사람과 비교하는 건 참으로 어리석은 일이다. 또한 옳은 것이라고 여겨지는 방법, 사람, 그리고 환경에 당신을 끼워맞추는 것도 자연스럽지 못하다.

내가 글을 쓰고, 말하고, 마라톤을 하고, 세차하고 이를 닦을 때 다른 사람과 비교할 필요를 느끼지 않듯이 나의 모든 행동들을 다른 사람과 비교할 필요는 없다. "이건 내 방식인데, 네 방식은 어떤 거냐?" 혹은 "그 '방식'이란 건 있지도 않아!"라고 말할 수 있을 때 우리는 자유롭다. 황금 같은 재능을 가진 사람들과 내가 공유하고 있는 것이 무엇인지 더 이상 알아볼 필요가 없을 때 나는 자유롭다. 결론은 오그던 내시가 도달한 것과 똑같다. "그러나 나는 쓰는 것은 내 식대로 쓴다." 비교를 멈추고, 자신의 인생을 자신의 방식으로 만들어 나가자.

자신을 다른 사람과 비교하는 습관을 줄이기 위해 다음의 제안을 실천해 보자.

- 당신과 당신의 행위를 평가하기 위해서 자기만의 독특한 지표를 사용하자. "나는 동생보다 못해."라고 하기보다 "나는 자신에게 만족하는가?"라고 스스로에게 물어보자.

- 비교하려는 묵은 습관이 나오면 즉각 그 행동을 멈추고 자신을 다잡아라. 그런 습관을 깨닫는 것이 이 습관을 바꾸는 단초가 된다. "난 어떤 것에는 평균 정도일 거야."라고 말하려는 순간에 잠깐 멈추고는, "이것이 내가 하는 방법이야. 그리고 나는 이 방법이 좋아."라고 말하자

- 아이가 당신을 다른 부모와 비교하기를 원치 않는다면 아이들에게도 그렇게 하자. 당신이 먼저 비교하기를 멈추지 않는다면, 이 버릇은 더 교활해진 채 대물림될 것이다. "다른 애들은 학교에 다니면서 당연히 집안일도 한단다."라고 말하는 대신 지시하는 말을 이렇게 바꾸자. "나는 네가 숙제도 하고 집안일도 해 줬으면 좋겠어. 이건 네 친구들하고는 아무 상관도 없는 거야."

- 더 잘하고 싶었지만 원하는 만큼의 재주가 없다거나 전문가가 아니라고 해서, 당신에게 결함이 있는 것은 아니라는 걸 잊지 말자. 그것은 당신 특유의 반응의 결과이며, 경험의 결과이다. 당신의 재능은 다른 곳에 있거나, 다른 식으로 배웠으면 그 재능이 드러날 수도 있었을 것이다. 자신의 개성과 특성을 존중하고, 어떻게 비교할까 고심하지 말자. 비교는 늘 자신을 비교하는 사람들 손에 자신의 인생을 통제하도록 넘겨주는 짓이다.

09

마르쿠스 툴리우스 키케로 · 편견
풀 수 없다고 생각되는
문제에 직면할 때

마르쿠스 툴리우스 키케로(B.C. 106~B.C. 43)
로마의 정치가이자 문인인 키케로는 로마의 가장 위대한 웅변가였으며 가장 논리 정연한 철학자였다. 로마의 공화정 말기는 흔히 키케로의 시대라고 부르기도 한다.

인간의 여섯 가지 실수

* 다른 사람을 짓밟아야 뭔가 얻을 수 있다는 환상.

** 달라지거나 고칠 수 없는 것들을 걱정하는 경향.

*** 자신이 이룰 수 없다고 해서 그 일이 불가능하다는 주장.

**** 사소한 즐거움을 포기하지 않는 것.

***** 정신의 발전과 수양을 게을리하고, 읽고 연구하는 버릇을 들이지 않는 것.

****** 자신이 하는 대로 다른 사람도 그렇게 믿고 그렇게 살라고 강요하는 것.

우리의 뛰어난 조상들이 2,000년도 훨씬 전에 우리가 지금 밟고 있는 이 흙을 밟고 다녔으며, 우리가 숨쉬는 것과 같은 공기를 마시고, 우리가 밤에 보는 것과 같은 별을 보았으며, 우리가 매일 보는 것과 같은 태양을 보고 두려워했으며, 우리와 동일한 것에 관심을 가지고서 말을 하고 글을 썼다는 사실은 실로 놀라운 것이다. 그들이 동료 시민들에게, 그리고 2,000년 뒤 같은 지구상에 우연히 나타나게 된 한 시민인 나에게 말하려고 했던 것들을 읽어 보면, 그 사람들과 나의 관계가 너무 놀라워 전율과 신비감마저 느끼게 된다.

키케로는 한때 로마의 아버지로 불렸다. 그는 뛰어난 웅변가였으며, 법률가, 정치가, 작가, 시인, 비평가에다 철학자이기도 했다. 그는 예수가 태어나기 100년 전에 살았던 사람으로 폼페이, 카이사르, 브루투스, 기타 수많은 역사적 인물들 간의 갈등, 그리고 고대 로마 역사를 이룬 수많은 사건들에 모두 깊이 개입되었다. 그는 길고 화려한 정치 경력을 가졌을 뿐 아니라 권위 있는 작가로서 그 시대에 가장 영향력 있는 작품들을 쓰기도 했다. 하지만 그 시대에는 의견을 달리하는 사람은 친절한 대접을 받지 못했다. 그는 기원전 43년에 사형 당해, 그의 손과 머리는 로마의 포룸(광장)에 있는 연단에 전시되었다.

가장 인상적인 논문 중 하나에서, 키케로는 고대 로마에서 그가 실제로 목격한 인간의 여섯 가지 실수를 규정해 놓았다. 2,000년 뒤에 나는 간단한 해설을 덧붙여 그것을 여기 다시 싣는다. 고색창연한 조상들로부터 우리는 여전히 배울 것이 있다. 그리고 키케로의 여섯 가지 실수에 대한 나의 확신 때문에 내 머리와 손이 우리나라의 연단에 전시되지는 않을 거라고 믿는다!

실수 1 남을 짓밟아야 뭔가를 얻을 수 있다는 환상. 이것은 불행히도 오늘날까지 우리에게 횡행하는 문제이다. 많은 사람들이 다른 사람의 잘못을 찾아내야 자신이 중요한 위치로 올라갈 수 있다고 생각한다. 국제적으로 성공한 동기 유발 전문가가 텔레비전에서 인터뷰하는 것을 본 적이 있다. 그가 처음 한 말은 "나는 누구보다도 뛰어나다. 누구도 내가 제공하는 삶의 노하우를 제공할 수 없다. 격려 연설만 하는 자들의 말을 듣지 마라. 그들은 모두 저질이다."라는 것이었다. 나는 키케로의 '실수 1'을 생각하지 않을 수 없었다. 도시에서 가장 큰 건물을 소유하는 방법에는 두 가지가 있다. 첫 번째는 돌아다니면서 다른 사람들의 건물을 부수는 것이다. 그러나 이 방법은 결코 오래가지 못한다. 파괴된 건물의 소유자들이 파괴자를 괴롭히기 위해 쫓아올 것이기 때문이다. 두 번째는 자신의 건물을 갖기 위해 일하면서 그 건물이 점점 커지는 것을 지켜보는 것이다. 이것은 정치, 비즈니스, 그리고 개인의 삶에서도 마찬가지다.

실수 2 달라지거나 고칠 수 없는 것들을 걱정하는 경향. 확실히 고대 사람들은 자신들이 통제할 수 없는 일들을 걱정하는데 에너지를 소모했고, 그 이후 변한 것은 거의 없다. 내 스승 한 분이 그걸 매우 간결하게 일러 주었다. "먼저, 자네가 통제할 수 없는 일들을 걱정하는 건 이치에 맞지 않네. 왜냐하면 그것들을 통제할 수 없는데 걱정한다는 것이 말이 안 되기 때문이네. 두 번째로, 자네가 통제할 수 있는 일들을 걱정하는 것 또한 말이 안 되네. 왜냐하면 자네가 통제할 수 있는데 걱정하는 것은 말이 안 되기 때문이네." 걱정이라도 할 수 있는 일들은 어쨌든 이루어지게 되어 있다. 당신이 통제할 수 있든 없든 어떤 일에 대해 걱정한다는 것은 큰 실수이다.

실수 3 자신이 이룰 수 없다고 해서 그 일이 불가능하다는 주장. 많은 사람들이 이런 비관적인 생각에 아직도 시달리고 있다. 우리는 해결책을 알 수 없다는 이유만으로 어떤 일이 불가능하다는 결론을 너무 자주 내린다. 많은 사람들은 먼 은하계로의 여행이나 타임머신, 광속도 여행 등은 모두 불가능한 일이라고 여긴다. 하지만 그것은 단지 그들이 그런 개념을 이해할 수 없기 때문이다.
키케로와 같은 시대에 산 사람들 중에서 몇 명이나 전화, 팩시밀리, 컴퓨터, 자동차, 비행기, 미사일, 전기, 상수도, 리모트 컨트롤, 달 표면 산책, 그리고 오늘날 우리가 당연하게 여기는 많은 것들을 예견할 수 있었을까. 훌륭한 구호가 하나 있다. "비관주의자가 되기에는 우리는 모르는 게 너무 많다!" 오늘날 우리가 그 개념을 이해할 수 없는 것들이 2,000년 뒤 여기 살고 있을 사람들에게는 현실로 받아들여질 수 있다.

실수 4 사소한 즐거움을 포기하지 않는 것. 일생을 살아가면서 중요하지 않은 일에 집중하는 사람들이 대단히 많다. 우리는 귀중한 삶의 에너지를 다른 사람들이 자신에 대해 어떻게 생각할지에 대한 걱정, 겉모습에 대한 하찮은 관심, 혹은 입고 있는 옷의 상표 같은 것에 써 버린다. 가족이나 동료들과의 사소한 다툼에 대해 고민하느라 삶을 소모하기도 한다. 그리고 겉만 우아하게 치장된 이야기들로 대화를 채운다. 자만심과 더불어 이기심은 우리 삶을 움직여 간다.

우리는 지구상에 배고프고 굶주린 사람들이 있다는 것을 알고 있다. 그런데도 식당에서 5분을 더 기다리는 것을 참을 수 없어 하고, 그 음식의 절반은 쓰레기로 버려진다. 수천 정의 총과 살인자의 손에 불구가 되거나 죽어 가는 어린이들의 이야기를 들으면서도 우리는 자신이 할 수 있는 일은 아무것도 없다고 체념한다. 개인의 생활 속에서는, 이런 큰 문제에 대해 변화를 이끌어내는 게 불가능하다고 믿는 사람들이 너무 많다. 그래서 우리는 이기심이 뒷받침 된 사소한 것들을 좇는 게임에 몰입한다.

실수 5 정신의 발전과 수양을 게을리하고, 읽고 연구하는 버릇을 들이지 않는 것. 우리는 정규 교육을 마치면 정신의 발전도 완성된 것처럼 여긴다. 시험을 보기 위해서, 또는 졸업증서나 학위라는 형태의 메달을 얻겠다는 목적으로 읽고 연구하는 것을 신조로 삼는다. 일단 자격증을 손에 넣게 되면 연구하고 정신을 수양하는 필요성은 끝나 버린다. 키케로는 로마 시민들 사이에서 이런 경향을 본 게 틀림없다. 그래서 그것이 제국의 멸망에 대한 서곡이 될 수 있다는 것을 경고한 게 틀림없다. 멸망은 현실이 되고 말았다.

시험을 보기 위해서가 아니라 개인적인 마음의 양식을 위해 문학과 정신적인 글쓰기에 빠져들면 우리의 삶은 엄청나게 풍요로워진다. 매일 독서하고 연구하면 모든 방면에서 인생의 경험이 더 깊어지고 풍부해지는 것을 알게 될 것이다. 과제가 아니라 자신의 선택으로 그것을 하면 대단히 유쾌해진다.

실수 6 자신이 하는 대로 다른 사람도 그렇게 믿고 그렇게 살라고 강요하는 것. 확실히 우리는 이 여섯 번째 실수를 저지르고 있다. 우리는 우리가 해야 할 것과 살아가야 할 방법에 대해 자신들의 관점을 강요하는 사람들에 의해서 너무 자주 희생을 당한다. 그 결과 긴장과 원한이 높아지고, 누구도 어떻게 살아야 하며 뭘 해야 하는지 말하고 싶어하지 않는다. 제 역할을 제대로 다하는 사람들의 특징 중 하나는 다른 사람들을 통제하는 것에 전혀 욕심이 없거나 애쓰지 않는다는 사실이다. 이 진리를 상기할 필요가 있다. 그리고 『캉디드』의 마지막 줄에 있는 볼테르의 조언에 귀 기울일 필요가 있다. "자신의 정원을 가꾸는 법을 배워라."

다른 사람은 양배추 가꾸기를 원하고 당신은 옥수수 기르기를 선택했다면, 그렇게 하라. 그러나 우리는 다른 사람의 삶을 들여다보고서, 그들도 우리와 같은 식으로 믿고 행동해야 한다고 주장하려 한다. 한 울타리 안에 있는 다른 구성원들에게 자신의 의지를 투사하려는 것이 가족들이 범하는 일반적인 실수다. 이것은 모든 사람에게 가장 좋은 결정을 내려 준다는 정부 관리들의 일반적인 실수이기도 하다. 키케로의 여섯 가지 실수를 인생에서 반복하고 싶지 않다면, 다음 여섯 가지 제안을 심사숙고해 보라.

- 자신의 생활을 주의 깊게 살펴보고 그것을 어떻게 개선할지에 관심을 기울여 보자. 말로 다른 사람을 제압하려는 버릇이 있다면, 그걸 깨닫는 즉시 버려야 한다. 다른 사람의 건물을 헐어 버렸다는 것을 깊이 자각하면 할수록 자신의 건물을 크게 짓는 쪽으로 더 빨리 방향을 바꿔 가게 될 것이다.

- 걱정이 생기면 스스로에게 물어보자. "이 일에 대해 내가 할 수 있는 것은 무엇일까?" 그 일을 자신이 통제할 수 없다면 그대로 내버려 두어야 한다. 자신이 할 수 있는 것이 있다면, 기어를 변속하여 그 전술을 구사하라. 이 두 방법이 적정하는 버릇에서 자신을 구해 줄 것이다.

- 풀 수 없다고 생각되는 문제와 직면할 때마다 적절한 응답을 기다리라. 그래도 해결책을 찾을 수 없다면, 할 수 있는 사람을 찾는 일부터 시작하자. 그 일이 가능하다는 관점에서 해답을 찾을 수 있는 사람은 언제나 있게 마련이다. 자신이 쓰는 어휘에서 '불가능'이란 단어를 완전히 제거하자.

- 우리 모두가 직면하고 있는 의미 있는 문제들을 놓고 그 해결책을 고민해 보라. 이런 더 큰 과업을 위해 방종한 행동들을 버려야 한다. 그럼으로써 사회에 영향을 미칠 수 있다는 사실을 잊지 말자.

- 날마다 정신적인 주제에 대해 쓴 책을 읽거나, 가령 운전을 할 때처럼 남는 시간에 테이프를 들을 기회를 마련하자. 정신 수양을 주제로 한 자기 계발 세미나나 강좌가 열리면 참석하는 버릇을 들이자.

- 자기 정원을 가꾸자. 그리고 다른 사람들은 자신의 정원을 어떻게 가꾸는지 조사하고 판단하려는 성향을 없애자. 다른 사람들의 생활 방식에 대해 험담하지 말도록 하며, 남들도 꼭 이렇게 살아야 한다는 식의 생각을 버려야 한다. 남들이 지금처럼 살거나 생각할 권리가 없다는 생각도 버려야 한다.

10

부처 · 고정관념

내가 믿는 것이
정말로 내가 아는 것인가?

부처(563 B.C.~483 B.C.)
부처는 불교의 창시자로. 인도 북동 지방에서 싯다르타 고타마 왕자로 태어났다.
불행한 사람들, 병든 사람들, 최고의 부자에 권력자이면서도
죽을 수밖에 없는 사람들을 보고서 스물아홉 살에 더 높은 진리를 찾기 위해
그때까지 살아온 생활을 버렸다.

들은 것을 믿지 말라.

전통을 믿지 말라,

수많은 세대를 거쳐 전해 내려왔다는 이유만으로.

여러 번 말해진 것은 아무것도 믿지 말라.

문자로 씌어진 말들은 낡은 현자들에게서 나온 것들이니

믿지 말라.

추측한 것을 믿지 말라.

권력자와 교사들과 연장자들을 믿지 말라.

그러나 조심스럽게 관찰하고 분석한 다음에

그것이 합당하면,

그리고 한 사람과 모든 사람에게 이익이 될 것 같으면,

그때 그것을 받아들이고 그것에 따라 살아가라.

부처라는 이름은 '깨달은 자', '또는 진리를 아는 자'라는 말로 번역되는 하나의 호칭이다. 이 호칭은 스물아홉 살에 왕자의 삶을 버리고 종교적인 깨달음과 인간 조건에서 해방되는 방법을 찾아 평생 구도의 길로 들어선 싯다르타 고타마에게 주어졌다. 그는 자신이 살던 당시의 가르침들을 버리고 명상을 통해 깨달음, 또는 궁극적인 앎을 얻었다. 그때부터 스승의 역할을 맡아 자신을 따르는 사람들을 '다르마', 즉 진리에 입각해 가르치기 시작했다.

그의 가르침은 불교라는 종교 수행을 위한 기초가 되었다. 불교는 동양의 정신적, 문화적, 사회적 측면에서 중요한 역할을 해 왔으며, 서양에도 많은 영향을 끼쳤다. 나는 여기서 불교 교리에 대해서는 쓰지 않았다. 그보다는 자주 인용되는 붓다의 말을 선택해, '깨달음을 얻은 자'가 죽은 지 2,500년이나 지난 오늘날, 당신과 나에게 그것이 어떤 의미를 주는지 살펴보고자 한다.

위의 인용문에서 중심 단어는 '믿다'이지만, 사실 중심 구절은 '믿지 말라'이다. 당신이 믿음이라고 부르는 모든 것들이 당신 자신의 믿음이 되는 것은, 대개 다른 사람들의 경험과 증언 때문이다. 만약 믿

음이 당신 외부의 출처에서 나와 당신에게 왔다면, 그 전제 과정이 아무리 설득력이 있다 해도 그리고 그것을 믿게 한 사람이 아무리 많다 해도, 그것은 누군가 다른 사람의 진실이다. 이 말은, 당신이 물음표나 의심을 가지고 그것을 받아들여야 한다는 뜻이다.

만약에 내가 물고기 맛이 어떤지 사람들에게 납득시키려 하면, 아마 듣기는 하겠지만 여전히 의심을 살 것이다. 만약 이 물고기의 그림을 보여주고 수백 명의 사람들이 내 말의 진실성에 대해 증언하면, 아마 더 많은 사람이 납득하게 될 것이다. 하지만 직접 맛본 적이 없기 때문에 아직도 의심이 조금은 남아 있을 것이다. 나 때문에 맛있다는 사실을 받아들일지는 모르나 혀의 미각 돌기가 물고기 맛을 경험하기 전까지는, 당신의 진실은 내 진실, 내 경험에 기초를 둔 믿음일 뿐이다.

그 말을 들어왔고, 오랫동안 계속되어 온 전통이고, 여러 세기 동안 기록되어 왔고, 그리고 전 세계의 위대한 스승들이 확인했기 때문에, 그것을 하나의 믿음으로 받아들여야 할 이유는 여전히 없다. 기억하라, "그것을 믿지 말라."라고 붓다가 가르치고 있다는 것을.

'믿음'이라는 단어보다는 '앎'이라는 단어를 사용하도록 해보자. 물고기의 맛은 맛을 직접 경험했을 때 알게 된다. 즉, 의식적으로 경험을 하고 그에 의거해 진실을 결정할 수 있다는 말이다. 당신은 어떻게 헤엄치고 어떻게 자전거를 타는지 알고 있다. 그것은 믿음을 갖고 있기 때문이 아니라 직접 경험했기 때문이다.

2,500년 전에 '깨달음을 얻은 사람'이 당신의 정신적인 수행에 이와 같은 깨달음을 적용해 보라고 직접 일러 주고 있다. 어떤 것을 안다는

것과 어떤 것에 관해 안다는 것은 기본적으로 차이가 있다. '무엇에 관해 안다'라는 것은 믿음의 다른 말이다. '무엇을 안다'라는 것은 직접적인 경험에 한해 사용하는 용어다. 그것은 의심의 여지가 없다는 걸 의미한다. 전에 내가 한 유명한 카후나Kahuna(하와이의 마술사—옮긴이)에게 그들이 어떻게 훌륭한 치료사가 될 수 있느냐고 물었을 때, 그는 이렇게 대답했다. "병이 진행되는 과정에서 앎이 믿음과 부딪히게 되면, 언제나 앎이 승리한다. 의심을 완전히 버리고 알기 위해서 카후나가 생겨난 것이다."

위대한 치료사로서의 예수에 대한 일화를 생각해 보면 의심이 전혀 들지 않는다. 예수가 나환자에게 다가갔을 때, 그는 "최근까지 나병을 고칠 수 있는 치료 방법은 없었다. 그러나 내 조언을 따르면 향후 5년간 생존할 기회가 30퍼센트는 될 것이다."라고 말하지 않았다. 만약 그렇게 했다면 어떤 의심이 생겨났을지 불 보듯 뻔하다. 분명 예수는 상황을 완벽하게 알고 있기에 "너는 나았다."라고 말했다. 이것은 이미 알고서 의식적으로 행동한 것이다. 프란체스코 성인도 그런 상황에서 기적적인 치료를 행했다. 사실 모든 기적이란 의심에서 벗어나 앎으로 들어가는 데서 생긴다.

하지만 문화가 가지는 영향력은 엄청나게 강하다. 우리는 무엇을 믿고, 무엇을 믿지 말아야 할지, 그리고 우리 사회의 구성원 모두가 믿어 왔던 것을 믿어야 할지, 만약 이런 믿음들을 모른 체하면 무슨 일이 일어날지 끊임없이 되새기도록 강요당하고 있다. 두려움은 끊임없이 믿음의 동반자로 등장한다. 그리고 내부에서 의심이 이는데도 우리는 종종 이런 믿음을 받아들여 살아가는 데 지팡이로 삼는다. 그동안 인생의 하루하루가 절름거리면서 지나간다. 우리 이전의 여러 세대에 걸쳐 신봉자들이 조심스럽게 설치해 놓은 덫에서 빠져나갈 길을 찾으며.

부처는 위대한 조언을 해 주고 있다. 그런데 그의 결론에는 '믿는다'라는 단어가 없다. 부처는 이렇게 말한다. 그게 이성과 부합하면—즉, 자신의 관찰과 경험에 기초해서 그것이 진실이라는 것을 알았다면—그리고 한 사람뿐 아니라 모두에게 이익이 된다면, 정말 그렇다면 그것에 따라 살아라!

나는 이 책을 통해서 전 역사를 통해 가장 유명하고 창조적인 천재적 마인드를 지닌 자들이 말하는 요점을 제시하고 있다. 그들은 우리와는 다른 시대에서 우리에게 조언하고 있다. 그리고 나는 수많은 세대에 걸쳐 전해 내려와 지금 우리에게 다가오는 그 조언들을 실행해 보라고 권하는 것이다. 이 조언을 당신의 논리와 상식에 어떻게 적용할 것인지 스스로에게 물어보라. 그리고 자신과 다른 이들에게 이익이 된다면 그것에 따라 살아 보자. 그렇게 하는 것이 그 조언들을 당신의 앎으로 만드는 것이다.

당신이 문화적 영향력을 거부한다는 것은, 다른 사람들, 특히 당신을 아끼는 사람들의 경험과 가르침에 무심하고 냉담한 것으로 비춰질지 모른다. 만약 그렇다면 부처의 이 말을 여러 번 반복해서 읽어 보기를 권한다. 그는 거부하라고 말하지 않았다. 다른 사람의 경험과 증언을 통해 사는 것보다는, 자신의 마음을 완전하게 만들 수 있을 만큼 충분히, 자신의 앎에 의거해 살 수 있을 만큼 충분히 성장하고 성숙해지라고 말했을 뿐이다.

다른 사람의 노력을 통해서 배울 수 있는 것은 아무것도 없다. 만약 당신이 그들의 얘기를 당신의 앎에 근거해 활용하지 않는다면, 세상에서 가장 위대한 스승일지라도 절대 아무것도 가르쳐 줄 수 없다. 그 위대한 스승들은 단지 인생의 메뉴에서 당신이 선택할 수 있도록 제안할 뿐이다. 그들은 메뉴를 깊이 있고 호소력 있게 들려줄 수 있다. 궁극적으로 그 메뉴에서 앎에 바탕을 둔 가르침의 항목들을 고르도록 도와줄 수 있을 것이다. 그들은 메뉴를 직접 쓸 수도 있다. 그러나 그 메뉴들이 결코 음식이 될 수는 없다.

이런 지혜를 활용하기 위해서 나는 당신에게 내 메뉴에 있는 이 애피타이저들을 권한다.

- 당신이 믿고 있는 것들의 목록을 최대한 많이 만들어 보자. 종교, 사형, 소수의 권리, 윤회, 젊은 사람, 늙은 사람, 전통에서 벗어난 의약품, 죽음에 임박해서 일어나는 일, 문화적 편견, 기적을 행사할 수 있는 능력 등에 대한 당신의 태도 같은 것들을 다 포함시켜 보자.

- 이 목록에서, 당신이 견지하는 믿음들이 자신의 삶의 경험에서 생겨난 것은 얼마나 되며, 다른 사람에게서 주워들은 것은 얼마나 되는지 솔직히 생각해 보자. 당신이 경험한 일들을 진실하다고 여기고 그에 따라 살아가기 전에 마음을 열고 그 경험들을 받아들이도록 노력해 보자.

- 익숙한 믿음들과 정반대되는 믿음의 체계와 접촉해 보자. 다른 사람의 신발을 신고 걷는 것 같은 경험을 해보는 것이다. 이런 '상반되는' 경험을 많이 해볼수록, 자신이 지닌 진실에 대해 더 많이 알게 될 것이다.

- 악의는 없지만 다른 사람이 억지로 강요한 생각들이 있다. 그렇다고 해도 그 생각의 근거를 따지는 논쟁에는 빠져들지 말라. 다시 말해, 자신이 믿지 않는 일이 나 자신에게 적용할 수 없는 일에 에너지를 낭비하지 말자!

e. e. 커밍스 · 능동적 태도

자신의 방식대로 자유롭게
삶을 향해 나아가라

e. e. 커밍스(1894~1962)
미국 시인 e. e. 커밍스는 당대의 가장 재능 있고 독창적인 시인으로,
서정적인 시, 해학적인 인물 스케치, 자기 시대의 결점과 인습에 대해
날카롭게 풍자하는 글들을 썼다.

여기 작은 에피의 머리가 있다
뇌는 생강과자로 만들어져 있지.
최후 심판의 날이 오면
하느님은 과자 조각 여섯 매를 발견하실 거야.

다른 이들에게 그랬던 것처럼
하느님이 관 뚜껑 위에 허리를 구부리고서
죽은 자들이 일어나기를 기다리다가
깜짝 놀라실 장면을 상상해 봐.

사람들의 소음을 뚫고

하느님은 낮은 음성으로

하지만 사람들이 듣기에는 쩌렁쩌렁한 목소리로,

이렇게 물으실 거야.

죽은 에피는 어디 있는 거냐?

첫 번째 과자 조각이 말하지. '저는 메이may(해도 좋아)예요.'

그러면 나머지 다섯 개의 과자 조각들은

살아 있는 것처럼 킬킬거리지.

그리고 두 번째 조각이 노래를 부르기 시작해.

'나는 마이트might(했더라면 좋았을 텐데)인데요,

잘못한 적 없어요.'

세 번째 과자 조각은 울면서 말을 해.

'나는 슈드should(했어야 했어)구요

이건 나의 여동생 쿠드could(할 수 있었지)인데요,

우리 큰형 우드would(하려고 했었지)는

우리가 착하기 때문에 벌 주지 않아요.'

그리고 마지막 과자 조각이 수줍어하며

하느님께 속삭이지.

'내 이름은 머스트must(해야 해)죠.

한때는 살아 있던 에피였어요. 다른 조각들과 함께 말이에요.'

내가 말하는 것을 상상해 봐.

조심해서 나를 따라와.

하느님은 엄청난 소음 가운데서

작은 에피 머리 곁에 허리를 구부리셔.

(성냥이 필요해? 없어도 괜찮겠어?)

에피의 머릿속에선 여섯 가정법의 과자 조각들이

잘린 엄지손가락처럼 씰룩거려.

뚫어지게 바라보는 하느님의 거대한 얼굴은

창백하고 찌푸려져 있어.

하지만 나는 그 방법을 알고 있어.

(저주받은 자들이 마구 날뛰며

끔찍한 소음을 만들어 내어서

하느님의 귀는 꽉 막혔지만

두 눈으로 축복 받은 자들을 조심스럽게 밝혀 내시지.)

획획 위아래로 휘둘러 봐

심판의 날 우리가 서 있는 여기 이곳을.

두려움 버리고 문지방을 넘어

이렇게 수의를 들어올려 봐.

여기 작은 에피의 머리가 있다.

뇌는 생강과자로 만들어져 있지.

e. e. 커밍스를 이해하기 위해서는, 그의 시가 강력한 개인주의와 인습 타파주의에 기반하고 있다는 걸 알아야 할 것이다. 그는 기존 권위에 반대하는 랠프 월도 에머슨의 혁신적인 논문, 「자립」을 연구했다. 또한 제1차 세계대전 당시 유럽에서 복무했을 때는, 전쟁 비판론자인 한 미국인과 가깝게 지냈다는 이유로 강제 수용을 당하기도 했다. 프랑스인 검열관은 그가 남과 다른 생각을 갖고 있기 때문에 잠재적으로 위험하다고 판단했다. 그는 법적 절차를 거쳐 자기 이름의 스펠링을 모두 소문자로 바꿀 만큼 독특한 인물이었다. 시를 쓸 때도 그는 대부분 소문자를 썼고, 맞춤법과 문법도 괴상하게 사용했다. 그는 36일 동안 러시아를 여행하면서, 자신이 집단 생산주의를 혐오한다는 사실을 확인했으며, 개인에 대한 존중, 특히 획일화를 강요하는 권위에 대한 저항 정신을 더욱 확고히 다졌다.

이 시는 심판의 날에 하느님이 에피를 맞이하는 이야기이다. 내가 오래전부터 특별히 좋아한 시로서, 반획일화와 자급자족에 대한 커밍스의 확고부동한 신념을 직접적으로 언급하고 있다. 하느님이 관 뚜껑 옆에 허리를 구부리고 있다가 거기 에피가 없다는 것을 알고 놀라는 광경은 참 재미있다. 에피의 뇌가 없는 자아는, 여섯 개의 상징에게 자리를 빼앗겼다. 커밍스는 그것을 여섯 개의 과자 조각이라고 부르고 있다. 이 생강과자 조각들은 에피가 자신의 뇌 속에 남겨놓은 것들이다. 커밍스는 우리가 개성 대신 이 획일적인 과자조각들을 선택한다고 꼬집는다.

첫 번째 과자 조각의 이름은 '메이$_{may}$(해도 좋아)'로 '마구 날뛰는 저주받은 자' 중 하나이다. 메이는 행동하기 위해 다른 사람들의 허락을 구한다. "제가 무언가를 하도록 당신의 관대함과 축복을 베풀어 주시겠습니까?"라고 말할 때 쓰는 단어가 바로 메이다. 메이라는 말은 스스로에 대한 불신을 상징하며, 다른 사람의 허락과 권위 안에서 안정을 구하려는 경향을 말한다. 늘 이런 단어를 사용하는 것은 당신의 두뇌를 생강과자로 대치하는 것과 다름없다.

두 번째 과자조각의 이름은 '마이트$_{might}$(했더라면 좋았을 텐데)'이다. 마이트는 메이와 마찬가지로 '해도 좋습니까?'라고 다른 사람에게 물을 때 쓰이기도 한다. 시인은 우리에게 메이와 마이트로 상징되는 아부성 태도를 버리라고 강력히 말한다. 만약 그렇지 않으면 심판의 날, 신이 우릴 맞이 할 때 우리는 위기에 빠지게 될 것이다!

세 번째, 네 번째, 다섯 번째 과자 조각들은 서로 잘 어울리고 있는데, 모두 무능력하고 생기 없는 삶의 방식이다. '슈드$_{should}$(했어야 했어)'는 후회의 관점에서 과거의 행동을 가리킬 때 사용하는 용어다. 이때 우리는, 우리가 취했던 행동이 아니라, 취했어야 하는 행동을 놓고 과거를 평가한다. 하지만 현실적으로 어떤 문제에 대해서도 '했어야 했다'는 건 말이 안 된다. 내가 어떤 택시를 탔을 때였다. 택시기사는 나에게 "이번 주는 날씨가 별로네요. 지난주에 오셨어야지요."라고 말했다. 난 이렇게 대답했다. "지난주에 여기 '왔어야 했다'는 건 불가능해요. 지금은 오늘이잖아요." '슈드'를 끼고 사는 사람들은 놀랍도록 공허한 삶을 살아간다. 그들은 했어야 했던 것들, 또는 하지 말았어야 했던 것들을 후회하면서 현재의 순간들을 낭비한다.

여동생 '쿠드could(할 수 있었지)'와 큰형 '우드would(하려고 했었지)'는, 주인이 두뇌를 사용하지 않아 텅 비어 있다는 의미다. 이 세 형제는 토론하고, 결정을 내리고, 행동에 옮기는 걸 하지 못한다. 오누이는 한 문장 안에서 이런 변명들을 만들어 낸다. "그렇게 하려고 했어. 그럴 수만 있었다면 말이야." 이들은 주장하지도, 행동하지도 않는다. 이들은 주로 "그게 맞는 걸까요?" 혹은 "해도 좋을까요?"와 같은 의문형 문장을 사용한다. 이들은 명확하고 결정적인 마인드의 자리를 대신 차지한 생강과자들이다. 왜 행동하지 않는지 그 이유에 대한 변명만을 늘어놓을 때, 이 재료들은 비어 있는 머리를 채우게 된다.

수줍은 막내의 이름은 '머스트must(해야 해)'이다. 이 마지막 상징은 비어 있는 찬장과도 같다. 이 과자 조각은 사람들의 모든 강박관념, 즉 다른 사람들의 나에 대한 요구와 기대를 설명하곤 한다. "나는 이걸 해야 해. 그렇지 않으면 그들이 실망할 테니까.""난 프로그래밍 된 대로 해야 해. 안 그러면 큰일 날 거야."

여기, 하느님이 놀라서 허리 굽혀 들여다볼 만큼 텅 비어 있는 뇌가 있다. 그 안은 우리 생각보다도 훨씬 더 자주 사용하는 교묘한 변명들로 채워져 있다. 자신의 삶을 스스로 통제하는 것보다 다른 사람의 허락을 구하고, 명령을 기다리는 것이 쉬워 보일 때도 있다. 우리가 "해도 될까요?"라고 남에게 묻는 것은, "내가 필요한 일을 제대로 해낼 것 같지 않아. 내 삶을 다른 사람에게 넘겨야겠어."라는 것과 다름없다. 커밍스는 그런 상태를 뇌가 없는 것이나 마찬가지라고 말한다. 설령 있다고 하더라도 그것은 죽은 뇌다. 하느님이 원하는 생각하는 뇌대신, 생강과자 조각이 들어 있는 것이다.

우리가 했어야 했던 것, 우리가 할 수 있었던 것, 혹은 우리가 하려고 했던 것에 대해 논하는 건 현실적이지 못하다. '과거엔 그랬었지. 하지만 다시 돌아간다면 절대 안 그럴 거야.'라는 건 말이 안 되는 소리다. 그걸로 끝이다! 어떤 상황에서도 '다르게 했어야 했다'는 게 가능한 사람은 없다. 우리는 이미 그것을 해 버린 것이다! 우리가 했던 일을 통해 뭔가를 배울 순 있지만 '하려고 했던 것', '할 수 있었던 것', '했어야 했던 것'에선 그럴 수가 없다.

자신의 방식대로 자유롭게 삶을 향해 나아가라. 수많은 '해야 한다'를 당신의 어깨에 짐 지워 놓았던 모든 사람들은 상관치 말고.

에피가 되지 말라. 그러면 당신이 세상을 뜰 때 하느님이 알아보지 못 할 것이다. 당신에겐 머리를 사용해서 생각하고 행동할 수 있는 뛰어난 능력이 주어졌다. 자신의 머리와 능력을 이런저런 과자 조각들로 타락시키지 말자. 이 개인주의적 시인의 생각들을 삶 속에 적용하기 위해, 다음의 일들을 시작해 보자.

- 여섯 개의 과자 조각들을 사용하려는 생각이 들 때 스스로 자제하자. 당신이 쓰는 어휘 가운데서, 또한 당신의 생활 속에서도 그것들을 제거하라.

- 인생에 중대한 일이 생겼을 때는 남의 허락을 구하지 말자. "그 세미나에 참석해도 좋을까요?" 또는 "이 오찬회에 가도 괜찮을까요?"라고 말하지 말고, 명확한 문장으로 자신의 의도를 말하자. "이 모임에 참석할 거야." 혹은 "달력을 보니까 이번 오찬회에 참석하기로 스케줄이 잡혀 있네. 같이 갈래요?"라고 말하자.

- 스스로 원한 것이 아닌, 다른 사람이 지워 놓은 책임감에 집착하지 말자. 책임을 질지 말지 선택하는 사람은 당신뿐이다. 선택하지 않은 것에 대해선 '해야 한다(또는 해야 했었다)'고 연연해하지 말라. 자신의 개성, 힘, 그리고 생동감을 맘껏 느끼면서 실행에 옮기자. 당신을 위한 생강과자는 없다!

12

로버트 프로스트 · 주체적 선택

자신의 마음이 원하는 길을 택하라

로버트 프로스트(1874~1963)
수많은 퓰리처상 수상자 중에서도 로버트 프로스트는 미국의 풍경과 인간의 영혼을
시적으로 다루었다는 점 때문에 새롭게 조명되고 있다.

가지 않은 길

노란 숲속에 길이 두 갈래 났습니다.

나는 두 길을 다 가지 못하는 것을 안타깝게 생각하면서,

오랫동안 서서 한 길이 굽어 꺾여 내려간 데까지,

바라볼 수 있는 데까지 멀리 바라보았습니다.

그리고 똑같이 아름다운 다른 길을 택했습니다.

그 길에는 풀이 더 많고 사람이 걸은 자취가 적어

아마 더 걸어야 하리라고 나는 생각했습니다.

내가 그 길을 걸으므로, 그 길도 거의 같아질 것이지만.

그날 아침 두 길에는
낙엽을 밟은 자취는 없었습니다.
아, 나는 다음날을 위하여 한 길을 남겨 두었습니다.
길은 길에 연하여 끝없으므로
내가 다시 돌아올 수 있을지 의심하면서.

훗날 훗날에 나는 어디선가
한숨을 쉬며 이야기할 것입니다.
숲속에 두 갈래 길이 있었다고,
나는 사람이 적게 간 길을 택하였다고,
그리고 그것 때문에 모든 것이 달라졌다고.

프로스트는 이 시에서, 단순히 두 갈래 길 중 덜 바쁜 길로 갔다는 얘기가 아닌, 훨씬 더 깊은 뭔가에 대해 말하고 있다. 숲속에 난 두 갈래 길과 "내가 다시 돌아올 수 있을지 의심하면서."라는 프로스트의 관조는 "내겐 여기서 단 한 번의 기회가 있을 뿐이다. 한 길은 포기해야 한다. 일이 잘못됐다고 해도 돌아와서 두 번째 길을 가 볼 수는 없다."는 이야기를 효과적으로 표현해 준다. 그는 자신에게 선택권이 있다는 것을 알며, 결정을 내리기 위한 기준으로 자신의 본능을 사용한다. 그리고 그는 본능적으로 사람이 덜 다닌 길을 선택한다.

나는 이 시에서 우리 삶의 모든 면에 적용되는 충고를 읽는다. 프로스트는 무리를 따라가는 것을 조심하라고, 단지 다른 사람이 한다고 해서 따라하지 말라고 말한다. 또 다른 사람이 어떻게 하든, 늘 어떻게 해 왔든 상관하지 말고 자신의 방식대로 할 일을 하라고 한다. 이 시의 마지막 연은 아마 프로스트의 시 가운데서도 가장 회자되는 부분일 것이다. 자신의 길을 선택하여 살았던 삶은 결국 모든 것을 달라지게 한다는 것이다.

아내와 나는 여덟 명의 아이를 가진 부모로서, 그 애들이 인생의 목적을 깨닫도록 돕고자 한다. 우리는 아이들이 나쁜 길로 들어서지 않도록 최선을 다한다. 학교 폭력, 성범죄, 또는 약물 중독에 희생된 젊은이들에 대해 듣고서 아이들과, 또 그 친구들과 함께 토론도 한다. 그러면 아이들은 종종 이렇게 말한다. "다들 그러는 걸요, 뭐." 그들은 '또래의 압력peer pressure'이라는 말을 쓰기도 한다. 젊은이들이 자신의 동료로부터 인정받기를 원하는 건 아주 정상적인 일이다. 잘 어울리지 못해서 '외톨이'처럼 보이기를 원하는 사람은 아무도 없다고, 그 애들은 말한다. 그러면 나는 늘 「가지 않은 길」이라는 이 시를 생각하라고 말해 준다. 어떤 길을 선택할지 결정할 수 없다면, 또는 두 길 모두 가고 싶다면, 이 시인의 조언을 따르라고. 사람들이 많이 가지 않은 길을 택하라고. 그 길은 인생을 아주 다르게 만들 것이라고 말이다.

모두들 마약을 하는 것이 근사하다고 생각한다면, 하지만 당신은 아직 결정하지 않은 상태라면, 다른 길로 가라. 오로지 혼자서만 갈 수 있는 길을 골라라. 그 길이 모든 것을 다르게 만들 것이다. 젊은 사람들에게 또래의 압력이 강력한 효과를 보이는 이유 중 하나는, 우리 어른들 역시 집단사고의 희생물이기 때문이다. 자기 인생을 남과 다르게 만들기란 어려운 거라고, 우리는 젊은이들에게 자주 변명한다.

이 에세이 선집을 만들면서도, 나는 두 눈이 번쩍 뜨이는 기분이었다. 나는 먼저 역사 속에 독창적인 족적을 남긴 이들의 삶과, 그들이 각각의 시대에 살면서 내린 선택과 결정에 관해서 최대한 많은 자료를 찾아 읽었다. 실제로 이 모든 사람들은 다른 사람들이 많이 다니지 않은 길을 택했고, 바로 그것이 남들과 다를 수 있는 이유였다.

프로스트의 시는 동료의 압력을 잊게 한다. 삶이 달라지길 원한다면, 다른 모든 사람의 방법을 생각 없이 따르지 말라. 자신만의 의지가 없는 인생 속에서 당신은 결국 무엇을 남길 수 있겠는가? 사람들이 많이 다닌 길은 적당하고 편안하며, 당신을 잘 길들여 줄 것이다. 그러나 그 길은 결코 다르게 살게 해 주지는 않을 것이다. 수 세기에 걸쳐 위대한 사상가들이 쓴 이 글들을 읽어 보면, 남들이 가지 않은 길의 소중함을 느낄 수 있을 것이다. 그들의 글은 생명력이 길다. 상식적인 길을 선택한 사람들의 비판에도 불구하고 멈추지 않았기 때문이다.

나는 지금까지 많은 사람들이 비판하는 주제에 대해 거리낌 없이 말하고 썼다. 처음에 내가 택한 길은 구덩이와 자갈투성이였다. 그러나 그 일들은 늘 내가 가장 믿었던 곳, 즉 나의 마음에서 나온 것이기에 나는 지속할 수 있었다. 세월이 흐르자 그 길은 포장이 되고 불이 환하게 들어왔다. 한때 이 길이 어리석은 길이라고 생각했던 많은 사람이 이제 나와 함께 그 길을 걷고 있다. 사람들은 나에게 자주 이런 말을 한다. "그때는 당신이 정말 미친 짓을 한다고 생각했어. 하지만 이제는 당신이 했던 말들을 좋아해." 이 말을 들을 때면 참 행복하다.

프로스트는 무리를 따르기보다는 자신의 직관을 따르는, 특별한 선택에 대해서 썼다. 당신과 나에게, 그리고 특히 우리 아이들에게 이것은 얼마나 대단한 교훈인가. 자신의 길을 선택하여 "세월이 많이 지난 뒤 한숨을 쉬며 이것을 말하는" 즐거움을 알도록 권한다. 그리고 지금의 아이들이 자라 어른이 된 후에, 자기 앞의 남은 길 위에는 사람들이 거의 없다는 걸 깨닫게 되길 바란다.

이 메시지를 생활 속에 받아들이기 위해, 오늘 당장 다음 사항을 시작하자.

- 자신의 삶을 합법화하기 위한 수단으로 다른 사람의 행동이나 결과들을 사용하지 말자. 집단사고와 조화를 이루지 못한다면, 자신의 마음이 원하는 길을 택하자.

- 다른 사람과 비교하지 않도록 노력하자. 누군가에게 다른 사람의 기준을 따르도록 요구하지 말자.

- 가고 싶은 길에 관한 마음의 소리를 들어 보자. 당신의 인생이 한 방향을 향해 달려왔을지라도 그것이 마음에 와닿지 않는다면, 사람들이 덜 다니는 길을 찾는 모험을 시작하자.

- 로버트 프로스트가 자신의 시에서 얘기하고 있듯이, 정말로 가보고 싶었던 길로 다시 한 번 되돌아갈 기회는 없음을 기억하자.

13

요한 볼프강 폰 괴테 · 실천의 기쁨
이 순간을 붙잡으라

요한 볼프강 폰 괴테(1749~1832)
독일의 시인이자 극작가, 그리고 소설가였던 요한 볼프강 폰 괴테는
전형적인 인물 묘사보다는 사물의 자연적이고 조직적인 발전에 대해,
그리고 인간은 스스로를 믿을 필요가 있다는 점에 대해 관심을 갖고 글을 썼다.

빈둥거리며 오늘을 허비하고

빈둥거리며 오늘을 허비하는 것은 계속 되풀이된다.

내일, 그리고 그다음 날은 더욱 느려지며

망설일 때마다 점점 더 늦어지나니.

지나간 날들을 한탄하며 시간은 흘러간다.

그대는 진지한가? 그렇다면 바로 이 순간을 붙잡으라.

대담함 속에는 재능과 능력과 마법이 담겨 있나니.

결심하라, 그러면 마음은 뜨거워진다.

시작하라, 그러면 그 일은 이루어질 것이다! 『파우스트』에서

요한 볼프강 폰 괴테는 위대한 학자들의 대열 속에서도 진정한 창조력을 지닌 거인 중 하나로 알려져 있다. 그는 르네상스 인간의 척도라 할 만하다. 극작가, 소설가, 시인, 저널리스트, 화가, 연설가, 교육자, 그리고 자연주의 철학자로서 그는 세계적인 위치에 오르려 평생을 노력했을 뿐만 아니라 결국 그 위치에 올랐다. 82년의 생애 동안 그가 이룩한 것들은 올림포스 산상의 신들이 이룬 것과 비견되고 있다. 거기에는 과학에 관한 서적 14권을 포함해 133권의 방대한 저술이 포함되어 있다. 그는 비상하게도 다양한 주제들을 동화, 소설, 역사극 등으로 써냈으며, 근대 문학의 명작 중 하나인 『파우스트』로 필생의 업적을 완결했다.

오늘날 괴테가 우리에게 주는 메시지는 그의 창조적 노력이 이룩한 거대한 양에 있기보다는, 그가 삶을 살아간 방식에 있다. 그는 풍부하고 찬란한 삶을 살았고, 수많은 것을 연구하는 데 능숙했으며, 무아의 경지에서 일 속으로 빠져들었다. 괴테는 장엄하게 살았으며, 거대한 창조적 에너지를 지닌 사람이었다. 그의 위대함을 본받는다면 오늘날의 세상에서도 많은 것을 얻을 수 있을 것이다.

『파우스트』에서 뽑은 이 발문은 자기 정진에 대한 글 중 가장 많이 인용되는 구절이다. "대담함 속에는 재능과 능력과 마법이 담겨 있나니." 특히 이 구절은 20여 년 전부터 지금까지 내가 쓴 많은 책에 인용되어 왔다. 가장 창조적인 인간 60명의 지혜를 정리한 이 책에, 나는 보편적으로 받아들여질 수 있는 이 '실천'이라는 이상을 포함하기로 결정했다.

나는 이 책을 작업하는 동안, 일의 진도에 따라 매일 편집자에게 전화를 걸어 자료들을 읽어 주었다. 그녀는 이렇게 말하곤 했다. "웨인, 놀라워요! 이런 자료들을 어떻게 매일 찾아내는지 모르겠군요. 그걸 지금 만들어 내는 건 아니잖아요. 철학자와 시인들이 썼던 것을 끌어내 독창적으로 다시 묘사하고 있군요." 나는 그 찬사에 내심 미소를 지으며, 사실 그건 대단한 비밀이 아니라고 했다. 끊임없이 창조성을 유지하는 비결은 이 시의 마지막 행에 있는 "시작하라, 그러면 그 일은 이루어질 것이다."라는 말에 담겨 있다.

만약 내가 오늘 빈둥거리기로 한다면 오늘은 헛되이 소모될 것이다. 그리고 내일도 똑같은 날이 될 것이다. 그리고 마침내는 그 허송한 날들을 슬퍼하게 될 것이다. 괴테가 나에게 묻는다. "그대는 진지한가?" 나는 대답한다. "그렇소." 그리고 나는 '바로 이 순간'을 붙잡는다. 수많은 분야에서 노력하며 82년이란 세월을 위대하게 살았던 한 인간의 이 강력한 조언에 따라 나는 행동하게 된다.

계획을 그만둬 버릴까, 해야 할 일들이 얼마나 어려울까, 이런 것들은 생각하지 말자. 이 순간을 놓치지 말고 시작하자. 그것 말고는 아무 것도 하지 말자. 그것이 편지를 쓰는 일이건, 전화를 거는 일이건 당신은 이제 이 책을 내려놓고 바로 그 순간을 붙잡아야 한다. 이 페이지는 책갈피로 표시해 두고, 계획을 실천에 옮긴 다음에 책으로 다시 돌아오라. 당신은 "대담함 속에는 재능과 능력과 마법이 담겨 있나니."

라는 괴테의 말을 실감하게 될 것이다.

"천재는 1퍼센트의 영감과 99퍼센트의 땀."이라는 토머스 에디슨의 유명한 말 또한 그 순간을 붙잡으라는 교훈을 준다. 그 1퍼센트란 당신의 생각과 감정을 말하는 것이다. 나는 편집자에게 이 책을 완성하게 된 '비밀'과, 모든 일이 이루어진 과정에 대해서 얘기했다. 그것은 단순히 매일매일, 정해진 시간에, 다음 편의 에세이를 쓰는 것이다. 방해 요소가 자꾸만 나타나고, 다른 일을 해야 할 것 같은 생각이 계속 들더라도, 나는 다음 에세이를 쓴다. 나는 이 책을 완성하겠다고 맹세하지 않는다. 단지 시작하겠다고 맹세한다. 실제로 언젠가 내가 읽고, 조사하고, 첫 문장을 쓰기 시작했기 때문에 나는 이 책을 완성해나갈 수 있는 것이다. 그리고 이렇게 대담해지면 참으로 재능, 능력, 그리고 마법과도 같은 신기한 힘이 생긴다. 이것은 언제나 예외 없는 사실이다.

당신이 기회를 자꾸 피하는 사람이라면 괴테의 「빈둥거리며 오늘을 허비하고」라는 시를 테이프에 녹음해서 틀어 놓으라고 권하고 싶다. 당신이 그 대담한 시작의 발걸음을 미처 떼어 놓지 못한, 당신 삶의 창조적인 면들이 떠오를 것이다. 시작을 자꾸 미루면 마음이 닫혀서 결코 뜨거워지지 않는다. 일을 연기하고 지연하는 버릇은 오늘 하루를 허비하게 만든다. 나는 '시작'이라는 쓸모 있는 테크닉 때문에 그렇게 좋아하는 책을 완성하게 되었고, 또 내 삶의 다른 활동들도 해낼 수 있었다. 무언가를 시작할 때의 기쁨은, 그 일을 다 끝마치거나, 균형을 이룰 때의 기쁨보다 결코 적지 않다.

아내와 같이 먼 곳으로 둘만의 여행을 떠나자는 생각이 들었다면 어떻게 해야 할까? 그것에 대해 계속 이야기만 나누고 있다면, 절대 실행으로 옮길 수가 없다. 마침내 나는 대담하게 마음먹고, 일단 약속을 해야 몸과 마음이 뜨거워질 것이라고 결론을 내린다. 그리고 "얘기는 충분히 했으니까 지금 바로 예약하자고. 달력에 날짜를 표시해 놓을게. 우린 곧 떠나게 될 거야."라고 말하는 것이다. 그런 기회는, 빈둥거리며 오늘을 허비하는 태도를 버려야 찾아온다. 실제로 그렇게 했기 때문에 나는 가족들과 많은 활동을 함께할 수 있었다. 행동할 때는 바로 지금이다!

특별히 대담했고, 그랬기에 자신의 일에서 커다란 성취를 이루었던 한 사람이 지금 우리에게 말한다. 용기를 내어 대담해지라고. 용기를 일깨우는 괴테의 글들을 주의 깊게 읽고서, 우리도 그렇게 살아보자. 생각만 했던 것들을 끄집어내어 우리가 살고 있는 현실 세계에 적용해 보자. 시작하라, 그리고 신기한 힘이 그 일을 떠맡아 해내는 걸 지켜보자.

괴테가『파우스트』에서 했던 조언을 대담하게 행동으로 옮기기 위해 다음의 제안들을 시도해 보자.

- 계속 원했지만 어떤 이유에선지 실제로 해볼 수 없었던 일 다섯 가지를 메모해 보자. 종이쪽지에 이 다섯 가지를 쓰는 것이 바로 출발점이다.

- 이제 다른 일은 아무것도 하지 말고 첫 번째 항목을 행동에 옮기는 일을 시작하자. 그런 식으로, 메모한 다섯 가지 일을 하루에 하나씩 5일 동안 행동에 옮기자. 계획을 완성하겠다고 말하지 말고 그 일을 시작하겠다고 말하자. 결심이 마음을 뜨겁게 한다는 괴테의 말을 이해하게 될 것이다.

- 인생에는 정말로 중요한 일들이 있다. 왜 그것을 이루려고 노력하지 않았는지 변명을 늘어놓지 말자. 하고 싶었던 일을 이루지 못한 주된 이유는, 그 순간을 붙잡지 못했기 때문이다. 모든 핑계는 그저 핑계일 뿐이다.

- 행동파 사람들과 어울리자. 겉으로 대담하게 행동하는 사람들을 가까이하자. 반대로, 핑계와 변명에 빠지도록 부추기는 사람들과는 얼굴을 마주하지 말자.

14

도로시 파커 · 현재의 소중함

지금 이곳에 있으라,
다른 곳은 없다

도로시 파커(1893~1967)
미국의 단편 작가이자 시인이며 비평가인 도로시 파커는
신랄한 위트로 유명하다.

여자라는 것에 대하여

왜 그럴까, 내가 로마에 있을 때는
고향을 향해 한없이 눈길을 돌렸으면서,
정작 고향에 돌아왔을 때는
내 영혼이 이탈리아를 그리워하는 건?

나의 사랑, 나의 주인인 그대와 함께했을 때,
나는 그토록 지루해했으면서,
그대 일어나 나를 버리고 떠나니
왜 돌아오라고 그대 향해 소리를 지르는 걸까?

도로시 파커의 특징인 재치 있고 영민한 스타일로 쓴 이 시는, 우리 대부분에게서 흔히 볼 수 있는 신경질적인 모습을 나타낸다. 갖기 전까지는 간절히 원하지만, 갖게 된 다음에는 그것을 원치 않는 우리의 특별한 경향에 대해 그녀는 시적으로 풀어내고 있다. 그것은 인간의 가장 큰 미스터리 중 하나이다! 왜 우리는 순간순간을 즐기지 못하고, 다른 곳을 편들면서 내가 서 있는 이곳을 고집스럽게 무시하는 걸까? 파커는 이 시에 '여자라는 것에 대하여'라는 제목을 붙였으나, 나를 포함한 내 친구들을 관찰해 본 결과, '인간이라는 것에 대하여'라는 제목이 더 적절할 듯싶다.

우리 대부분은 현재에 완전히 몰두하지 못하는 병으로 고통 받고 있다. 그러나 현재는 우리 자신이 완전히 빠져들 수 있는 유일한 장소다. 우리는 왜 다른 곳에 가고 싶은 열망에 사로잡혀, 현재 이 순간, 인생의 가장 값진 날들을 다 허비해 버리는 걸까? 과거에 대한 죄책감으로, 혹은 미래에 대한 염려 때문에, 또는 여기만 빼고 어디든 다른 곳으로 가겠다는 기다림 때문에, 우리는 지금 이 순간을 허비해 버린다. 도로시 파커는 그런 우리의 성향을 이 짧은 시에서 아주 적절하게 지적하고 있다.

그것은 우리가 인생을 소중히 여기기보다 경시하는 태도를 가지고 살기 때문일 것이다. 이 딜레마를 푸는 길은 너무 간단해서 사람들은 쉽게 무시해 버리곤 한다. 바로 인생을 경시하지 말고 소중히 여기라는 것이다. 당신이 현재의 순간들을 어떻게 써 버리고 있는지, 마음 깊은 곳에서부터 깨닫겠다고 결정하면 된다. 로마에 가서 고향을 떠올린다거나, 혹은 그 반대의 경우일 때 스스로 주의를 환기하여 로마 깎아내리기를 멈춰라. 대신 그곳의 진가를 인정하려고 노력하라. 그것은 현재 이 순간, 여기서 충분히 머물지 못하게 하는 함정에서 당신을 구해 줄 것이다.

무언가 뛰어난 사람들에게서 내가 발견한 놀라운 특징 중 하나는, 과거뿐만 아니라 미래에 대해서도 철저하게 문을 닫아버린다는 점이다. 그들은 사람을 만나면 곧장 상대의 눈을 들여다본다. 그러면 상대는 자신이 충분히 관심을 받고 있음을 알게 된다. 그런 사람들은 살아가면서 걱정 같은 건 조금도 하지 않는다. 그들 중 한 명이 나에게 이런 말을 했다. "첫째, 자신이 통제할 수 없는 일에 대해 걱정하는 것은 이치에 맞지 않는다. 왜냐하면 걱정해 봐야 소용없는 일이기 때문이다. 둘째, 스스로 통제할 수 있는 일에 대해 걱정하는 것 또한 이치에 맞지 않는다. 왜냐하면 그 일은 이미 걱정할 필요가 없는 것이기 때문이다." 걱정하기로 마음먹으면 세상의 모든 일이 다 걱정거리다. 나는 이 메시지를 반복해서 곱씹을 필요가 있다고 생각한다.

마찬가지로 만약 내가 로마에 있다면, 나는 고향에 대해서는 전혀 통제할 수 없다. 그렇기 때문에 로마를 깎아내리고 고향을 추켜세우는 식의 선택을 해선 안 된다. 또한 내가 누군가와 함께 있다가 지루해진다면, 그것은 내가 함께 있는 사람을 깎아내리고, 단지 여기 없다는 이유로 다른 누군가를 추켜세웠기 때문이다. 그러므로 그 지루한 사람이 떠나더라도, 나는 똑같이 신경질적인 사고 과정을 되풀이하게 된다. 떠난 그 사람을 그리워하면서 혼자 남은 지금의 상태를 깎아내리는 것이다. 지금 이 순간의 진가를 습관적으로 인정하게 되면, 이 재치 있는 작가가 말한 딜레마들은 사라져 버린다. 이것은 매우 간단한 일로, 짧은 순간에 의식적인 결정을 내리는 것이다.

글 쓰는 작업에 전념할 목적으로 혼자 있을 때면, 나 또한 이 시에서 말한 그런 함정에 자신도 모르게 빠지는 때가 있다. 식구들이 떠드는 소리가 방해 되어 잠시 피해 나오면, 금방 식구들과 함께 있고 싶어진다. 하지만 다시 집으로 돌아가면, 글을 쓸 만한 조용하고 아무도 없는 곳으로 가고 싶어진다. 이 문제를 해결하는 방법은, 내가 무엇을 하고 있는지, 또 내 마음을 어떻게 사용하고 있는지를 간파하고 즉시 현재로 돌아오는 것이다.

나는 글을 쓰는 동안 주위에 있는 모든 것을 진지한 눈으로 바라본다. 주위 풍경을 둘러보고, 이렇게 창작할 수 있는 환경과 기회를 가졌음에 감사한다. 그러면 쓰는 일 자체가 굉장한 즐거움이 된다. 마찬가지로 집에 있을 때는, 아이들이 뛰어다니거나 이런저런 일들이 꼬리를 물고 계속 일어나더라도 절대 다른 곳으로 피하지 않는다. 나는 아내를 보면서 내가 여기 있는 게 얼마나 행복한지를 생각한다. 또 우리가 늘 당연하다고 느끼는 것들, 예를 들면 냉장고, 벽에 걸린 그림, 멍멍 짖는 개와 같은 것들에 대해서도 감사하는 마음을 느낀다. 이것은 모두 내 삶을 경시하는 쪽에서 소중히 하는 쪽으로 방향을 전환하는 방법이다.

나는 도로시 파커의 신랄하고 날카로운 위트를 좋아한다. 그녀는 무척 풍자적이고 해학적인 사람이었다. 1934년에 캐서린 헵번의 연극 공연을 보고 도로시 파커는 이렇게 평했다. "헵번은 A에서 B까지(C까지 가지도 못하고) 감정의 전 영역을 헤매고 다녔다."「여자라는 것에 대하여」라는 이 시에서 역시, 그녀는 특유의 자기 야유가 섞인 수다스러운 듯한 말투로 이야기한다. 그러나 이 시는 온전한 인생을 사는 데 꼭 필요한 요소를 말하고 있다.

건강한 사람의 가장 두드러진 특징이 있다면, 다른 곳에 가고 싶다는 생각 없이 현재의 순간에 머문다는 것이다. 헨리 데이비드 소로는 "과거를 회상하는 것에 한순간도 낭비하지 않는 자는 영원히 축복 받은 자다."라고 썼는데, 나는 거기에 '미래를 기대하면서'라는 말을 조심스럽게 덧붙이고자 한다. 분명 과거는 있었지만, 그게 현재는 아니다. 분명 미래는 있지만, 그게 현재는 아니다.

현재는 하나의 미스터리이며, 당신도 그것의 일부이다. '지금 여기'는 모든 미스터리가 숨어 있는 곳이다. 당신은 바로 지금, 여기 존재하는 이 귀중한 순간을 소중한 마음으로 사용할 수도 있고, 다른 곳을 바라보며 경시하는 마음으로 허비해 버릴 수도 있다. 현재는, 지금 존재하는 모든 것이며, 지금까지 존재해 온 모든 것이다.

도로시 파커의 재치 있는 짧은 시를 다시 한 번 감상해 보자. 그리고 다음의 제안들을 현재의 순간에 실천해 보자.

- 다른 곳으로 가고 싶은 생각이 들면, 지금 당신이 있는 곳에 소중한 마음을 가져 보자. 뭔가 계획을 세울 때는 철저히 그 과정을 즐기자. 현재에 완전히 몰입하지 못하는 것은, 그 순간으로부터 달아나려는 나쁜 버릇 때문이다!

- 경시하는 생각을 버리자. 지금 누군가와 함께 있는 것이 너무 지루하다면 다음과 같이 생각해 보자. "앞으로 몇 분간, 이 사람을 있는 그대로 좋아해 봐야겠어." 비판하는 생각을 버리면 현재에 충실하게 된다.

- 식사의 각 단계를 그 자체로 즐겨 보자. 에피타이저를 먹으면서 디저트를 생각하지 말자. 마찬가지로 아침에는 일출을 즐기고, 낮에는 깨어 있고, 일할 때는 잠잘 생각을 하지 말라. 지금 여기에 있으라. 다른 곳은 없다.

2부

나는
내 영혼의
선장

나사렛 예수 · 순수한 자아

어린이는 바라는 것에
기꺼이 뛰어든다

나사렛 예수(약 6 B.C.~A.D. 30)
예수 그리스도는 세계적인 종교 인물로,
기독교인들은 그를 구약성경의 예언자들이 예언한 메시아로 여겼다.

너희가 변화되어 어린이처럼 되지 않고서는 하늘나라에 들어가
지 못할 것이다.

얼마 전, 집에서 멀리 떨어진 도시에서 강의를 준비할 때였다. 책상에
앉아서 벽거울을 바라보다 이상한 경험을 했다. 거울은 벽 전체를 덮
을 만큼 커다랬는데, 내가 노트북으로 원고를 작성하다 말고 슬쩍 쳐
다보면, 그때마다 낯설디낯선 '내 몸'이 거기서 나를 바라보는 것이다.
마침내 나는 손을 멈추고 거울을 마주 쏘아보았다. 이것이 정말 거울
에 비친 나 자신이라는 사실을 믿을 수 없었다. 나는 이렇게 자문했다.

"저건 내 얼굴을 빌린 다른 늙은이 같은데?"

나는 나를 응시하면서 우리 안에 살고 있는 보이지 않는 존재에 대해 생각했다. 이 존재는 차지하고 있는 영역도 없고 형태도 없다. 그래서 시작도 없고 끝도 없다. 이것은 늙지도 않고 변하지도 않고 보이지도 않는 조용한 목격자이다. 이것은 우리 안에 있는 영원한 어린이다. 나이를 먹지 않는 '어린이'라는 말은 '천국'과 같은 뜻으로 쓰이며, 형태와 영역, 시작과 끝, 위와 아래 모두 의미가 없는 영원을 가리킨다.

천국은 경계, 한계, 변두리, 구역 등이 있는 장소가 아니다. 오히려 한계를 초월한 개념이며 예수의 발언에서 어린이와 같은 것이다. 어린이는 거기서 언제나 우리와 함께 있으며 결코 늙지 않은 채 늘 지켜보고 있다. 우리의 눈꺼풀이 늘어지고, 피부에 주름이 잡히고, 머리가 세는 것을 지켜보면서. 사실 그것은 최근 내 얼굴을 빌린 늙은이다!

내 안에 있는 늙지 않는 어린아이, 영원히 변하지 않는 관찰자는 심판이나 증오에 대해서는 전혀 모른다. 심판할 것도 없으며 미워할 사람도 없다. 왜? 그는 겉모양을 보지 않기 때문이다. 모든 물건, 모든 사람에 대해 사랑으로 보는 방법만 알 뿐이다. 그것이 내가 '개입하지 않고 지켜보기만 하는 사람'이라고 부르는 절대적인 존재이다. 그는 단지 모든 사물이 원래 있던 대로 존재하도록 개입하지 않고 지켜볼 뿐이다. 그는 자신이 마주친 모든 사람 안에 있는 신이 모습을 드러내는 것을 눈여겨본다. 형체, 크기, 색깔, 혹은 개성이 없는 존재이기 때문에 우리 안에 있는 이 늙지 않는 아이는 그런 사소한 차이에는 신경 쓰지 않는다. 사람이 만든 경계선의 어느 쪽에도 살지 않기 때문에 인종이나 문화적 편견에도 빠지지 않는다. 그래서 이런 인공적인 경계선을 넘나드는 싸움은 불가능하다. 결과적으로 이 보이지 않고 늙지 않는 아이는 늘 평화 상태에 있으며, 모든 걸 틀림없이 보고 있으며, 관찰하고 있다. 가장 중요한 것은 상관하지 않고 그저 지켜보기만 한다는 것이다.

최근에 나는 이른 아침에 달리곤 한다. 집 앞까지 되돌아와서 달리기를 끝낼 때쯤엔 몹시 유쾌한 기분으로 높이 1미터가량의 울타리도 뛰어넘었다. 나를 바라보고 있던 아내는 비명을 지르며 말했다. "안돼! 나이가 쉰여섯인데 울타리를 뛰어넘다니. 그러다 다치기라도 하면 어떡해요." 나는 얼른 이렇게 대답했다. "아, 깜빡했어." 나의 영원한 관찰자인 그 보이지 않고 늙지 않는 나는 반세기 넘게 여기에서 살아온 육체를 잠깐 잊은 것이다!

예수가 말한 신약의 이 구절이 나에게는 우리의 근본 정체인 몸을 망각해 가는—우리의 인종적 정체성, 언어, 문화적 상표, 눈의 형태, 혹은 우리가 자랐던 경계선의 방향에 관해—과정에 대해 말하고 있는 것으로 보인다. 그리고 나서 그런 구분 짓기에 둔감한 어린이가 되기 위한 대화를 하는 것이다. 예수는 미숙하고 수양이 부족하고 무식해져야 한다고 말하는 것이 아니다. 어린이처럼 되라고 말하는 것이다. 그것은 비난하지 않고, 서로 사랑하며, 상대를 받아들이고, 어떤 사람이나 사물에게든지 편견을 갖지 않는 것이다.

우리가 어린이처럼 되는 순간, 우리는 '모든' 어른 안에 자신의 존재를 간절히 알리기 원하는 아이가 있다는 사실을 깨닫게 된다. 아이는 가득 차 있다. 보통 비어 있는 쪽은 어른이다. 아이를 채우고 있는 것은 평화, 사랑, 무비판 그리고 허용이다. 텅 비어 있는 어른은 두려움, 걱정, 편견 그리고 싸움을 드러낸다. 개화란, 어린이의 마음속에는 천진함이 있으며 천국으로 가는 티켓은 바로 이 천진한 사랑과 수용이라는 사실을 기억하는 과정이라고 할 수 있다. 당신이 하는 모든 일에 있어서 좀 더 어린이처럼 되는 것을 인생 목표 중 하나로 삼자.

천재들은 어린이와 같은 강한 호기심을 갖고 있다. 천재와 어린이는 모두 실패할 거라는 생각도, 비난받을 거란 걱정도 안 하고 기꺼이 뛰어든다. 나는 예수가 말하는 이 구절의 키워드는 '변화되다'라고 생각한다. 완전하게 되라고, 친절하게 되라고, 다정하게 되라고, 그리고 무엇보다도 영원한 존재가 되라고 우리에게 말하고 있다. 그 존재는 이미 우리 안에 살고 있다. 그것은 늙지도 않고 죽지도 않는다. 부드럽고 조용한 목격자는 바로 우리가 닮기를 바라는 그 존재이다. 천진난만하지만 상상력이 풍부한 영적인 신비주의자는 우리가 되고 싶어하는 어린이다. 그렇게 변화했을 때 우리는 어린이와 같아지고 유치한 어른의 방식을 버리게 된다. 어른의 방식은 우리가 영원한 천국으로 들어가는 것을 가로막는다.

그 왕국은 지금 여기에 있는 당신이 충분히 들어갈 수 있는 곳이다. 당신이 해야 할 일은 그런 변화를 꾀하는 것이다. 그러기 위해서 다음과 같이 해보자.

- 어린이를 관찰하는 시간을 되도록 많이 가져 보자. 그렇게 하면서 그들과 함께 놀고 싶어 하는 당신 안의 어린이를 일깨워 보자. 고대 사상가 헤라클레이토스는 이렇게 말한 적이 있다. "어린이가 놀고 있을 때의 그 진지한 모습이 자신의 원래 모습에 가장 가깝다." 당신을 변화시키기 위해서는 더 어린이 같고, 더 장난스럽고, 더 다정하고, 더 호기심이 강해져야 한다.

- 당신이 심각하고 지루하게 행동하고 있다는 것을 깨달으면, 당신 안에 있는 보이지 않는 관찰자가 당신의 어두운 부분을 주시하고 있다고 생각해야 한다. 그 관찰자와, 그가 보고 있는 나의 어두운 부분은 전혀 다르다는 것을 금방 깨달을 것이다.

- "나는 내 안에 결코 늙은이가 살게 놔두지 않겠다."고 결심하자. 사실 당신은 늙어가는 몸을 어떤 존재에게 빌려 준 건지도 모른다. 그러나 그 모든 것을 주시하고 있는 영원불멸의 보이지 않는 관찰자는 여전히 어린이 같고, 순진무구하다.(그는 그런 확고한 모습으로 약속된 시간에 천국에 들어갈 준비가 되어 있다.)

16

에픽테토스 · 내면의 신성

사람을 방해하는 것은
외부 환경이 아니다

에픽테토스(55~135)
에픽테토스는 노예 신분에서 해방된 자유 노예로,
그리스 스토아 철학자였다. 저서는 남아 있지 않지만,
그의 핵심 학설은 작은 책자로 만들어져 전해 내려오고 있다.

당신은 자신 안에 있는 신의 본질 중에서도 가장 또렷한 부분이다. 그런데 왜 자신이 고귀하게 태어났다는 것을 모르는가? 자신이 어디에서 왔는지 왜 깊이 생각해 보지 않는가? 음식을 먹을 때 그것을 먹고 있는 당신은 누구이며, 당신이 누구를 먹여 주는지 왜 생각해 보지 않는가? 신에게 먹여 주고 있다는 사실을 모르는가? 운동을 할 때는 신의 몸을 체험하고 있다는 사실을 모르는가? 당신은 신과 함께 다니고 있다.

사람을 방해하는 것은 일어난 일 때문이 아니라,
일어난 일에 대한 자신의 견해 때문이다.

여러 해 전에 나는 상담심리학 분야를 연구한 적이 있는데, 그때 에픽
테토스는 나에게 많은 영감을 제공해 주었다. 정신이 우리 감정과 행
동에 어떻게 영향을 주는지에 대한 연구에서 그의 이름은 반복적으로
튀어나왔다. 그는 합리적인 감성 요법에 대한 저술에서 끊임없이 인
용되었다. 이 사람의 지혜에서 받은 인상은 아직도 깊이 남아 있다. 그
는 노예로 태어나 A.D. 90년에 자유인이 되었다가 폭압 정치를 비판
했다는 이유로 전제적인 황제에 의해 로마에서 추방되었다. 나는 이
스토아 철학자의 주요 저술들을 깊이 파고들었고, 그의 『어록』을 읽었
으며, 그의 철학에 대해 많은 것을 배웠다.

여기 인용한 두 개의 발췌문에는 2,000년이나 된 정신적이고 철학
적인 매우 귀중한 통찰력이 담겨 있다. 그것을 이 책에 포함시킨 것은
그것이 내 인생을 풍부하게 했듯이 당신의 인생도 풍부하게 할 수 있
다고 믿기 때문이다.

"당신은 신의 본질 중에서도 가장 또렷한 부분이다."로 시작하는
발췌문에서, 에픽테토스는 우리가 '신의 한 부분'이며 우리 안에 신의
생기를 지니고 있다는 사실을 종종 잊는다는 것을 일깨워 준다. 이 강
력한 사상은 이해하기가 매우 어렵지만, 에픽테토스는 노예 생활의
경험에 비추어 그것이 오로지 진실이라는 사실을 주장한다. 당신이
신과 함께 다닌다는 것을 충분히 인식하고 있다고 생각해 보라.

신이 어디에나 있다면, 신이 없는 곳은 없다. 거기에는 당신도 포함

된다. 일단 이 깨달음과 연결되면 참된 힘의 원천을 다시 얻는다. 신이 지닌 기적적인 힘에서 당신이 분리되어 있다고 생각하면 안 된다. 당신에게 신성이 있다는 사실을 선언해야 한다. 신의 존재는 그 자체가 굉장한 잠재력인데, 당신에게 이 엄청난 잠재력이 있다는 사실을 다시 한번 선언해야 한다. 음식을 먹을 때는 신을 섭취하고 있는 것이며, 신을 보충하고 있는 것이다. 잠잘 때는 신 안에서 호흡하며 신이 쉬도록 해 주고 있는 것이다. 운동할 때는 신과 함께 움직이면서 동시에 신을 튼튼하게 만들고 있는 것이다.

그러나 당신은 대부분의 사람들처럼 아마 그런 식으로 생각하며 자라지 않았을 것이다. 사람들에게 더 인기 있는 신의 모습은 왕관을 쓰고 흰 수염을 기른 남자의 형상으로 하늘에 살고 있는 거대한 자판기 같은 신이다. 기도라는 형식으로 동전을 넣으면 신은 때때로 물건을 배달해 주고, 어떤 때는 안 보내 주기도 한다. 이것이 우리 자신과 분리되고 동떨어진 신의 모습이다. 에픽테토스는 이런 '폭군으로서의 우주'의 개념을 버리고 우리 자신이 가장 중요한 작품이며 신의 일부분임을 이해하라고 제안한다.

사이 바바는 인도에서 태어난 우리 시대의 아바타로, 자신을 신의 성스러운 불꽃으로 알고 그대로 실행한 사람이다. 그는 신의 일부분이고, 신은 그의 일부분이다. 그는 공공연하게 여러 가지 방법으로 자신의 신앙심을 보여주었다. 언젠가 한 서양 저널리스트가 사이 바바에게 물었다. "당신은 신입니까?" 그는 공손하게 대답했다. "예, 그렇습니다. 그리고 당신 역시 신입니다. 당신과 나의 차이점은 나는 그것

을 알고 있고, 당신은 그것을 모른다는 것뿐입니다." 당신이 신의 성
스러운 현신임을 알게 되면 당신은 신과 의식적으로 접촉하며, 자기
자신이나 다른 사람을 인간의 모습을 한 신으로 대하게 된다. 이것이
로마와 그리스에서 에픽테토스가 2,000년 전에 지금의 우리에게 말한
것이다. 당신의 신적 본질을 믿자. 당신의 참 자아가 지닌 고귀함에 대
해 왈가왈부하지 말자. 신을 향한 존경심과 똑같은 존경심을 가지고
자신을 대하자.

에픽테토스의 두 번째 의견은 간단하지만 내 평생 한 번도 접해 보
지 못한 가장 유용한 정보다. 삶을 혼란에 빠지게 하는 것은 일 자체
가 아니라 일에 대한 우리의 견해다. 우리를 당황하게 할 사람은 아무
도 없다. 우리 외부에 있는 그 무엇도 우리를 불행하게 만들 수 없다.
일이나 사건, 다른 사람들, 그리고 그들의 의견들을 우리가 어떻게 처
리하느냐에 따라 우리의 느낌이 조절되는 것이다. 이것을 아는 것이
자유롭게 되는 원천이다. 얼마나 놀라운가.

몇 년 전 학교에서 상담교사로 일했을 때, 나는 이 지혜를 자주 이
용해서 문제를 해결하곤 했다. 어떤 학생이 다른 사람의 말이나 행동
때문에 당황해하면, 나는 이렇게 물었다. "그들이 너한테 뭐라고 했
는지를 네가 모른다고 가정해 봐. 아직도 당황스럽니?" 그 학생은 이
렇게 대답했다. "물론 아니죠. 그게 뭔지도 모르는데 어떻게 그것 때
문에 당황할 수 있겠어요?" 그러면 나는 부드럽게 충고했다. "그러니
까 네가 당황한 것은 그들의 말이나 행동 때문이 아니야. 그 일은 이
미 벌어졌는데도 너는 전혀 당황하지 않았잖아. 그걸 알 때까지는 말

이야. 알고 나서부턴 반응하기로 결정했어. 당황해서 말이야." '우리의 동의 없이는 아무도 우리를 당황하게 할 수 없다.'는 지혜를 그 학생은 깨닫게 되었다.

보석처럼 귀중한 에픽테토스의 지혜는 나의 삶과 글쓰기에 영향을 미쳤다. 그리고 그 지혜의 가치를 날마다 혼자 음미하며 즐겼다. 그 지혜가 나에게 너무 가치 있었기 때문에 그것을 당신과 공유하고자 한다. 에픽테토스에게서 얻은 이 정신적인 통찰력은 고대 산스크리트 경구와도 상통한다. "신은 광물 안에서 잠들고, 식물 안에서 잠을 깬다. 동물 안에서 걷고, 그대 안에서 생각한다." 다시 말해, 신이 잠들어 있지 않고, 깨어 있지 않고, 혹은 걸어 다니지 않는 곳은 없다는 뜻이다. 신은 모든 생명의 보편적인 원천이며, 인간 이상의 어떤 존재이다. 그리고 이 존재는 당신 안에서 지금 생각하고 있다.

당신은 어떻게 생각하는가? 생각의 거대한 능력을 깨닫기 위해 이 신의 존재를 이용해 보자. 사람을 불편하고 흔들리게 만드는 것은 사물도, 사건도, 환경도, 타인의 의견도 아니다. 그것은 당신의 행복을 결정할 그 양극단을 처리하기 위해 자신 안에 있는, 보이지 않는 원천인 신을 어떻게 사용하느냐에 달려 있다. 그리고 더 이상은 없다! 신은 당신 안에, 당신과 함께, 당신 뒤에, 당신 앞에, 그리고 당신 주위 어느 곳에나 있으며, 어디서나 느낄 수 있으며, 특히 당신에게 일어나는 일에 대한 당신의 의견 안에 있다는 것을 깨닫자. 오래되었으나 매우 첨단적인 이 두 가지 지혜가 당신을 위해 쓰일 수 있도록 다음 제안을 실천해 보자.

- 당신은 신이 만든 존재이며, 다른 사람뿐만 아니라 자기 자신에게도 사랑스럽게 대접받을 자격이 있음을 매일 상기하자. 자신을 신과 분리된 존재가 아니라 신과 연결된 존재로 보면 자신에 대해 더 큰 존경심을 느끼게 될 것이다.

- 당신 안에 그리고 당신이 하는 모든 것 안에 있는 신의 존재를 확인하는 의식을 정기적으로 행하자. 음식에 감사하며, 먹을 때는 신에게 음식을 먹이고 있다고 생각하자. 마찬가지로 육체적인 활동을 할 때는, 당신의 모든 세포 안에 있는 신의 에너지를 마음에 그려 보자.

- 비, 공기, 태양, 폭풍을 포함해, 당신이 받은 모든 것에 감사하자. 감사는 모든 사물에 깃든 신을 자각하는 방법이다.

- 불행을 외부 환경 탓으로 돌리는 경향을 깡그리 지워 버리자. 뭔가에 방해받고 있다고 느끼면 스스로에게 물어보자. "이 불편함을 없애기 위해 이 일들에 대한 내 견해를 어떻게 바꿀 수 있을까?" 그런 다음 핑계나 비난이 없어질 때까지 열심히 생각을 바꿔 보자. 핑계나 비난에서 벗어나 기꺼이 신을 느끼는 상태로 옮겨가면 그것은 매우 쉽사리 이뤄질 수 있다. 에픽테토스가 2,000년 전에 우리에게 제안하고 있는 것처럼.

17

새뮤얼 테일러 콜리지 · 창조적 상상력
창조에 관한 첫걸음이자
변함없는 원칙

새뮤얼 테일러 콜리지(1772~1834)
영국의 시인이자 에세이스트인 새뮤얼 테일러 콜리지는 그 시대의
가장 지각 있는 비평가였으며, 영국 낭만주의 운동의 지적 대변자였다.

당신이 잠 좀 들었다고 해서 안 될 게 뭔가?

그건 그렇다 치고

잠을 자면서

꿈 좀 꾸었다고 해서 안 될 게 뭔가?

그건 그렇다 치고

꿈속에서

당신이 천국으로 가서

어떤 기묘하고

아름다운 꽃을

거기에 심었다고 해서 안 될 게 뭔가?

그건 그렇다 치고

깨어났을 때,

당신이 그 꽃을

손에 쥐고 있다고 해서 안 될 게 뭔가?

나는 세상에서 가장 유명한 시인이자 문학비평가, 신학자, 철학자인 사람이 쓴 이 시를 대단히 존경하는 마음으로 대한다. 그래서 『진짜 마술』이라는 제목의, 기적 만들기에 관한 내 책의 서문에서 이것을 인용하기도 했다. 콜리지는 인간과 우주 전체에 적용되는 기본적인 창조적 원칙을 표현하는 일에 평생을 보냈다. 창조에 관한 첫걸음이자 변함없는 원칙은 바로 상상력이다.

가슴을 찌르는 것 같은 이 간단한 시는 우리를 상상 속에 빠뜨려 '사실성'이라는 것에 대해 어디까지 인정해야 할지 다시 생각하게 한다. 우리가 사실이라고 알고 있는 것은 그 한계가 있다. 그러나 꿈꾸는 상태와 같은 상상력은 한계가 없다. 어떤 물건이 실재한다는 사실을 인정하면, 그 물건을 꿈속 세계에서 현실 세계로 가져온다는 생각을 할 수 없게 된다. 그러나 콜리지는 다시 생각해 보라고 제안하고 있다. '그건 그렇다 치더라도' 당신이 그런 일을 할 수 있다고 해서 안 될 게 뭔가? 아, 그 다음엔 또 뭐지?

꿈속에서 당신이 할 수 있는 것을 생각해 보자. 매일 8시간 동안 잠 잔다는 것은, 90세까지 산다고 하면 30년 동안 이런 꿈꾸는 상태에 있다는 걸 의미한다. 그것은 인생의 3분의 1이다. 그 인생의 3분의 1은, 그 상태에서는 사실이라고 인정하는 것이 사실로 인정되지 않는 의식 상태, 생각의 힘만으로 필요한 모든 것을 표현하는 의식 상태로 들어가는 것이다. 시간 개념은 없어진다. 마음먹기에 따라서 앞으로도 갈 수 있고 동시에 뒤로도 갈 수 있다. 죽은 사람에게 말을 걸거나 볼 수도 있으며, 원하기만 하면 나무와 빌딩 사이를 날아다니거나 즉시 모습을 바꾸고, 동물이 되고, 물속에서 숨을 쉬고, 동시에 하나 이상의 장소에 있게 된다.

이런 모든 꿈속 활동에 대한 가장 놀라운 사실은, 당신이 꿈을 꾸는 동안에는 꿈속의 모든 것이 사실이라고 100퍼센트 확신한다는 점이다. 당신의 무한한 상상력은 스스로도 확신할 만큼 강력해서 인생의 3분의 1 동안에는 무엇이 사실인지 모르게 된다.

당신은 깨어나서 스스로에게 이렇게 말한다. 이 세상이 현실이며, 꿈속에서 일어난 모든 일은 사실이 아니라고. 새뮤얼 테일러 콜리지는 깨어 있는 의식이라고 부르는, 인생의 3분의 2에 대한 생각을 바꾸기 위해 상상력의 힘을 시험하면서 인생을 보냈다. 다른 말로는, "설령 당신이 (꿈에서) 깨어났을 때, 당신 손에 (꿈속의) 꽃을 쥐고 있다고 해서 안 될 게 뭐 있어?"이다. 당신은 두 곳에 있었는지도 모른다. 그것은 동시에 하나 이상의 장소에 있다는 뜻이다.

동시에 두 곳에 있었다는 것의 의미를 살펴보자. 이것은 같은 시간에 하나 이상의 장소에 존재하는 능력을 가질 수 있는, 의식이 극단적으로 높은 상태이다. 어떻게 이런 묘기를 부릴 수 있을까? 꿈의 상태로 돌아가 보자. 꿈속에 등장하는 인물들은 사실 스스로 그 역할을 떠맡은 또 다른 당신 자신이다. 당신이 꿈속에서 누군가와 대화를 나누고 있을 때, 당신은 말을 거는 사람인 동시에, 이야기를 듣는 사람이 된다. 당신의 꿈속에서 대화를 나누는 인물들은 바로 당신 자신이다. 그 순간 당신은 동시에 두 곳에 위치해 있다. 마찬가지로 꿈속의 꽃은 현실 세계에서 경험하는 그런 감각 속의 꽃이 아니다. 사실 나는 내 꿈속에 있는 바로 그 꽃이다. 하지만 깨어 있을 때는 상상력이 거의 제로 수준까지 낮아져 버리기 때문에 꿈에서 떠나자마자 무한한 창조력을 잃어버린다.

상상의 꿈속에서 현실 세계로 꽃을 가져온다는 생각은 불합리하지 않다. 순수한 상상력 속에서 보낸 인생의 3분의 1 동안 이룰 수 있는 것, 경험할 수 있는 것, 알 수 있는 것은 무엇이든지 나머지 3분의 2의 삶 속에서도 이룰 수 있고, 경험할 수 있고, 알 수 있다. 그 열쇠는 의심을 지워 버리고, 깨어 있는 동안 그 황홀한 상태로 곧장 날아 들어가는 특권을 자신에게 주는 것이다.

꿈과 꽃에 대한 이 시적 표현을 나는 수천 번이나 읽고 암송해 왔다. 이 시는 내가 꿈꾸는 상태에서는 당연하게 여기는 특권, 자유, 그리고 힘을 늘 나에게 준다. 이 시는 깨어서도 꿈꾸는 자가 되는 일에 마음을 집중하라고 나에게 말하고 있다. 내가 좋아하는 또 다른 시인 윌리엄 블레이크가 상상력이라는 환상적인 세계에 대해 말한 것이 떠오른다. "상상력은 사실적이고 영원한 세계이다. 이 식물적인 우주는 단지 그 세계의 희미한 그림자…… 인간에게서 영원히 죽지 않는 부분은 상상력이다. 그것은 신 자신이며, 신의 신성한 일부분이다……."

깨어 있는 상태와 꿈꾸는 상태를 현실에 대한 두 가지 별개의 경험으로 여기는 것은 어리석은 일이다. 꿈이 현실에서 일어나는 일에 대한 예언이라거나, 상징을 통해 나에게 어떤 실마리를 제공한다고 생각하지는 않는다. 나에게는 이 꿈의 상태가 신비스러운 상상의 세계로 정식 초대를 받은 것과 같다. 그것은 무한을 탐험하고, 직접 알게 되고, 상상력의 영역에 대한 의심을 모두 넘어 완전하게 신뢰하게 되는 기회이다. 그러므로 깨어 있는 동안에도 상상 속으로 들어가 일상의 인식 상태를 넘어서 멀리 여행할 수 있다. 그러므로 이 현실 세계는 나의 상상력을 펼칠 캔버스가 될 뿐이다.

'사실'이 사실이 아니라는 것을 인정한다면, 원하는 것은 뭐든 상상력 속에 안전하게 숨겨 놓고 인생의 3분의 1의 경험을 이용해 잠들지 않고도 원하는 것을 다 이룰 수 있다. 마음속에서 생각할 수 있는 것은 물질세계에서 무엇이든지 다 표현할 수 있다고 상상해 보자. 그리고 스스로 마음속에 품었던 의심들을 모두 버리자.

어린 시절, 내가 콩나물시루 같은 디트로이트 초등학교의 교실에 앉아 있던 때였다. 나는 백일몽 속에 깊이 빠져 있었다. 정신적인 소풍을 나가 있는 동안 나는 더없이 행복했다. 그때 선생님이 나에게 "다이어 씨, 이제 그만 돌아와서 우리랑 함께하지 그래?"라고 물었고 나는 깜짝 놀라 즉시 대답했다. "싫어요!" 교실에 앉아 있으면서도 동시에 내 상상의 세계에서 살았던 벌로 나는 교장실로 불려 갔다.

꿈속의 정원에서 꺾은 꽃을 깨어서도 손에 쥐고 있다는 게 가능하다고 믿는가? 나는 그게 가능하다는 걸 알고 있다. 그리고 상상력의 시인 콜리지도 그렇게 알고 있다.

창조적인 상상력의 힘을 오늘 당신의 삶에 적용하기 위해 다음 사항들을 시작해 보자.

- 생각하는 것은 실제로 이뤄진다는 것을 늘 명심하고, 어떤 생각들을 마음속에 품을 때는 의심을 포함해서 어떤 것이든 매우 조심해야 한다.

- 꿈을 꾸는 동안 완전히 현실이라고 믿었던 그 '비현실적' 경험들을 기억의 감각으로 되살려 보자. 그런 경험들의 실현 불가능성에 대한 생각을 발견한다면, 하나씩 없애는 작업을 해 보자. 진실로 어떤 것을 그려낼 수 있다면, 그것을 만들어 낼 수 있다.

- "인생의 3분의 1 기간 동안 내가 할 수 있는 일이라면, 인생의 다른 3분의 2에 해당하는 부분에도 추가할 수 있다."는 내용의 동의서를 작성해 보자.

- 상상 속에 사는 시간을 더 늘려라. 상상 속에서 익숙하지 않은 영역을 이리저리 자유롭게 많이 돌아다니자. 이는 궁극적으로 제한 없는 삶을 살기 위한 촉매가 될 것이다.

상상력은 신체와 똑같이 훈련을 통해 자란다. 꿈에서 깨어나 꿈속의 그 꽃을 손에 잡아라.

월트 휘트먼 · 내 몸을 존중하기

불완전한 육체는 없다

월트 휘트먼(1819~1892)

미국의 수필가이자 저널리스트이며 시인인 월트 휘트먼은 인생의 모든 형태,
심지어 죽음에서도 삶의 성스러움과 모든 인간의 평등을 주요 테마로 삼았다.

나에게는, 몸의 공간 구석구석이 모두 기적이다……
나의 모든 신체 기관과 몸가짐은 환영받는다……
어떤 작은 부분도, 그 부분들의 쪼가리도 형편없는 것은 없다…….

분자와 원자로 이뤄진 육체는 끊임없이 변하고 있다. 몸 안의 "공간
없는 공간" 속에는 영원한 관찰자가 있다. 그것은 변하지 않는 성스러
운 본질이다. 월트 휘트먼은 몸을 존중했다. 그리고 이 성스러운 관찰
자의 관점에 끊임없이 변화하는 몸의 상태를 중요하게 생각했다. 그
는 한때 "어느 것이나 성스럽다면 인간의 몸도 성스럽다……"고 보았

다. 이 말에 대해 당신은 어떻게 생각하는가? 당신이 소유하고 있는 육체를 당신은 어떻게 느끼는가? 당신의 대답은 당신의 삶—물질적인 삶과 정신적인 삶—의 질과 상당히 관련되어 있다.

육체에 대한 당신의 태도는 문자 그대로 몸을 이루고 있는 원자와 분자에게 영향을 준다. 디팩 초프라 박사는 종종 자신의 강연을 듣는 청중에게 이렇게 말한다. "행복한 생각은 행복한 분자를 만듭니다." 그는 또한 즐거워서 흘리는 눈물의 화학적 구성은 슬퍼서 흘리는 눈물의 화학적 구성과 극적으로 다르다는 사실을 지적한다. 그러므로 몸을 평화로운 상태에 있게 하고 다양한 기관, 혈액과 같은 유체의 강, 뼈의 단단한 구조들을 귀중하게 여겨야 한다. 몸이 움직이고, 꿈꾸고, 계산하고, 사랑하고, 끊임없이 변하는 데에 따라 경외하는 태도를 가져야 한다. 당신의 몸이 줄곧 변화하고 있는 것을 기적이라 여기고, 이 놀라운 몸의 상태를 받아들이라고 휘트먼은 요구하고 있다.

형편없거나 불완전한 육체는 없다. 키가 작거나, 크거나, 마르거나, 피부색이 검거나, 하얗거나 혹은 그 밖의 어떤 것도 지나친 것은 없다. 머리 색깔, 남아 있는 머리칼의 양, 머리칼이 자라는 부위들은 모두 신의 질서 속에 있다. 새끼발가락은 균형을 잡아주고, 솜털은 피부를 보호하며, 입술 역시 적당하게 도톰하다. 행복한 생각들이 건강한 분자들을 만들 수 있다면, 즉, 마음이 건강과 상당한 관련이 있다면, 본질적으로 몸이란 그에 따라 자연스럽게 기능하는 시스템이다. 당신은 실제로 몸을 통해 그것을 볼 수 있다. 그 형태, 크기, 그리고 장애라고 부당하게 부르고 있는 것이 모두 완벽한 질서 속에 있다.

임신 몇 주 뒤에, 당신 어머니의 자궁 안에서는 심장 하나가 뛰기 시작한다. 그리고 당신의 몸은 당신의 의견과 상관없이 형성되기 시작한다. 몸이 형성되는 이 과정은 지구상에 있는 모든 이에게 하나의 신비다. 누가 그걸 설명할 수 있을까? 당신의 몸은 무에서부터 만들어져 여행을 시작한다. 손가락과 발가락은 인간 원형질의 작은 방울로부터 형성된다. 어떻게? 어디서 온 것일까? 그 씨앗 내부에서 끌어낸 미래의 지혜에 누가 의문을 던질까? 이제 당신은 이 몸 안에 머무르고 있다. 그 몸은 자궁 밖에서도 점진적으로 변하고 있다. 그리고 당신은 그 모든 것을 관찰하고 있다. 당신, 보이지 않는 나, 인간이라는 기계 안에 있는 혼, 이 완벽한 창조물의 점유자를.

당신 몸은 학교의 교과과정과 같다. 몸은 신을 공부하는 교육 과정이며, 신이 머무는 집이다. 그리고 그 집은 이 몸 안에 있다. 그 집이 이 땅에 있는 동안에 신은 현실화될 수 있다. 몸은 신을 알아볼 수 있는 우주 속의 한 지점으로, 신의 사원이다. 이 신의 집이 천하거나 메스꺼운 걸 찾아다니는 것은 사원을 더럽히는 일이다. 육체가 끊임없이 변화하는 과정을 멈출 수 있는 사람은 없다. 기본적인 몸의 구조를 바꿀 수 있는 사람은 없다. 당신은 자신의 육체를 취해, 보이지 않는 미래를 끌어가는 힘을 가진 그 육체 안에서 살고 있다. 만약 당신의 존재를 거부하고 싶지 않다면 육체의 어떤 부분도 싫어해선 안 된다.

언젠가는 반드시 떠나야 하는 손님처럼 자기 몸을 대접해야 한다. 몸이 여기 있는 동안 소홀히 하지 말자. 몸에 해를 끼치지 말자. 몸을 존중하자. 몸을 환영하자. 떠나온 곳으로 결국 되돌아가게 되는 그 길을 가게 하자. 몸이 정해진 단계를 밟아가는 것을 재미있게 지켜보자. 몸의 작은 부분에 대해서도 경외감을 갖자.

돌멩이에 발가락이 채이거나, 손가락이 베이거나, 근육이 늘어날 때 작은 고통이 끊임없이 찾아와 간단한 작용을 하면 우리에게 발가락, 손가락, 근육이 있다는 것이 얼마나 고마운 일인지 생각해 보자. 당신도 전혀 의식하지 못하고 있는 대부분의 시간 동안 그것들이 얼마나 완벽하게 작동하는지를 생각해 보자. 왜 당신의 몸에 대해 환영받지 못할 생각을 하거나 끊임없이 변화하는 이 신의 창조물을 경멸의 눈으로 바라보는가? 당신은 자신이 차지하고 있는 몸을 소유할 특권이 있다. 당신은 몸을 영혼이 주차하는 차고처럼 여기고 존중해야 한다. 영혼의 차고인 몸을 경멸하지 말아야 한다. 크기, 색깔, 또는 닳아버린 부분에 대해 불평하지 말아야 한다.

감사하고 경외하는 마음이 있으면, 육체를 소홀히 하지 않게 될 것이다. 내면의 당신이 우주에는 실수가 없다는 것을 알고서 이 우주의 각 부분들을 경외와 놀라움의 눈으로 바라볼 때, 우리는 육체를 고치고, 빛나고 깨끗하게 하고, 건강하고 혈기 왕성하게 유지하게 될 것이다. 머리털이 머리 꼭대기보다는 귓속에서, 어깨 위에서, 그리고 콧속에서 자라기로 선택했다면, 그렇게 하도록 놔두자! 피부가 뼈 주위에서 축 늘어지고 있다면, 그 늘어지는 과정에 박수를 보내자. 육체가 마치 영원히 지속될 것처럼 연연해하지 말자. 각각의 육신은 죽음이 예정되어 있다. 그리고 아직 그 파라독스는 남아 있다. 같은 육체 안에서 불멸의 자아는 계속 살고 있는 것이다. 세상을 관찰하기 위한 장소로 육체를 보자. 휘트먼이 그의 장엄한 시에서 그렇게 자주 말한 기적적이고 성스러운 관점에서 보기로 결심하자.

월트 휘트먼의 지혜를 당신의 일상생활에 적용하기 위해 몇 가지를 제안한다.

- 당신의 영혼을 담고 있는 이 사원(육체)에 매일 감사하자. 몸의 모든 부분에 감사의 말을 전하자. "이 몸이 늘 변화하고 있으며, 내가 늘 관찰할 장소가 되어준 데 대해 신께 감사드립니다."

- 몸에서 일어나는 기적을 어떻게 대하기로 했는지 그 방법을 더 자세히 기억하자. 운동을 하고, 좋은 음식을 먹고, 신선한 물을 넉넉히 마시면서 몸에 말을 걸자. "나는 나의 경이로운 몸인 너를 축복하며, 너를 환대하며 잘 대접할 것이다."

- 몸 안에서 일어나는 변화를 불쾌하게 보기보다는 기쁜 마음으로 관찰하자. 당신 몸을 어떤 부분이든지 흠이 있다고 하지 말자. 신은 흠이 있는 물건은 다루지 않는다.

- 몸을 잘 돌보면 영적인 생활을 발전시킬 더 큰 기회를 얻을 수 있다. 물질세계는 보이지 않는 영적인 차원에서 만들어진 것이다. 순수한 생각은 몸을 순수하고 건강하게 유지하는 데 도움을 줄 것이다. 기억하라, 생각이 몸을 치유한다는 것을. 주위에 있는 다른 방법으로는 치유되지 않는다.

19

라빈드라나트 타고르 · 이기심

나는 '나'라는 단어를
얼마나 자주 쓰는가?

라빈드라나트 타고르(1861~1941)
신비주의자이자 화가인 라빈드라나트 타고르는, 현대 인도의 지도자 중 한 사람으로
노벨문학상을 받았다. 그의 작품들은 고전이 되었는데,
서정적 아름다움과 영적인 날카로움으로 유명하다.

약속 때문에 나 홀로 길을 나섰으나

이 어둠 속에서 나를 따라오는 이 누구입니까?

그를 피하여 옆으로 비켜서건만 결코 피할 수 없습니다.

그는 뽐내며 걷기에 흙먼지를 일으키고,

입만 열면 큰소리로 대꾸합니다.

나의 주인이시여, 그는 바로 나 자신의 작은 자아이자

부끄러움을 모르는 자입니다.

나는 그와 함께 님의 문 밖까지 온 것이 부끄럽습니다.

우리 각자의 내면에는 두 사람이 살고 있다. 첫 번째 사람은 이기적 자아라고 한다. 이기적 자아는 자신이 옳은 존재이기를 원한다. 이기적 자아는 자신이 누구와도 연결되어 있지 않으며 다른 모든 사람과 경쟁을 하고 있다고 믿고 있다. 자신의 존재는 누구보다 더 나은 상태에 있느냐에 달려 있다고 생각한다. 그 결과 그는 더 많은 것뿐 아니라 더 비싼 것을 가지려고 싸운다. 누군가를 패배시킬 수 있을 때, 그래서 인간으로서의 가치가 올라갈 때 그는 가장 기분이 좋다. 그의 기분은 그가 그렇게 필사적으로 정복하고 싶어하는 다른 모든 사람과 경쟁하는 방법에 달려 있다. 그가 최고라면 그의 꿈은 이뤄진 것이다. 상위 10퍼센트 안에 있다는 것은 꽤 괜찮은 것이며, 상위 50퍼센트에 속하는 것은 필수다.

이기적 자아는 이기는 것을 좋아할 뿐만 아니라 그것을 절대적으로 필요로 하기에 언제나 싸우는 상태에 있다. 자기가 성취한 것에 탐닉해 상장과 상금과 명예훈장을 자주 세어 본다. 이기적 자아는 최고로 좋은 차, 최고로 환상적인 옷, 최고로 좋은 음식, 상상을 뛰어넘는 마약, 가장 괴팍한 섹스, 그리고 모든 양상의 쾌락을 가질 수 있다. 그 모든 것들이 다 닳아 없어져 과거가 되어 버리면, 아주 새로운 청구 리스트가 등장한다. 패배시켜야 할 누군가가 있는 한, 혹은 사서 소유하면 승자가 될 수 있는 물건이 더 있는 한은 만족할 수가 없다.

우리 각자의 내면에 살고 있는 두 번째 사람을 나는 영혼이라고 부른다. 그는 이기적 자아의 환상을 사로잡은 그런 물건에는 전혀 흥미가 없다. 물건을 얻는 데 별로 신경을 쓰지 않으며, 다른 사람보다 더 나아야 한다는 것에는 조금도 흥미가 없다. 다른 사람을 패배시켜야 한다는 건 상관치 않는다. 사실 그는 자신을 다른 사람과 절대 비교하지 않는다. 그는 한 가지 일만 바라는 것 같고, 그런 욕구에 이를 때까지는 오로지 한 마음뿐이다. 영혼은 어디서나 그와 함께 있는 쌍둥이, 이기적 자아가 원하는 모든 것들을 눈감아주고 있다. 영혼은 단지 평화롭기만을 바란다.

경쟁을 할 때가 되면 그는 경쟁할 것이다. 그러나 그는 결코 같이 경쟁하는 사람들에게 그것을 뽐낼 필요를 느끼지 않는다. 소유에 대해 말하자면, 영혼은 정말로 소유를 즐긴다. 그러나 결코 소유되지는 않는다. 오히려 소유하고 있는 것들을 주어 버리고 싶은 것처럼 보인다. 이기적 자아의 모습이 더 많은 것, 더 좋은 것을 계산하는 반면, 영혼의 모습은 언제나 똑같다. 즉, 평화다. 그는 이 평화를 다른 사람을 향해 발산하고, 혼돈의 한가운데에서도 언제나 이런 종류의 고요함을 증진시킨다.

그런데 우리 내면의 영속적인 두 친구인 이기적 자아와 영혼이 이곳에 함께 있다. 문제는 어떻게 하나를 죽이고 다른 쪽을 편들어 주느냐가 아니라 우리를 영원한 혼란 상태에 묶어 두고 결코 평화를 허용하지 않으려는 쪽을 어떻게 제압하느냐이다. 어떻게 우리가 싸움을 멈추고 목적지로 옮겨갈 수 있을까? 나는 아침부터 저녁까지 하루를 보내면서 여러 번 이 질문을 스스로에게 던진다. 일을 여기까지 끌고 온 나는 누구인가? 사실 나는 그 주제로 책을 쓴 적이 있다. 아마 내 삶에서 이기적 자아에게 주었던 파워를 스스로 이해하도록 하기 위해서였을 것이다. 나는 그 책을 『신성한 자아Your Sacred Self』라고 불렀다.

우리는 다른 사람과 분리되어 있다고 느끼며, 좋은 기분을 느끼기 위해 정복하고, 이기고, 빼앗으려는 우리의 일부를 어떻게 길들일 수 있을까? 나는 타고르나 루미 같은 유명한 시인들에게서 생각을 빌려온다. 그들은 이 책뿐만 아니라 나의 일상생활에도 필수적인 필자들이며, 하루를 시작하기 전, 아침마다 내가 하는 다음의 기도를 만든 사람들이다.

사랑하는 하느님, 나의 이기적 자아는 욕심이 많고, 억지가 세고, 자기가 옳다는 생각에 사로잡혀 있고, 늘 더 많은 것을 찾아다닙니다. 절대로 만족하지 않는 것 같습니다. 나의 신성한 자아는 평화롭고, 다투지 않고, 비난하지 않는 편이며, 절대로 요구하지 않습니다. 영혼 쪽에서 이기적 자아 쪽으로 메시지를 보내 주시기 바랍니다.

신과의 대화에서 타고르는 이와 같은 일을 많이 하고 있다. 그는 "어둠 속에 있는 이 나는 누구인가."라고 의아해한다. 그는 그 어둠에서 벗어날 수 없는 것처럼 보인다. 그는 부끄러움이 없다. 그러나 그는 가장 높은 경지로 들어가는 입구가 부끄러움을 모르는 '소아little self'에 의해 막혀 있다는 것을 알고 있다. 이 시인은 자신의 뛰어난 시선집을 통해 1913년 노벨문학상을 받았다. 그러나 그는 그런 영광에 도취되지 않았다. 그는 그런 상과 자신을 동일시하려는 마음을 제거하는 법에 대한 글을 쓰면서 평생을 보냈다.

타고르의 섬세하고 특별한 시들을 읽음으로써, 우리는 이기적 자아를 제압하고 평화를 가져다주는 영혼의 소리를 듣게 된다. 타고르는 평생 동안 조용한 위엄과 평화로운 태도를 의인화했다. 그것은 그의 아름답고도 간단한 시에 반영되어 있다.

이제 타고르 시의 지혜를 당신의 삶에 적용하라.

- 다른 사람에게 반응하기 전에 자신의 마음에 귀를 기울이자. 오늘 자신의 이기적 자아를 길들일 수 있는지 살펴보자. 말하기 전에 자신에게 묻는다 "내가 상대는 잘못되었고 나는 특별하다는 말을 하려는 것은 아닌가? 나는 혼란을 자초할 것인가. 아니면 평온을 불러올 것인가?" 그런 다음 상대방을 친절하고 사랑스럽게 대하기로 결정하자. 자신의 이기적 자아가 어떻게 반응하는지 살펴보고, 하루에 한두 번씩 이기적 자아의 역할을 줄여 나가면서 그것이 습관, 새로운 존재 방식이 되게 하자.

- 대화할 때 '나'라는 단어를 얼마나 자주 쓰는지 살펴보자. 하루에 얼마나 많이 당신이라는 단어로 문장을 시작하는지 살펴보자. 다른 사람이 잘한 일에 박수를 쳐 주되, 자신의 자랑은 할 필요가 없다.

- 자신의 성과에 집착하지 않으려는 노력, 그냥 흘려 보내려는 시도를 해 보자. 자기 것을 양보하면 다른 사람에게 자신을 더 많이 줄 수 있다. 그것은 얻은 것에 대한 집착을 통제할 수 있도록 길들이는 효과적인 방법이다. 또한 자신의 이기적 자아를 교육시키고 영혼이 소망하는 평화를 허락할 수 있다.

- 앞에서 인용한 것처럼 내가 매일 기도하는 식으로 그렇게 이기적 자아와 대화하자. 더 높은 자아의 입장에서 말하자. 셜리 로스 코버가 『신성한 자아』를 읽고 나에게 보낸 편지를 읽어 보자.

나는 일기를 지난 30년 동안이나 써 왔습니다. 오늘 아침 나는 이기적 자아에게 특별히 이런 편지를 썼습니다.

"나의 이기적 자아야, 너는 이제 우리가 새로운 지도자를 갖게 되었다는 사실을 알아야 해. 말 없는 파트너로 함께 살게 된 것을 환영한다. 나(성스러운 자아)는 내 인생과 내 일을 책임져야 해. 나는 우주에서 가장 뛰어난 컨설턴트인 신을 모셔왔지. 신과 나는 내 인생과 내 일을 재건축하기로 타협을 보았어. 너는 내 결정에 더 이상 이러쿵저러쿵 하지 마. 너에게는 나쁜 감정이 없어. 그러나 이제 네가 내 결정에 영향을 끼치도록 하고 싶지도 않고, 그렇게 해서도 안 돼."

20

존 밀턴 · 영원

시간의 흐름을 포용하면서
살아가는 법

존 밀턴(1608~1674)
존 밀턴은 영문학에서 가장 유명하고 가장 존경받는 인물 중의 한 사람으로,
많은 시와 산문을 남겼다.

시간에 대하여

질투심 많은 시간이여 쏜살같이 흘러라,

그대의 경주를 마칠 때까지.

납덩이같이 걷는 게으른 시간들에게 소리쳐라,

무거운 추가 걸어도 그보다는 빠를 것이라고.

그대, 시간의 자궁이 삼키는 것들로 실컷 배를 불려라.

그것은 부실하고 헛된 것일 뿐.

없어져야 할 쓰레기일 뿐.

우리가 잃은 것도 없고

그대가 얻은 것도 없나니.

하나하나가 다 악한 것들이어서 그대가 묻혔을 때,

그리고 결국 그대의 게걸스런 모습이 차츰 스러져 버렸을 때,

그때 오랜 영원이 제각기 다른 입맞춤으로

우리의 행복을 맞아 주리라

기쁨은 홍수처럼 우리를 덮칠 것이다.

그때는 모든 것이 진실로 선하고

완벽하게 신성하리라.

그는 홀로 행복을 만들 것이며

가장 높은 곳에 있는 그의 왕좌 주변에서

진실과 평화와 사랑으로 영원히 빛날 것이다.

천상의 인도를 받은 영혼이 승천할 때,

이 지상의 모든 조잡한 것들은 떠나고,

우리는 별들로 장식하고서 영원히 앉아 있을 것이다,

죽음과 운명, 그리고 오 시간이여, 그대를 이겨내고.

'인간에게 적대적인 시간'이라는 주제는 휴먼 드라마를 쓰는 사람들, 특히 시인들 사이에서 매우 인기가 있다. 존 밀턴은 그런 시인들 중에서도 가장 위대한 사람으로 평가받는다. 또한 밀턴의 후세대 사람들은 자신들의 삶에 가장 큰 영향을 끼친 작가로서, 17세기 문학의 천재이자 『실락원』의 저자인 밀턴을 꼽는다.

시간에 관한 인간적인 딜레마는 여전히 계속 논의되고 있는 주제인데, 이는 육신이 쇠약해지고 파괴되는 것을 시간의 경과 탓으로 돌리기 때문이다. 육신으로서의 인간은, 그 실체를 한 문장으로 요약할 수 있다. '우리는 모두 늙으며 결국 죽는다.' 좋든 싫든, 이것이 우리의 진실이다. 존 밀턴은 그의 시에서 이 기본적인 진실을 인정한다.

그러나 그는 이 막강해 보이는 시간의 힘 너머에 가보려고 애썼다. 그는 시간의 흐름을 막을 수 있는 방법에 대해 이렇게 말한다. "영원으로 들어가라. 그러면 영혼을 위한 따뜻한 영접과 행복, 은총, 구원의 열쇠가 우리를 기다리고 있을 것이다." 밀턴은 시간을 '그의 자궁이 삼킨 것으로 실컷 배 불리면서' 돌아다니는 존재로 묘사했다. 그러나 시간이 삼키기 위해 거두어 가는 모든 것은 잘못된 것, 헛된 것 그리고 죽어 없어질 찌꺼기일 뿐이라고 시적으로 설명한다. "우리(인간들)가 잃은 것도 없고, 그대(시간)가 얻은 것도 없나니."

그는 시간의 손아귀를 탈출한 기쁨을 묘사하고 있다. 영원을 통해 우리는 영원한 진리, 평화, 사랑을 만난다. 밀턴은 결론 부분에서 아름답게 노래한다. "우리는 별들로 장식하고서 영원히 앉아 있을 것이다, 죽음과 운명, 그리고 오, 시간이여, 그대를 이겨내고." 나는 그의 결론에 감탄한다. 나이 들어 죽는 것은 피할 수 없는 삶의 과정이다. 밀턴은 죽음의 두려움에서 해방되기 위한 유일한 방법을 말한 것이다.

밀턴은 40대 초반에 시력을 잃었다. 그래서 시를 직접 쓰지 못하고 다른 사람이 받아쓰도록 해야 했다. 그때는 이런 일이 오늘날보다 훨씬 더 어려웠다. 그는 '시간'이 그의 인생을 잠식하고 있다는 걸 느꼈다. 나는 밀턴의 모습을 떠올려 본다. 그는 아마 돌로 된 차가운 방에 앉아, 눈 먼 채로 다른 사람에게 받아쓰기를 시켰으리라. 그의 말이 기록되는 소리를 들으며, 이것이 지상에서의 운명을 이겨낼 유일한 수단임을 감지하고 깊은 만족감에 빠졌을 것이다. 조심스럽게 그의 글을 읽어 보자. 시간의 희미한 속삭임을 들을 수 있을 것이다. "너는 그저 나이 들어 죽음을 맞이하게 될 뿐이다."

나는 우리가 시간의 흐름을 포용하면서 날마다 진리, 평화, 사랑 안에서 살아갈 수 있다고 믿는다. 그럼으로써 우리는 콧대 높은 모습으로 시간을 대할 수 있다. 우리 자신의 정체성은 시간이 아니라 영원한 사랑, 진리, 평화 안에 있다. 우리 내부의 영원한 존재는 나이를 먹지 않으며, 죽음에 대한 두려움도 없다.

나는 내 안에 있는 영원한 존재가 지닌 진리, 사랑, 평화로써 시간에게 말을 걸 수 있다는 사실이 즐겁다. 영원을 즐기기 위해 죽음을 기다려야 한다고는 생각지 않는다. 그리고 지금 나에게 가능한 만큼의 진리, 평화, 사랑을 기대하면서 살고 있기 때문에 매일 그 승리를 자축한다. 밀턴이 말하는 기쁨은 바로 내 것이다. 미래의 어느 순간에서가 아니고, 바로 지금!

육체와 그것이 소유한 모든 것에 대해 곰곰이 생각해 보자. 그것을 평화로운 마음으로 한번 비웃어 보자. 시간은 단지 그것들을 당신에게 잠시 빌려준 것이다. 여기 당신보다 이 세상에 먼저 온 위대한 사람의 시를 읽어 보면, 이 주제에 대해 거듭해서 얻는 게 있을 것이다. 우리는 죽음과 삶, 기회와 선택 사이에 치열한 전투가 벌어진다고 생각한다. 그렇다, 시간과 영원 사이도 마찬가지다. 하지만 당신은 지금 여기에 있고, 그것을 전쟁터라고 생각하지 않을 수 있다. 대신 시간으로 평화를 만들어 내자. 시간이 하는 일들을 비웃어 주자. 그 웃음은 당신이 시간의 희생자가 되지 않도록 할 것이다.

밀턴이 수 세기 전에 눈멀고 나이 든 육체를 통해 우리에게 전해 주는 메시지를 느껴 보자. 그것은 하나의 승리감이다. 우리의 행복이 살고 있는 곳에 영혼도 살고 있다. "우리는 별들로 장식하고서 영원히 앉아 있게 될 것이다." 그 '영원'에는 지금이 포함되어 있다!

시간과 영원의 이중성을 초월하기 위해 밀턴이 그의 시에서 제시한 세 가지 덕목을 날마다 실천해 보자.

- 진리. 자신이 공감하는 진리대로 살아 보자. 내가 어떤 상황에 처해 있는지, 다른 이의 의견이 어떤지는 상관할 필요 없다.

- 평화. 자신과 주위 사람들에게 언제나 내적, 외적인 평화를 가져다주는 일을 하겠다고 결심하자.

- 사랑. 가능한 한 자주 사랑의 힘을 발휘하고, 미움, 비판, 분노의 생각이 튀어나오는 것을 느낄 때마다 그것들을 제압하자.

- 진리, 평화, 사랑의 영원함을 따른다면, 우리는 시간의 얼굴을 똑바로 쳐다보면서 이렇게 말할 수 있을 것이다. "나는 당신이 두렵지 않다. 나는 영원하고 당신은 나를 건드릴 수 없기 때문에."

21

에밀리 디킨슨 · 불멸

기억하라,
죽음은 오직 한 번만 겪는다

에밀리 디킨슨(1830~1886)
에밀리 디킨슨은 미국의 시인으로 평생을 매사추세츠 주 애머스트에서 살았다.
엄격한 캘빈교도였던 아버지 때문에 억눌린 은둔 생활을 하는 동안, 2,000편 가까운
시를 썼다. 월트 휘트먼, 로버트 프로스트, 그리고 랠프 월도 에머슨처럼
그녀도 자연과 인간 속에 있는 내면의 영에 관한 시들을 썼다.

남아 있는 술래

썩어 티끌이 된 이 소리 없는 유해는
신사와 숙녀들, 그리고 소년과 소녀들이었으며,
웃음과 능력과 탄식이었고,
드레스와 머리칼이었다.
이 환기 없는 곳, 여름이 잠깐 스쳐 가는 대저택,
그곳에서 꽃과 벌들이
동쪽으로의 주유를 마쳤다.

그러고 나서 멈췄다. 마치 이 티끌들처럼.

나는 이 매혹적인 시를 강의 시간에 자주 인용하곤 한다. 그럴 때면, 내가 좋아하는 19세기의 한 시인에게서 온 메시지를 학생들에게 배달하고 있는 듯한 기분이 든다. 이 시를 읽고 나면 자신이 보고 있는 모든 것, 오감으로 경험하는 모든 것은 언젠가 '소리 없는 유해'가 될 것이라는 사실을 인정하게 된다. 하지만 이 모든 것을 눈여겨보고 있는 존재는, 결코 '소리 없는 유해'가 아니다.

당신이 죽었을 때, 몸에서 떠난 바로 그 순간, 몸의 무게는 살아 있을 때와 정확히 똑같을 것이다. 잘 생각해 보라! 살았거나 죽었거나 몸의 무게는 똑같다는 사실을. 내 결론은, 생명이 몸을 점령하고 있을 때나 몸을 떠났을 때나 몸무게가 똑같다면, 결국 생명은 무게가 없다는 것이다. 무게를 달아 볼 수도 없고, 길이를 잴 수도 없고, 칸을 막아 구분할 수도 없고, 자신이 누구인지 증명할 수도 없고, 또는 어디까지가 생명인지 달리 경계를 지을 수도 없다. 에밀리 디킨슨은 우리 자신의 이런 부분을 시적으로 묘사하고 있다.

과학자들은 이 세상을 광물질이 제한적으로 공급되는 혹성으로 설명하고 있다. 그 설명에 의하면, 광물질의 전체 공급량은 이 지구 위에서 결정되며, 외부 공급처는 없다고 한다. 예를 들어, 지구에 철이 얼마나 있는지 확실히 안다면, 지구가 공급할 수 있는 철의 총량도 파악

할 수 있다는 것이다. 그것은 유한한 양이다. 우리가 철을 다 써 버리면, 그것을 보충하기 위해 다른 우주로 갈 수 없다.

한정된 철의 총량 중 일부는 당신의 몸 안에도 포함되어 있다. 피검사를 받아 보면, 당신이 철분을 얼마나 갖고 있는지 알 수 있을 것이다. 이제, 100만 달러짜리 질문을 하겠다. 당신이 이 지구 위에 모습을 드러내기 전에는, 당신의 몸을 통해 지금 흐르고 있는 철은 어디에 있었는가? 그리고 당신이 세상을 떠날 때 그것은 어디로 가는가? 이것은 에밀리 디킨슨이 말 한 그 신비의 일부분이다.

소리 없는 먼지를 한 줌 쥐어 보자. 그리고 자신에게 물어보자. 어제는, 작년에는, 그것이 무엇이었는지. 코끼리 몸통이었을까? 쥐라기의 생물체였을까? 미켈란젤로의 눈알이었을까? 모든 물질의 조각들은 끊임없는 변화 상태에 있다. 어떤 과학자는 좀 더 사실적인 표현을 써서, 우리 모두는 내일의 음식이라고 말한다. 물리적 우주 안에 있는 모든 사물들은 실제로 이 소리 없는 먼지가 되어 갈 것이다.

에밀리 디킨슨이 이 시에서 노래한 것은 "영원히 죽지 않을 것처럼 살자."는 아리스토텔레스의 의견과도 일치한다. 모든 사물과 모든 사람에게는 완성해야 할 순환 회로가 있으며, 회로가 완성되면 그것은 현재의 형태를 멈춘 뒤 다른 형태로 옮겨간다는 것이다. 우리의 순수한 본질은 그 상태대로 유지되는 반면, 몸을 구성하는 물질들은 다시 순환된다. 에밀리 디킨슨은 다음과 같은 짧은 시를 쓰기도 했다.

내가 죽음을 위해서 멈출 수 없었기 때문에,

친절하게도 죽음이 나를 위해 멈췄다.

마차는 실었다, 바로 우리 자신만을.

그리고 불멸의 존재를.

이런 자각을 통해 우리는 자유로워질 수 있다. 이것은 영원으로 가는 티켓과도 같아, 죽음을 두려워하지 않게 해 준다. 여러 면에서, 육신의 죽음은 두려워할 대상이기보다는 위대한 스승이 될 수 있다.

어떤 스승은 나에게 이런 가르침을 준 적이 있다. 그는 나에게 먼저 앉아서 깊은 명상에 잠기라고 했다. 그리고 육체를 떠나 머리 위에서 내 몸을 관찰하는 상상을 하라고 했다. 그런 다음 멀리 이동해 내가 있던 도시를 떠나고, 고장을 떠나고, 북반구를 떠나서, 지구를 완전히 떠나라고 말했다. 그리고 마침내는 상상 속 우주에서 내가 존재하지 않는 지구를 바라보라는 것이었다. 이것은 내 에고를 다스리기 위한 훈련이었다. 처음에는 너무 이상해서 깊이 생각할 수 없을 것 같았다. 내 에고가 계속 말을 하고 있었기 때문이다. "핵심이 뭐야? 내가 존재하지도 않는데 지구가 무슨 소용이야!" 그러나 나는 점차 관찰을 당하는 입장이 아니라, 관찰을 하는 입장에서 나를 인식하기 시작했다.

우리 눈에 보이는 것은 소리 없는 먼지다. 그리고 그 먼지는 실제로 우리 조상들을 화학적으로 구성하고 있던 것들이다. 그러나 관찰자에게는 화학물질도, 먼지도 필요하지 않다. '관찰자'가 되면, 죽음에 대한 공포에서 완전히 벗어나게 될 것이다. 우리의 본질적인 부분은 결코 새로 태어나지도, 죽지도 않는다. 영원이란 우리가 그 안으로 들어

갈 수 있는 것이 아니다. 우리는 이미 그 안에 존재한다. 다시 말하면, 현재가 영원이다.

우리는 자신이 불멸의 존재라는 것을 알지 못한다. 마음은 보이는 것만 믿도록 훈련되어 있기 때문이다. 두뇌 속에는 지휘 센터가 있고, 결정, 감정, 인간적 경험들 모두가 그곳에서부터 시작된다고 알려져 있다. 하지만 그 지휘 센터 안에는 영원히 죽지 않는, 보이지도 않고 형체도 없는 지휘자가 있다. 눈으로는 지휘 센터 안에 있는 '그' 또는 '그녀'를 결코 볼 수가 없다. 내 안에 있는 지휘자를 알기 위해서는, 눈을 감고 자신의 영원하고 신성한 본성을 직접 경험해야 한다.

불멸의 자신을 경험하는 것은 교육에서 나오는 것도, 주어진 조건에서 나오는 것도, 과학에서 나오는 것도 아니다. 이런 경험은 우리 존재의 맨 밑바닥에서 일어난다. 그리고 우리는 정말 간단하게 그것이 진실이라는 것을 '안다.' 그러나 그것은 탐사를 통해 지도로 만들어질 수 있는 것은 아니다. 우리는 육신의 먼지 저 너머를 볼 수 있기 때문에, 신성한 침묵의 명상 속에서 자신이 불멸하다는 것을 경험할 수 있다.

이 아름답고 단순한 시에서 에밀리 디킨슨은 우리에게 가던 길을 멈추라고 한다. 그리고 우리가 머물고 있는 육신, 몰고 있는 자동차, 입고 있는 옷, 그리고 화학물질과 먼지로 이뤄진 모든 사물들은 예정된 순환의 고리를 완성하고 나서 멈추도록 되어 있다는 사실을 깨달으라고 말한다. '죽음'은 정지된 과정이라고 한다. 그러나 물질세계 너머에 있는 것은 우리와 함께 순환의 마차를 타고서 영원한 순환을 계

속한다. 그렇다. 그 마차의 유일한 승객은 당신과 영생불멸의 존재뿐
이다.

다음 제안들을 실행하여 에밀리 디킨슨의 말을 직접 경험해 보라.

- 죽음을 늘 곁에 있는 스승이나 동료로 삼자. 죽음을 두려워하기
  보다는 그것을 받아들이고 사랑하자. 기억하라. 죽음은 오직 한
  번만 겪는다는 것을. 그러나 그것을 두려워하면, 순간순간마다
  죽게 될 것이다. 날마다 더 충만하게 살도록 일깨워 주는 존재로
  서 죽음을 활용하자.

- 이 사실을 기억하자. 당신이 이곳에 태어나기 전의 시간들을 두
  려워하지 않듯이, 당신이 이 육신을 떠난 뒤의 시간도 더 이상
  두려워할 필요가 없다.

- 로버트 루이스 스티븐슨은 마지막으로 이런 말을 남겼다. "죽음
  이 이런 거라면 사는 것보다 더 쉽군." 또한 토머스 에디슨은 최
  후에 이렇게 말했다. "저 너머는 굉장히 아름다워." 그것은 티끌
  로 돌아가는 티끌일 뿐이다. 반면 영원한 것은 남는다. 이 깨달
  음이 영원으로 가는 티켓이다.

22

윌리엄 제닝스 브라이언 · 삶의 원천
그럼에도 계속 살아가라

윌리엄 제닝스 브라이언(1860~1925)
미국의 정치가이자 웅변가인 윌리엄 제닝스 브라이언은 야외 문화 강연회인
셔토쿼의 인기 강사였다. 그는 유명한 스콥스 재판의 검사로 더 많이 알려져 있다.

깊이 생각해 볼 점들

나는 수박씨의 힘을 관찰해 본 적이 있다. 수박씨에는 흙을 밀어
젖히고 나오는 힘이 있다. 자기보다 20만 배나 더 무거운 것을 뚫
고 나오는 것이다. 수박씨가 어떻게 이런 힘을 내는지 알 수 없다.
도저히 모방할 수 없는 색을 껍질 바깥으로 우러나오게 하고, 그
안쪽에 하얀 껍질, 그 안쪽에 다시 검은 씨가 총총히 박힌 붉은 속
을 만들어 낼 수 있는지 나는 알 수 없다. 그 하나하나의 씨는 또다
시 차례차례 자기 무게의 20만 배를 뚫고 나올 것이다. 이 수박씨
의 신비를 설명할 수 있다면, 나도 신의 신비를 설명해 주겠다.

수박씨의 힘에 대한 윌리엄 제닝스 브라이언의 이 글을 읽을 때마다, 나는 매번 모든 사물과 사람에게 깃들어 있는 끝없는 기적에 대해 깊은 경외와 감사를 느끼곤 한다. 브라이언은 비록 시인이나 철학자는 아니었지만, 인생의 신비에 대한 이 한편의 글 때문에, 그리고 그 글이 우리에게 말하고 있는 메시지 때문에 나는 그를 이 선집에 포함했다.

브라이언은 생전에 감동적인 웅변으로 유명했다. 그는 미국 대통령 경선에 세 번이나 도전했다가 근소한 차로 떨어졌고, 윌슨 대통령 밑에서 상원의원으로 일하기도 했다. 하지만 사람들의 뇌리에 가장 인상깊게 남아 있는 모습은, 1925년 유명한 스콥스 재판에서의 활약상일 것이다. 그 재판에서 그는 성경을 문자적으로 해석해야 한다는 뛰어난 웅변으로 신성한 창조의 교리를 변호했다.

그러나 이 에세이는 창조론이나 다윈주의에 대한 이야기는 아니다. 이것은 생명의 놀라운 신비에 대해서, 그리고 삶의 가치를 날마다 더 높이는 것에 대해서 가르치고 있다. 수박씨 하나에 들어 있는 힘은 보이지 않으나 그 존재는 부정할 수 없는 것이다. 그것은 '자기보다 20만 배나 더 무거운 것을 뚫고 나올 수' 있으며, '도저히 모방할 수 없는' 것을 완벽히 창조 해내고 있다. 그것은 실로 놀라운 힘이다.

우리는 그 창조성을 간단하게 설명할 수 없다. 수박씨가 하는 일을 우리는 도저히 할 수 없다. 모든 씨앗 안에는 생명을 만들어 내기 위한, 한 치의 오차도 없는 힘이 들어 있다. 수박씨는 호박이나 사과를 만들어 내는 실수를 결코 저지르지 않는다! 아무도 보거나, 만지거나, 냄새 맡거나, 듣거나, 맛볼 수 없는 이 힘은 완벽하다. 이 보이지 않는 힘을, 더 나은 이름이 없으므로 '미래의 힘'이라고 부르자. 씨앗 안에 있는 이 미래의 힘은, 이 세상 어느 곳, 어느 순간에 살고 있는 모든 인간 하나하나의 탄생과도 관계가 있다! 당신을 포함해서 말이다. 여기에도 결코 실수는 없다. 모든 사람은 그 신비스런 미래의 힘이 지시하는 대로, 제시간에, 제 순서에 맞춰, 정확하게 모습을 드러내고, 스케줄에 따라 떠나도록 결정되어 있다.

그러나 수박씨와는 달리, 우리는 거대한 패러독스에 빠져 있다. 우리 역시 수박과 마찬가지로 씨앗의 세포 구조 속에서 운명 지어진 동시에, 자유의지와 선택의 능력을 소유한 생명체인 것이다. 그러므로 우리에 관한 신비는 수박씨의 신비를 훨씬 넘어선다. '선택하도록 운명지어져 있는 존재'라는 역설을 곰곰이 생각해 보라.

브라이언과 동시대인인 스코트 피츠제럴드는 이 역설을 다음과 같이 표현했다. "최고의 지성은 서로 반대되는 두 가지 생각을 동시에 하면서, 그 각각의 생각이 제 역할을 다하도록 한다. 예를 들어, 어떤 일이 가망 없다는 걸 알고 있으나 그 일을 좀 더 낫게 해보겠다고 결정할 수 있어야 한다." 브라이언이나 피츠제럴드는 우리에게 공통의 교훈을 준다. 즉, 우리 몸이 나이 들고 죽도록 예정되어 있다는 걸 명확히 알면서도, 동시에 계속 살아가기를 선택하라는 것이다. 그러므로 우리는 책임이 있기도 하고 책임이 없기도 하다. 그리고 이 반대되는 두 가지 사실은 동시에 옳다.

이런 마음을 갖는다면, 우리 자신과 주변의 모든 것들에 무슨 일이 일어날지 걱정하지 않아도 된다. 무슨 일이 일어날지는 수박씨 안에 있는 것과 똑같은 미래의 힘에 달려 있다. 그리고 우리는 사랑과 포용하는 마음으로, 공포에서 벗어나 이 신비로운 일이 일어나는 것을 바라보면 된다.

우리는 이제 자신의 육체를 포함한 모든 것을 즐거운 초연함으로 바라볼 수 있다. 이 책에 나오는 모든 시인과 사상가들은 불멸의 인간에 대해 다음과 같은 이야기를 한다. '우리 감각으로 경험할 수 있는 생명이 있고, 우리 감각 너머 보이지 않는 곳에 존재하는 또 다른 힘이 있다.' 우리는 신비로운 미래의 힘을 깨닫고 감사하는 마음을 가질 것인지, 아니면 비판하며 혼란스러워 할 것인지 판단해야 한다.

수박씨의 수수께끼를 곰곰이 생각해 보면, 똑같은 미래의 힘이 우리 안에도 있다는 것을 깨닫게 된다. 우리는 씨앗보다 수백만 배나 더 위대한 모습을 창조해 내었다. 우리는 수박보다 훨씬 더 많은 것을 알고 있다. 또한 우리는 수박과 달라서, 우리의 형체가 규정된 길을 따라 간 후에는 먼지로 돌아가리라는 것을 알고 있다. 우리는 모든 선물 중 가장 큰 선물을 갖고 있다. 이 모든 것을 생각할 수 있는 이성, 우리의 짐을 즐거워하거나 힘겨워할 수 있는 이성 말이다.

미래의 힘을 받아들이고, 내부에 있는 실제적 수용자의 존재를 기억하라. 그것은 지휘 센터 자체가 아니라, 그 안에 있는 지휘자이다. 그는 경계도, 시작과 끝도 인정하지 않는다. 우리는 신의 신비를 굳이 설명할 필요가 없다. 하나의 작은 씨앗 안에 담겨 있는 미래의 힘조차도 우리는 어찌할 수 없기 때문이다. 이 존재를 알기 위해, 우리 내부에 있는 그 존재를 느끼기 위해, 그리고 그 모든 것과 연결되어 있다는 느낌을 즐기기 위해 더욱 현명 해져야 한다.

운명이라는 것에 어떤 의견을 가져야 할지 혼란스러워하지 말고, 마음을 비운 채 동시에 존재하는 두 가지 정반대의 생각을 흔쾌히 간직하라. 우리는 경계가 있는 몸 안에 살고 있다. 그리고 동시에 경계가 없는 내부 세계에 살고 있다.

다음의 제안들을 통해 생명에 대한 감사를 실천해 보자.

- 비판하거나 걱정하는 생각이 들 때마다 마음을 바꾸어 보자. "지금 이 순간이 기적이며, 내 주위에 있는 모든 것이 기적이다." 이렇게 긍정적으로 말하면, 걱정보다 감사하는 마음이 들게 될 것이다.

- 모든 것은 질서를 이루고 있음을 잊지 말라. 수박의 씨앗, 당신을 탄생시킨 씨앗. 우주를 탄생시킨 씨앗은 모두 미래의 힘을 그 안에 담고 있다. 이 지성적인 시스템 안에는 당신도 포함되어 있다. 그것에 의문을 갖거나 밝혀내려고 하지 말고 신뢰하라.

- 삶에 관해서, 그리고 삶을 꾸리는 방법에 대해서 계산하려는 마음을 버리자. 있는 그대로의 자신을 인정하고, 삶의 원천인 미래의 힘에 끌려가자. 그런 식으로 맛 좋은 수박을 즐기자.

23

존 키츠 · 진리와 아름다움

당신에게 가장 진실한 것은 무엇인가

존 키츠(1795~1821)
영국의 재능 있는 낭만파 시인 존 키츠는 시를 쓰기 위해 의업을 포기했다.

그리스 항아리에 부치는 송가

오, 그리스의 형체여! 아름다운 자태여!

대리석 남자와 처녀들과

숲의 나뭇가지와 짓밟힌 잡초로 온통 수 놓인

말 없는 형상이여, 그대는 상상력 너머에서 우리를 희롱하는구나.

영원이 그러하듯이

차가운 목가여!

늙음이 이 세대를 황폐케 할 때,

그대는 우리의 고통과는 다른 고통의 한복판에서,

인간에게 친구로 남아 이렇게 말하리라.

"아름다움은 진리고, 진리는 아름다움이라.
이것이 너희들이 이 세상에서 알고 있고, 알아야 할 전부다."

우주에는 제한적인 생명을 가진 우리들보다 훨씬 오래 지속되는 것들이 있다. 그 모든 것들은 우리를 혼란에 빠뜨린다. 젊은 시인 존 키츠는 유명한 시 「그리스 항아리에 부치는 송가」에서 그것에 대해 노래한다. 그리스 항아리 위에 새겨진 연인들의 모습을 찬찬히 들여다보면서, 시인 자신은 죽어야 하는 운명과 맞붙어 싸우고 있다. 그의 형은 20대 초반에 죽었고, 그 역시 건강이 좋지 않았다. 26세였던 존 키츠는 앞으로 얼마나 더 살지 확신할 수 없었다. 위의 시구는 「그리스 항아리에 부치는 노래」의 다섯 번째이자 마지막 연이다. 이 부분은 삶에 대한 탁월한 통찰을 두 행으로 요약하여 결론 맺고 있으며, 진정한 행복의 원천에 대해 말하고 있다.

　나는 날마다 사무실 창밖을 내다보면서 키츠의 시에 담긴 메시지를 생각한다. 두 달 전 나는 아들과 함께 시내에 있는 내 작업실에 갔다. 우리는 그 건물 앞의 무성한 나무들을 정리하기로 했다. 먼저 덤불을 다듬고, 죽은 나무들을 쳐 내고, 건물 출입구에 이르는 나무들을 과감히 깎아 버렸다. 창문 앞에는 1미터 정도 높이의, 빛바랜 나무가 한 그루 서 있었다. 우리에겐 삽이 없었기 때문에, 죽은 나뭇가지 같은 그 가냘픈 나무를 베지 않고 남겨 두기로 했다. 다음날 그것을 파내려고 했지만, 강연 일정이 잡히는 바람에 나는 도시를 떠나야 했다. 마당에 있는 죽은 나무줄기는 곧 잊고 말았다. 돌아와 보니, 이 말라빠진 막대기에서 파란 잎이 몇 개 돋아나 있었다. 나는 그것을 일단 파내지 않기로 했다.

그런데 오늘 창밖을 내다보니 거기에서 싹이 수천 개 돋아나 있었다. 가지는 푸르렀고, 잎은 그 '죽은 나무줄기'의 꼭대기까지 무성히 덮여 있었다. 아름다운 모습이었다. 내 눈에는 보이지 않을지라도 생명력은 영원한 것이다. 키츠는 그 영원함에 대해 "늙음이 이 세대를 황폐케 할 때, 그대는 우리의 고통과는 다른 고통의 한복판에서, 인간에게 친구로 남아"라고 표현했다. 우리의 친구, '그대'는 이렇게 말한다. "아름다움은 진리고, 진리는 아름다움이라. 이것이 너희들이 이 세상에서 알고 있고, 알 필요가 있는 전부다."라고.

그 죽은 나뭇가지를 살려 낸 생명력은, 우리가 진리라고 부를 수 있는 것이다. 이제 우리 각자는 선택에 의해서 이 영원한 진리들을 바라볼 수 있다. 존 키츠는 우리에게 아름다움과 진리를 동일시하라고 제시한다. 아름다움이란, 영원하고 진실한 침묵의 형태를 띤다.

역사적인 시인, 철학자, 과학자들은 삶에서 완전한 평화를 구현하는 것과 아름다움은 상통한다고 말했다. 또한 에이브러햄 매슬로 박사의 연구에 따르면, 아름다움을 감상할 수 있는 능력은 유능한 사람들이 갖춘, 고도의 덕목이라고 했다. 매슬로 박사는 인간의 위대한 잠재력에 관해 최초로 연구를 시작한 사람이다. 그는 특별히 우수한 사람들을 자아실현자라고 명명했으며, 그들만이 갖고 있는 특징을 구별해 냈다.

매슬로가 말한 '자아실현'이란, 깨달음을 얻은 평화로운 상태이다. 아마도 그는 진리와 흡사한 상태를 묘사하려 했을 것이다. 에머슨은 아름다움을 "신의 글씨이자 길가에 나타나는 신성"이라고 표현했다. 그리고 "아름다움을 볼 기회가 있다면 그게 무엇이든 결코 놓치지 말라."고 우리 모두에게 권고했다. 키츠는 단순히 아름다움의 감상 차원을 넘어 한 걸음 더 내딛고 있는 듯하다. 그는 진리와 아름다움이 같다고 말한다.

그렇다면 당신의 진리는 무엇인가? 중요한 사실은, 당신에게 가장 사실적인 것이 당신의 진리라는 것이다. 사실적이라는 것은 자신의 감정이나 느낌으로 경험한 것이다. 그러므로 무언가를 느끼고, 알고, 경험한다면 그것은 진리 이상이며, 명백한 아름다움이다. 성취의 느낌은 진실하고 아름답다. 사랑하는 사람에게 느끼는 감사함은 진실하며, 그래서 아름답다. 키츠가 인간의 친구라고 말한, 인생의 보이지 않는 영원한 불꽃은 당신에게 진리를, 그리고 더불어 아름다움을 제공해 준다.

사무실 창밖을 바라볼 때마다 나는 죽은 나무줄기를 생각한다. 그 생명력은 아름다운 푸른 싹, 가지와 잎, 그리고 새로운 성장을 통해서 자신을 나타낸다. 나는 나를 관통하는 똑같은 생명력에 대해 생각해 본다. 이것이 바로 나의 진리이다. 나는 그 나무줄기와 영원한 생명력을 함께 나누고 있다. 그리고 우리 세대가 사라지고 나면, 그 생명력은 내 자리를 차지할 뒷 세대 속에 남을 것이다. 이것은 아주 성스러운 신비이며, 또한 우리의 진리이다. 그리고 나는 계속해서 그것을 아름답다고 표현하려 한다.

우리가 지구 표면을 빠짐없이 아스팔트로 포장하더라도, 키츠가 말한 '그대'는 그 속에서 풀잎이 돋아나게 할 것이다. 그 영원한 '그대'는 꽃과 아름다움 속에서 다시 한 번 솟아날 것이다. 그것을 멈추게 할 수는 없다. 그것이 진리이다. 그것은 당신의 진리이기도 하다. 키츠 식으로 말하면, 그것이 우리가 알아야 할 전부이다.

아름다움이라는 진리를 향해 마음을 열었을 때, 인류의 가장 큰 고민거리이자 수수께끼인 죽음은 해결된다. 여기 20대 초반에 결핵으로 고통받고 있는 존 키츠가 있다. 키츠의 몸은 곧 생명을 놓아 버릴 것이지만, 그 자신은 인생의 진리인 아름다움을 향해 열려 있다. 당신이 진리를 느끼는 곳에서는 어디서나 아름다움을 보아야 한다. 그 아름다움, 곧 진리는 당신을 고양시킬 것이다. 당신 자신을 알고, 당신의 진리대로 살아야 한다. 그러면 당신은 아름다워질 것이다.

이 유명한 시 구절에서, 존 키츠는 우리에게 진리를 깨닫고, 우리 자신의 마음을 따르라고, 그러면 어느 곳에서나 아름다움을 보게 될 거라고 말하는 듯하다. 그렇게 하지 않으면 이 인생의 환희를 경험하고 감상할 능력을 잃게 될 것이다. 눈에 보이지 않는 그 환희는 씨, 새싹, 봉오리, 그리고 당신 안에 생명을 넣어 주려 애쓰고 있다.

다음의 제안을 실천하여 키츠의 시에서 말하는 것들을 당신의 삶 속에 아름답게 꽃피워 보자.

- 당신에게 가장 진실한 것이 무엇인지 살펴보자. 당신의 개인적인 진실은 어디에 자리 잡고 있는가? 영감이나 성취감을 가장 강하게 느낄 때는 언제인가? 내적인 만족감을 가장 많이 느끼게 해 주는 것은 무엇인가? 그것은 당신 안에 있는 영원한 생명 공간인 '그대'이다. 그리고 그 내부의 '그대'가 빚어내는 아름다움이 진정한 당신이다.

- 무엇이 아름다움이고 진리인지 자신의 판단을 믿자. 다른 사람의 의견에 영향을 받지 말고 자신의 진리를 행동에 옮겨 보자. 당신이 영감을 느끼면, 그리고 영감이 당신 내부의 환희와 공명한다면, 그때 그것은 진실하고 그러므로 아름답다.

- 다른 사람이 추구하는 것이나 관심 갖는 것을 추하고, 부적절하고, 혹은 신뢰 못할 것으로 판단해 버리지 말자. 자신의 진실과 함께하되, 다른 사람 또한 당신의 매서운 판단에서 자유롭게 하자.

- 가능하면 많은 장소에서 아름다움을 감상해 보자. 자연은 눈에 보이는 기적을 제공한다. 모든 자연 안에 있는 아름다움을 감상해 보자. 모든 곳에 존재하는 보이지 않는 '그대'를 찾아보자. 마음으로 그것을 포착해 보자. 만약 그것이 진실하다면, 그것은 곧 아름다움이다.

24

피에르 테야르 드 샤르댕 · 사랑의 에너지

사랑으로 우주 전체를 껴안을 때까지

피에르 테야르 드 샤르댕(1881~1955)
프랑스 태생의 예수회 신부이자 고생물학자, 과학자, 철학자인
피에르 테야르 드 샤르댕은 새롭게 등장한 진화론에 입각하여 기독교를 재해석하는
일에 평생을 바쳤다. 그는 물질과 정신에 대해서, 지적으로 서로 충돌할 필요가 없는,
단일한 우주의 서로 다른 모습이라고 생각했다.

언젠가 우리가 바람과, 물결과, 파도와 중력을

능숙히 다루게 된 뒤에, 우리는 신을

그 사랑의 에너지들을

이용할 수 있을 것이다.

그러면 인류 역사상 두 번째로,

인간은 불을 발견하게 될 것이다.

위 시에서 피에르 테야르 드 샤르댕이 다룬 주제는 인간에게 기념비적 영향을 끼치게 될 것이다. 그는 사랑과 에너지가 서로 연결되어 있다고 말한다. 또한 사랑은 인간들을 결합시킬 수 있는 에너지를 그 안에 담고 있으며, 인간은 가장 깊은 곳에서부터 사랑과 연결되어 있다고 설명한다. 이 뛰어난 철학자이자 하느님의 사람이 제시한 위대한 관점에 대해 생각해 보자. 언젠가는 인간이 바람, 물결, 파도, 중력을 마음대로 다루는 방법을 배워, 에너지를 끊임없이 얻어 쓰게 될 날이 오리라고 그는 가정한다.

이런 에너지원들은 모두 보이지 않는 힘의 영향을 받아 오케스트라처럼 조율되는 것들이다. 아무도 바람을 본 적은 없다. 우리가 볼 수 있는 것은 모두 바람의 결과일 뿐이다. 우리는 바람에 스치는 나뭇가지와 공중에서 휘몰아치는 빗방울을 보며, 얼굴에 공기가 스치는 것을 느낀다. 그러나 바람 그 자체는 눈에 보이지 않는다. 물결, 파도, 중력도 마찬가지다.

파도는 매일 정해진 시간에 들고 나면서 끊임없이 해변을 향해 움직인다. 우리는 그 현상을 볼 수 있으나 그 움직임을 일으키고 있는 것이 무엇인지는 여전히 알 수 없다. 우리는 나무에서 뭔가가 떨어지는 것을 볼 수 있다. 하지만 우리 감각 기관의 차원에선, 물체를 아래쪽으로 떨어뜨리는 힘이 무엇인지는 역시 미스터리다. 이제 숨어 있는 그 힘, 사실은 아직 개봉되지 않은, 사랑의 힘에 대해 잠시 생각해 보자. 우리 눈에 보이는 모든 것은 에너지의 결과들이다. 그것이 무엇이고 어디에 있는지에 대해서는 의견의 일치를 보지 못했다. 그러나 우리 모두는 그 결과가 눈에 보일 때 그것을 알고 느낀다.

인간의 모든 세포 하나하나 안에도 극소 원자와 원자보다 작은 미립자가 있다. 분자를 이루고 있는 한 원자 속의 전자를 전부 한 줄로 세우면 신비로운 힘을 만들 수 있다. 이론적으로 원자 하나에는 10억 개의 전자가 들어 있다. 전자들을 한 번에 한 개씩 서로 바짝 잇대어 한 줄로 쌓아 올리면, 물리학자들이 임계 질량이라고 부르는 상태에 도달하게 된다. 역시 이론적으로 우리는 3억 7,500만 개의 전자를 한 줄로 세울 수 있다. 그동안 나머지 6억 2,500만 개는 제멋대로 날아다닐 것이다. 3억 7,500만 번째의 전자를 정렬시키면 원자의 구조 안에 있는 어떤 힘이, 남아 있는 전자들을 모두 같은 식으로 정렬시킨다. 이 지점을 전환 단계라고 부른다. 그 지점은 세포나 분자, 또는 원자나 원자보다 작은 조각 안에 있는 내부의 힘이 스스로를 새로이 정렬시키게 되는 지점이다. 세포 안에 있는 이 에너지가 바로 샤르댕이 사랑이라고 부르고 있는 것이다. 그는 이런 식으로 표현했다. "사랑은 세계의 기본 요소들을 하나로 끌어 당겨 연결하는 친화력이다."

이제 자신을 인간의 몸 안에 있는 하나의 세포라고 가정해 보자. 그 안에는 6억 개 정도의 또 다른 세포가 들어 있다. 우리 각자가 모두 한 줄로 섰을 때, 우리 역시 임계 질량에 도달하게 된다. 임계 질량에 의해 만들어진 에너지장은 사랑이다. 미시 세계에서와 똑같이 거시 세계, 혹은 우리가 눈으로 보고 있는 물질 세계에서도 같은 결과가 나온다. 샤르댕은 인간이 이런 임계 질량에 도달하면, 보이지 않는 사랑의 힘에 불이 당겨진다고 말한다. 그것은 인간이 최초로 불을 발견한 일에 비견될 만한 일이다.

샤르댕은 대단한 존경을 받았지만 생전에는 아무도 알아주지 않았다. 예수회 신부였던 그는 어떤 아이디어들을 책으로 출판하려다가 거절당하기도 했다. 그의 주요한 가르침들은 그가 죽을 때까지 출판이 되지 않았다. 그가 주장한 철학의 핵심은 정신적 진화, 사회적 진화가 세상에 존재하며 그것은 우리들을 영적인 합일점으로 이끌어 간다는 것이다. 우리가 할 일은 단지 '우리 사랑의 능력을 상상하여 그것이 인간 전체와 지구 전체를 껴안을 때까지 발전시키는' 것이다. 그는 이 잠재적인 사랑의 에너지를 우주의 통합자라고 불렀다. 사랑은, 인류가 최초로 화롯불에 가까이 끌려간 것과 똑같은 방식으로 인류를 키우고 길러냈다. 사랑은 에너지를 주입하는 힘을 가졌다. 불의 발견과도 흡사한, 인류 생존에 막대한 영향을 미치는 그 놀라운 힘을 한번 상상해 보라.

샤르댕의 말에 따르면, 사람 하나가 다치는 것은 우리 각자 안에 있는 성스러운 힘을 다치는 것과도 같다. 전자 하나하나가 하나의 원자 내에 있는 힘을 공유하는 것과 마찬가지다. 그러므로 우리가 생기 없게 생각하고 행동한다면, 세계 역사상 두 번째로 불을 발견할 전환 단계를 막아버리게 된다. 다른 사람을 미워하거나 해치는 모든 행동 하나하나가 사랑의 에너지를 이용할 수 없게 만드는 것이다. 이런 말들이 과장되게 들리거나 너무 달콤하게 생각될지도 모른다. 그러나 나는 믿는다. 우리는 천박한 영혼의 상태를 순화할 수 있으며, 샤르댕이 예견한 우주적 전환 단계에 도달하는 것이 우리 운명이라는 것을.

내가 좋아하는 성경 구절이 생각난다. 고린도전서 13장에 있는 유명한 사랑의 장이다. "내가 사람의 방언과 천사의 말을 할지라도 사랑이 없으면 소리 나는 구리와 울리는 꽹과리가 되고." 그 다음 절들은 계속해서 이렇게 말한다. '사랑이 없으면 내가 아무것도 아니요…… 사랑은 오래 참고 온유하며 투기하는 자가 되지 아니하며, 교만하지 아니하며, 무례히 행치 아니하며, 자기의 유익을 구치 아니하며, 성내지 아니하며, 악한 것을 생각지 아니하며, 불의를 기뻐하지 아니하며, 진리와 함께 기뻐하고……' 그리고 마지막엔 굉장한 메시지로 결론을 내린다. "그런즉, 믿음, 소망, 사랑 이 세 가지는 항상 있을 것인데 그 중에 제일은 사랑이라."

그렇다. 사랑을 키워 나가는 능력과 의지는 믿음과 소망보다 더 위대하다. 그럼 어떻게 사랑을 키워 나갈 것인가? 우리는 다른 사람을 비판하고 싶은 충동을 억누를 수 있다. 다른 사람의 실수나 고통을 보고 좋아하는 짓을 삼갈 수 있다. 친절해야 한다는 교훈을 듣기만 하는 것이 아니라, '실천'할 수 있다. 복수하고 싶다는 생각 대신 용서하는 마음을 가질 수 있다. 우리는 언제 어디서나 사랑을 선택할 수 있다. 이 에너지는 매우 강력해서 실제로 우주에 있는 모든 세포를 하나로 결합시킨다. 이것은 우리를 하나로 묶어 주는 접착제이다. 로버트 브라우닝은 사랑이 없는 세계를 이렇게 표현했다. "사랑을 걷어 버리면, 우리 지구는 무덤이다." 만약 사랑 없는 곳에 있다면, 당신이 먼저 사랑으로 삶의 충만한 에너지를 되살리는 역할을 하라.

당신은 샤르댕의 유명한 말들을 지금 즉시 실천할 수 있다. 사랑의
에너지를 이용하기 위해 다음과 같이 해보라.

- 당신 자신을 인류 안에 있는 하나의 세포라고 생각하자. 당신의
  에너지로 우주적인 사랑을 불러 일으키자. 당신이 사랑을 행동
  으로 실천할 때, 우리는 두 번째 불의 발견에 한 걸음 더 다가가
  게 될 것이다.

- 비판하고, 복수하고, 화내고, 미워하는 마음은 생기는 즉시 지워
  버리자. "이런 식으로 생각하고 싶지 않아. 더 이상 이래서는 안
  돼."라고 스스로에게 말하자.

- 성경의 고린도전서 13장 말씀을 액자에 넣어 집에 걸어 두자. 개
  인적으로 나는 아이들의 침실로 가는 복도에 그것을 걸어 두었
  다. 그 글을 읽고 나면 내가 아이들에게 줄 수 있는 가장 큰 선물
  은 우주적 통합자, 즉 사랑이라는 생각을 새삼 하게 된다.

25

선(禪)화두 · 깨달음
내가 처한 상황을 전환시키는 법

선(禪)화두
6세기에 중국에서 생겨나 오늘에 이르기까지 널리 퍼진 선불교는,
가능한 한 가장 직접적인 방법으로 깨달음을 얻으라고 강조한다.

깨닫기 전

장작을 패고 물을 긷는다.

깨달은 뒤

장작을 패고 물을 긷는다.

일반적으로 깨달은 상태라는 높은 정신적 경지의 현상을 연구할 때마다, 이 간단한 화두는 나에게 큰 기쁨의 원천이 된다. 우리는 깨달음이라는 난해한 개념에 대해 보통, 올바른 정신적 훈련을 통해 열심히 정

진한다면 언젠가는 성취하게 될 의식 상태라고 생각한다. 우리가 깨달음을 얻으려는 이유는, 완전한 깨달음을 얻으면 모든 문제가 사라지고 순수한 기쁨을 누리게 되리라는 기대 때문이다.

그러나 이 유명한 화두는 그와는 좀 다른 메시지를 던지고 있다. 깨달음이란 노력하여 이룩하는 것이 아니라 자연히 도달하는 것이라고. 한번 이 앎에 도달하면 모든 것이 변화된 것처럼 보이나, 실제 변화는 전혀 일어나지 않는다. 그것은 마치 눈을 감고 인생을 살다가 갑자기 눈을 뜬 것과 같다. 이제 볼 수 있지만 세상이 바뀌진 않은 것이다. 장작을 패고 물을 긷는다는 이 화두는, 깨달음이란 히말라야 산맥의 깊은 동굴에서 가부좌를 틀고 앉아야 시작되는 것이 아니라고 말한다. 그것은 구루(힌두의 스승)나 책에서, 또는 공부로 얻는 것이 아니다.

나에게 있어서 깨달은 상태라는 것은, '무언가에 깊이 몰입해 있는 상태, 내 삶의 모든 순간이 평화에 싸여 있는 상태'라는 매우 기본적인 개념이다. 만약 내가 걱정하거나 두려워하고 긴장하면, 바로 그 순간 깨달음의 경지에 도달할 수 있는 잠재력을 깨닫지 못하게 된다. 나는 이런 불안정한 순간을 알게 되는 것이 깨달음을 얻는 방법 가운데 하나라고 믿는다. 깨달은 사람과 무지한 사람의 차이는, 자신이 무지하다는 것을 아느냐 모르느냐에 있다고도 한다.

최근 몇 년 사이에 나는 내적 평화가 더 커지고 깨달음에 대한 의식도 더 깊어진 것을 느꼈다. 하지만 나는 아직도 십 대 때부터 해 온 대로 장작을 패고 물을 긷는다. 비록 일의 종류는 바뀌었지만, 여전히 날마다 돈이 될 일을 하고 있다. 나는 매일 건강을 유지하기 위해 운동을 하고, 적당히 먹고, 이를 닦고, 뒤를 본다. 첫, 아이가 태어난 이래 과거 30년 동안, 그리고 일곱 명의 자식들을 더 키워 낸 오늘까지 나는 기본적으로 똑같은 걱정을 하고 있다. 어떻게 아이들을 보호하고, 먹이고, 가르치고, 다룰 것인지, 생활을 걱정하며 계속 장작을 패고 물을 긷는다. 깨달음은 일상의 문제들을 해결하기 위한 수단이 아니다. 그렇다면 깨달음을 통해 얻은 선견지명이 당신을 위해 해 줄 수 있는 일이 뭐란 말인가? 일상의 허드렛일을 해결해 주지도 않고, 문제가 없는 고요한 생활로 이끌지도 못한다면 말이다.

깨달음은 당신의 외부 세계를 바꾸어 놓지는 않을 것이다. 하지만 그것은 세상을 다루는 당신의 방법을 바꿀 것이다. 이전에 나는 아이들의 행동을 보며 감정이 오르락내리락했다. 하지만 지금은 아이들이 내 것이라는 소유욕과 애착을 버리게 되었다. 이제는 여덟 살짜리 딸아이가 짜증낼 때도, 아이가 관심을 끌기 위해 하는 행위라고 해석한다. 딸의 어린애 같은 행동에 휘말려서 분을 내고 싶은 마음은 없다. 내 아이들 역시, 이런 식의 초연한 관점에서 많은 것을 배웠다.

초연함이란 무관심한 태도가 아니라 자신을 위해 언제나 평화로운 방법을 선택할 수 있다는 자유로움이다. 아직도 매일 감당해야 할 똑같은 문제, 사건, 일은 존재한다. 전에는 아주 지저분한 기저귀를 갈거나. 아이가 마룻바닥에 토해 놓은 것을 치워야 했을 때 심한 혐오감을 느꼈다. "이건 도저히 할 수 없어. 이걸 치우다간 구역질이 나올 거야." 그리고 슬쩍 피해 버리거나, 어쩔 수 없이 치우면서 후각을 찌르는 냄새에 괴로워했다. 그런 태도는 부모 노릇을 즐겁지 않은 임무로 전락시킬 뿐 아니라 육체적으로도 영향을 미친다.

놀랍게도 요즘 나는 더러운 기저귀나 토사물 더미를 보고도 더 이상 신체적 반응을 보이지 않는다. 내 생각이 완전히 바뀌었기 때문이다. 토사물은 내가 깨닫기 전에도 거기 있었고 깨달은 후에도 거기 있다. 하지만 깨달은 다음에는 초연한 태도로 대할 수 있으며, 그 결과는 평화다. 『기적이 일어나는 과정』이라는 책에서 이런 글을 읽었다. "나는 차라리 평화를 선택할 수 있다!" 나는 그 확언 하나가 깨달음에 관한 모든 것을 망라하고 있다고 생각한다. 즉, 장작을 패고, 물을 긷고, 빨래를 하고, 물건을 나르는 등의 일을 하는 동안 평화로움을 선택할 수 있다는 것이다.

깨달음이 당신을 자유롭게 해 주진 않는다. 그보다는 당신이 자유 그 자체가 되는 것이다. 하늘을 나는 독수리가 되는 것이 아니라 하늘 그 자체가 되는 것이자 우주와 연결되는 것이다. 당신은 더 이상 육신의 한계 때문에 스스로를 제한하지 않게 된다. 깨달은 뒤에는 가장 세속적인 일을 포함한 모든 일들이, 신을 알기 위한 기회가 된다. 정신적으로는 자기 자신을 모든 사물, 모든 사람과 동일시하므로 온 세상을 평화로운 마음으로 대한다. 꽃과 나무를 선입견으로 분류하지 않게 되고, 자연과 접촉하는 일에 더욱 빠져들게 된다.

이 간단하고 짧은 화두는, 수천 년 동안 깨달음을 구한 사람들을 통해 전해 내려온 대단한 선물이다. 당신 안에서나 밖에서나 눈에 보이는 것을 바꿀 필요는 결코 없다. 단지 보는 방법을 바꿀 필요가 있을 뿐이다. 이것이 깨달음이다!

당신의 생활에 이 간단한 화두를 적용하기 위해서 여기 몇 가지 간단한 실천 전략을 제시한다.

- 자신의 '무지'를 깨닫고 그렇다는 것을 스스로 표현하자. 절망의 순간에 당신이 탓하는 사람은 누구이며, 어떤 경우이고, 자신이 얼마나 자주 그 함정에 빠지는지 눈여겨 보자. 아직 깨닫지 못했다는 사실을 아는 것이, 상황을 전환시킬 수 있다. 무지한 사람들은 대개 자신들의 무지를 모른다는 사실을 기억하자.

- 깨달음이란 앞으로 주위 환경이 좀 더 나아지면 언젠가 달성할 수 있는 것이라고 생각하면 안 된다. 장작을 패고 물을 긷는 것처럼, 늘 해야 할 일이 당신에게 있다. 그 일을 어떻게 보는가는 당신의 선택에 달려 있다.

- 평화에서 멀어지게 하는 일들이 있다. 그런 일에 대해 지금까지와는 다른 방법으로 대처해 보자. 예를 들어, 교통 체증이 심하거나 오래 줄을 서야 해서 짜증이 잔뜩 날 때, 이를 현대생활의 일상적인 일로만 보지 말고 이 상황을 이용해 자신의 마음을 다스려 보자. 마음속에 여유를 가질 수 있는 공간을 마련하자.

- 마지막으로, 깨달았다고 해서 결코 겉으로 드러내선 안 된다. "나는 깨달았다."고 말하는 사람은 절대로 깨달은 사람이 아니다. 진지한 구도자는 세 번 이상 질문을 받은 다음에야 대답한다는 것이 참선의 교리다.

26

러디어드 키플링 · 진실한 사람의 자유로움

스스로 더 나아질 수 있다는 믿음

러디어드 키플링(1865~1936)
인도에서 영국인 부모 사이에 태어난 러디어드 키플링은 소설가이자 시인,
단편작가로 성공한 인물이었다. 버몬트에서 살았던 5년 동안
그는 『정글 북』과 『용감한 선장』을 썼는데, 마크 트웨인 말고는 미국에서의
그의 인기를 누를 사람이 없었다.

만약

만약 그대가 모든 걸 잃어 사람들이 비난할 때

스스로 머리를 똑바로 쳐들 수 있다면,

만약 모든 사람이 그대를 의심할 때

자신은 스스로를 신뢰할 수 있다면,

그러나 그들의 의심까지 허용할 수 있다면,

만약 그대가 기다릴 수 있고

또한 기다림에 지치지 않을 수 있다면,

거짓이 들리더라도 그것과 타협하지 않으며

미움을 받더라도 그 미움에 지지 않을 수 있다면

그러면서도 너무 선한 체하지 않고

너무 지혜로운 말들을 늘어놓지 않는다면,

만약 그대가 꿈을 갖더라도 그 꿈의 노예가 되지 않을 수 있다면,

또한 어떤 생각을 갖더라도

그 생각을 유일한 목표로 삼지 않을 수 있다면,

만약 인생의 길에서 성공과 실패를 만나더라도

그 두 가지를 똑같은 것으로 받아들일 수 있다면.

그대가 말한 진실이 왜곡되어 바보들이 욕하더라도

그것을 참고 들을 수 있다면,

만약 전 생애를 바친 일이 무너지더라도

몸을 굽히고서 그것을 다시 일으켜 세울 수 있다면,

만약 그대가 얻은 것들을 산더미처럼 쌓을 수 있다면,

그래서 한 번의 동전 던지기에 모든 것을 걸 수 있다면,

그것을 모두 잃은 다음 처음부터 다시 시작할 수 있다면,

그러면서 잃은 것에 대해 한마디도 불평하지 않는다면,

그대의 심장과 신경과 근육에 힘이 빠져버린 뒤

그것들을 다시 일으킬 수 있다면,

그것들이 그대 안에서 모두 사라져

"버려!"라고 말 할 의지밖에는 남지 않았더라도
굳건히 버틸 수 있다면,

만약 군중들과 대화하며 덕을 잃지 않을 수 있다면,
수많은 왕들과 같이 걸으면서 담담함을 잃지 않을 수 있다면,
만약 적도 사랑하는 친구도 그대를 해칠 수 없다면,
만약 모든 사람이 그대를 믿지만 동시에 과신하지도 않는다면,
당신이 용서할 수 없는 시간들을
60초 동안의 달리기로 채울 수 있다면,
세상은 그대 것이며 그 안의 모든 것도 그대 것이다.
그리고 무엇보다도, 그대는 남자가 될 것이다. 나의 아들아!

러디어드 키플링이 쓴, 자주 인용되는 이 시는 내가 오랫동안 대단히
좋아했던 것이다. 이 시를 읽자면 무릎 위에 내 아이 하나를 앉혀 놓
고 있는 장면이 떠오른다. 상상 속에서 내가 위대한 사람들의 지혜를
아이의 활짝 열린 진지한 마음에 전해 주는 동안, 아이는 우주의 그
비밀들을 열심히 듣는다. 마치 내가 평생을 투쟁한 끝에 우주의 비밀
을 밝히고 깨달음을 얻은 스승이라도 되는 것처럼 말이다. 나는 이렇
게 말한다. 너희들의 세상을 바꾸기 위해 아버지가 들려준 이 지혜를
사용하라고. 내 환상은 거기에서 끝난다.

나는 키플링이 그의 아들에게 준 귀한 조언들 속에서 많은 것을 느꼈고, 지금도 매일 삶 속에 적용하려 노력하고 있다. 1907년 노벨 문학상을 탄 키플링의 이 유명한 시는 우리 모두에게 많은 것을 가르쳐 준다. 시 속에 담긴 고매한 생각은 매 순간 내가 더 나은 사람이 되도록 격려하며, 그 지혜를 우리 아이들, 청중들과 함께 나누도록 고무한다. 「만약」을 이 모음집에 포함시킨 것 또한 독자들과 함께 나누고 싶은 생각에서였다. 여러분이 이 시를 통해 다른 이들의 삶을 더 가치 있는 방향으로 이끌어 주길 바란다. 또한 스스로도 더 나은 사람이 될 수 있다는 믿음을 가졌으면 좋겠다.

개인적으로 나는 이 시에서 다음과 같은 교훈을 얻는다. 나를 둘러싸고 있는 광기에서 벗어날 때, 그리고 다른 사람의 생각을 존경할 때, 비로소 나는 충분히 자기지향적이 되어 균형 감각과 고결함을 유지할 수 있다. "너 자신이 되어라."는 말은 이 책의 다른 많은 글에서도 드러나는 교훈이다. 주위에 있는 사람들을 비판하지 않으면서 나 자신이 될 수 있어야 한다. 나에게서 배우는 학생들이나 우리 애들 또한, 어떤 상황에 직면해서도 자신들의 고결함과 균형 감각을 잃지 말고 키워 나가기를 나는 바란다.

위선적인 행동을 접해 봄으로써 내가 얼마나 위선을 싫어하는지 깨닫게 된다. 내 인생 초년에는, 다른 사람의 위선을 통해 많은 것을 배웠다. 사람들이 나에게 거짓말을 하면, 내키진 않더라도 똑같은 거짓말로 대답할 수도 있었다. 그러나 그들의 거짓말이 너무 싫었기 때문에, 나는 그들처럼 행동하지 않으려 노력하는 데서 큰 기쁨을 느꼈다.

나는 살아가면서 선의의 피해자가 될 때 진실해진다. 지금까지 늘 그런 식으로 살아온 건 아니고, 지금도 항상 그렇다는 건 아니다. 하지만 요즘에는 그런 상황을 훨씬 능숙히 다룰 수 있다. 전과 마찬가지로 경쟁하는 것을 즐기지만, 이제는 시합이 끝났을 때 훨씬 더 편안한 마음으로 물러설 수 있다. 나 자신이 결과에 연연하지 않는다는 것을 나는 마음 깊이 느낄 수 있다. 무언가에 참여한다는 건, 얼마쯤은 얻고 얼마쯤은 잃는다는 것을 의미한다. 그 결과가 당신 자체인 것은 아니다. 그런 척 행세하고 있을 뿐이다. 나는 우리 아이들에게도 이 사실을 알려 주고 싶다. 그들은 승리 자체가 아니며, 패배 자체도 아니라는 것을.

나는 내 책에 대한 엉터리 같은 비평을 읽을 때도, 아주 생생한 비평을 읽을 때도 똑같은 두려움을 느낀다. 하지만 전에는 그렇지 못할 때가 많았다. 나는 변호사에게 "내가 베스트셀러 리스트 어디쯤 올라 있소?"라고 묻곤 했다. 이제는 나와 내 책과의 차이를 알고 있다. 그래서 나는 절대 묻지 않는다. 굳이 묻는다면 이제는 "내 책이 베스트셀러 리스트 어디쯤 올랐소?"라고 말할 것이다. 그 차이를 아는 것이 모든 차이를 만든다. 이제 나는 내가 하는 일이 나 자체는 아니라는 걸 알고 있다. 나는 눈에 보이지 않는 영원한 영혼을 추구하고자 한다. 그 영혼은, 이기고 지는 것이란 나의 그림자일 뿐이라는 걸 알고 있다. 우리 애들과 학생들도 이 자유를 알았으면 한다.

일의 결과가 어떻게 될지 고민하기보다, 그저 나의 느낌에 의거해 인생의 결정을 내릴 수 있을 때, 나는 진실해진다. 텔레비전 쇼를 진행해 달라는 매혹적인 제안을 거절할 때가 바로 그런 경우다. 나는 돈벌이를 놓쳤지만 걱정하지 않으며, 누구에게 그런 걸 말할 필요도 느끼지 않는다. 스스로 너그러운 무명 인사가 되는 것이다.

외모, 성공, 재산을 기준으로 판단하지 않을 때, 그리고 진실로 사람 안에 있는 신의 모습을 볼 수 있을 때, 나는 진실해진다. 그런 극단적인 기준으로 사람을 분류하려는 유혹이 아주 강할 때도 있다. 나는 특히 우리 아이들이 그런 선입견에 빠질까 봐 두려워하곤 한다. 그럴 땐 아이들에게 사람에 대한 애정을 잃지 말라고 당부한다. 아이들이 자신이 가진 것을 기준 삼아, 남들보다 더 뛰어나다는 생각을 하지 않기를 바란다. 아이들의 그런 모습을 보면 나는 자랑스럽다.

나 자신이 가치 있다는 걸 증명할 필요가 점점 없어질 때, 나는 진실해진다. 또한 경제적 보상이 큰 행위보다는 하루 종일 시를 읽고 글을 쓸 수 있을 때 진실해진다. 내가 한 말이 옳다는 것을 안다 해도, 그 사실을 다른 사람에게 억지로 확신시키려 집착하지 않을 때, 나는 진실해진다.

우리 아이들과 학생들이 그들에게 정해진 고결한 임무를 추구하면서 즐거움과 성취감을 느꼈으면 한다. 비록 나를 포함한 주변 사람들이 다른 길을 더 좋아할지라도 말이다.

키플링이 「만약」에서 화려하게 그려 놓은 이 모든 가치들은 하나의 결론으로 귀결되는 듯하다. "세상은 그대 것이며 그 안의 모든 것도 그대 것이다. 그리고 무엇보다도, 그대는 남자가 될 것이다. 나의 아들아!" 이 말을 빌어, 키플링은 자신의 아들에게 말하고 있다. 성숙하다는 것은, 남을 비판하지 않고 자기 자신이 되는 것이라고. 그가 말한 대로 성장해 나간다면, 당신은 원하는 것을 모두 얻게 될 것이다.

이 명시를 오늘 당신의 삶에 적용하기 위해 다음의 간단한 제안을 실천해 보라.

- 이 시를 베껴서 혼자 읽어 보자. 또한 정서적, 영적 성장에 도움을 주고 싶은 사람에게도 읽어 주자. 이 시에는 모든 교훈이 담겨 있다. 이성을 잃지 말고, 자신을 믿으며, 정직하고, 꿈을 간직하며, 헌신적이고, 위험을 두려워 말고, 독립적이며, 겸손하고, 자애롭고, 용서하는 사람이 되라는 것이다.

27

파탄잘리 · 영감

네 안에 잠든 위대한 힘을 깨워라

파탄잘리(B.C. 1세기에서 3세기경)
파탄잘리는 『요가 수트라』의 저자로 인도에서 살았을 것으로 추정된다.
그는 명상의 전통을 세운 사람으로 인정받고 있으며,
신비주의 수학자, 불교계의 아인슈타인으로 불린다.

어떤 위대한 목적에 의해

어떤 비범한 계획에 의해

영감을 받았을 때

그대의 모든 생각은 속박의 고리를 끊는다

마음은 한계를 뛰어넘고

의식은 모든 방향으로 확장되어 나간다.

그대는 새롭고, 위대하고, 놀라운 세계,

아름다운 세계에 거하네 되리라.

잠들어 있는 힘들, 능력들, 그리고 재능들이 살아난다.

그대가 꿈꾸었던 것보다도

자신이 훨씬 더 위대한 사람임을
깨닫게 되리라.

예수가 태어나기 수세기 전에, 자신의 나라 사람들에 의해 성인으로
추앙받던 사람이 있었다. 그는 파탄잘리라는 필명으로 힌두 고전 『요
가 수트라』를 썼다. 이 책에서 그는 요가의 사상을 네 권으로 분류했
다. 그 제목은 '사마디(초월)', '요가의 실천', '심령의 힘' 그리고 '카이
발리아(자유)'이다.

많은 사람들이 이 책을 신비롭게 생각했다. 그 안에는 신을 알 수
있는 방법과 높은 경지의 깨달음을 성취하는 방법이 제시되어 있었
다. 사람들은 이 책을, 정신적 기초를 세우고 육신과 자아의 한계로부
터 자신을 자유롭게 하기 위한 토대로 여겼다.

이 인용문을 파탄잘리로부터 고른 것은 영겁의 시간을 가로지르는
우주적 진리를 표현하고 있다고 믿기 때문이다. 고대로부터 오늘에
이르기까지 수백만의 사람이 이 스승의 말씀을 연구해 왔다는 사실을
생각해 보자. 특별하다고 생각하는 것에서 영감을 얻게 되면, 정말로
특별한 일들이 일어나기 시작할 것이라고 그는 설명한다. 우리가 정
말로 하고 싶은 일에 강렬하게 몰입하면, 우리의 생각이 변하기 시작
해 마침내 한계가 없어지게 된다.

내 개인적인 경험에 비추어 보면, 나는 강연을 할 때나 글을 쓸 때

내 삶에서 가장 '확실한 목적'을 느낀다. 그런 순간에는 내가 어떤 방식으로 사용되고 있다는 느낌을 받는다. 마치 말을 하거나 책을 쓰고 있는 사람이 웨인 다이어라는 이 육신이 아닌 것 같은 느낌 말이다. 그런 때는 내 마음이 한계의 개념에 구속되지 않는다. 나는 혼자가 아니며 신의 인도가 늘 나와 함께한다는 것을 알기에 말하거나 쓰는 데 힘이 들지 않는다. 그런 순간에는 내 몸과 마음이 조화로운 상태에 빠진다. 어떤 사람들은 이 상태를 '흐름'이라고 한다. '절정의 경험'이라는 사람도 있다. 파탄잘리는 이것을 가리켜 이렇게 말한다. "의식은 모든 방향으로 확장되어 나간다. 그대는 새롭고, 위대하고, 놀라운 세계, 아름다운 세계에 거하게 되리라."

시간이 지나도 빛바래지 않을 이 충고를 마음에 새겨 두기 바란다. 아주 오래전에 살았던 사람들도 인생의 목적이 있다는 것이 얼마나 중요한지 알았다. 신과 전 우주와 화합을 이루는 그런 순간에는, 당신은 정말로 멋진 경험을 하게 될 것이다. 당신의 관심은 뭐가 잘못 됐고 뭐가 부족한지에 있지 않으며, 모든 것이 균형 속에 놓이게 된다.

파탄잘리는 그에 대해 "잠들어 있는 힘들, 능력들, 그리고 재능들이 살아난다."고 말한다. 우리 힘이 미치지 못한다고 생각했던 많은 일들을, 실은 우리 안에서 이룰 수 있다는 뜻이다. 실제로 나는 잠자는 것도, 배고픈 것도 잊어버릴 때가 있다. 마치 내 몸이 끊임없는 육체적인 요구를 멈춰 버린 것 같은 순간이다. 그럴 땐 특별히 애쓰지 않아도 일에 몰입할 수가 있다.

파탄잘리가 묘사하는 이런 능력과 재능은 우리가 한 걸음 내딛지 않으면 그냥 잠재되어 있을 뿐이다. '잠재력'이란 단어가 여기서는 매우 부정적으로 쓰이고 있다. 당신이 목적을 간절히 추구한다면, 전에는 당신의 영역 밖에 있던 힘들을 움직일 수 있다. 필요한 것이 눈에 보이고, 필요한 사람이 제때에 거기 있을 것이다. 누군가가 전화를 걸어 올 수도 있다. 잃어버린 부분들이 앞에 나타날 것이다. 당신은 살아가면서 생기는 일들을 그저 우연의 일치로 받아들였을 것이다. 그러나 영혼의 지지를 얻게 되면, 다음의 옛 선문답이 현실이 된다. "배울 준비가 되어 있으면, 가르칠 자가 나타날 것이다."

강연을 하거나 글을 쓸 때 이기심을 버리고 '어떻게 베풀 수 있을까' 하는 마음을 가지면, 내 의식 속에 '꼼짝 못하겠다'거나 '꽉 막혀버렸다'라는 단어들은 결코 비집고 들어오지 않는다. 그런 마음 자세를 가지면 바로 거기에 길이 보인다. 영혼이 추구하는 일에 초점을 맞추면, 파탄잘리가 말한 잠재된 힘이 신과 연결된 끈에 의해 움직이는 것이다. 이것은 이기심에서 자유로워지는 프로젝트다. 파탄잘리의 말대로 "그대가 꿈꾸었던 것보다도 자신이 훨씬 더 위대한 사람임을 깨닫게" 된다면 얼마나 놀라운 일인가! 괴테는 이런 말을 한 적이 있다. "인간은 우주적인 문제들을 풀려고 태어나지 않았다. 자신이 해야 할 일을 찾아내기 위해서 태어났다." 나는 거기에 이렇게 덧붙이려 한다. "그리고 영감으로 그것을 추구하기 위해 태어났다."

한계를 뛰어넘어 오래 잠자고 있던 힘을 움직일 수 있는 당신의 능력이 의심스러우면, 세상에서 가장 위대한 영적 스승 중 한 사람이 주는 이 현명한 조언을 곰곰이 생각해 보자. 당신 안에는 자신의 상상보다도 훨씬 더 위대한 존재가 들어 있다. 파탄잘리는 특별한 일로 영감을 받으면 안에 있던 그 사람이 겉으로 나타난다고 말한다. 당신은 분명 이렇게 물을 것이다. "하지만 그 특별한 일이 무엇인지 모른다면 어떡합니까? 내 목표를 찾기 위해 헤매고 다녀야 합니까?"

중요한 것은, 어떻게 해야 할지 물을 게 아니라 '예'라고 대답하라는 것이다! 마음을 열고 고대의 『요가 수트라』에 나오는 지혜를 받아들여라, 그러면 그 방법을 알게 될 것이다. 스스로에게 물어보자. "나는 언제 가장 만족감을 느끼는가? 내가 특별하고 위대한 사람처럼 생각될 때가 언제인가?" 이 질문에 대한 대답이 무엇이든, 그것은 주위 사람들에게 봉사하고, 이 지구와 우주에 봉사하고, 신에게 봉사하는 일임을 알게 될 것이다. 이기심을 없애고, 영감을 받을 수 있는 일을 하라. 그 일에 몰입한다면 무엇을 해야 할지 알게 될 것이다.

파탄잘리의 지혜를 유용하게 사용하고 싶다면 다음 제안들을 시도해 보자.

- 살면서 영감을 받았다고 느낀 행위들이 있으면 기록해 두라. 이런 것들을 무의미하다거나 가치 없는 것으로 판단해 버리면 안 된다. 그것은 아이와의 놀이가 될 수도 있으며, 정원 가꾸기나, 자동차를 서툰 솜씨로 고치는 일, 또는 노래하기나 명상이 될 수도 있다.

- 당신이 좋아하는 일들을 통해서, 모든 방향으로 의식을 확장해 가는 특별한 프로젝트를 만들 수 있다. 당신 안에 있는 새로운 힘과 재능을 사용해 보자. 당신이 전에 생각했던 것보다 훨씬 더 위대한 사람이라는 메시지가 들려올 것이다.

- 당신 내면의 목소리에 귀를 기울이자. 특별한 일을 할 수 있게 만드는 것은 내면의 목소리다. 다른 사람들이 당신에게 꼭 해야 할 일이라고 조언하는 것에 솔깃하지 말라. 중요한 것은 내부로부터 영감을 받는 것이다. 영감은 외부에서 오는 것이 아니다.

- 당신 자신과 당신의 인생 목적을 얽매는 고리를 끊어라. 그리고 랠프 월도 에머슨의 말을 상기하자. "정신적인 건강의 척도는 어디서나 좋은 것을 발견해 내려는 마음가짐에 달려 있다." 어디서나 좋은 것을 발견해 내도록 노력하고 그런 재능과 능력을 이끌어 내자.

3부

나는
내 인생의
옹호자

28

파라마한사 요가난다 · 고통이 엄습할 때
자신과 고통을 분리해 내는
강력한 수단

파라마한사 요가난다(1893~1952)

벵골의 신앙심 깊고 부유한 가문에서 태어난 파라마한사 요가난다는 더 자비롭고 평화로운 세계로 인도하는 자기 조화를 위한 정신적 탐험의 과학을 더 많은 이들에게 알리기 위해 평생을 노력했다. 그가 쓴 『어느 요기의 자서전』은 수많은 사람에게 인도의 오래된 요가 철학과 유서 깊은 명상의 전통을 알린 책으로, 스티브 잡스가 인도 여행을 다녀온 뒤 아이패드에 넣어놓고 매해 한 번씩 꼭 읽은 것으로 유명하다.

인간은 자신을 사이비 영혼이나 이기적 자아로 잘못 알고 있다. 인식의 감각을 참된 존재, 즉 영원히 살아 있는 영혼에게 넘겨 버리면 모든 고통이 진짜가 아니라는 것을 알게 된다. 그는 더 이상 고통의 상태를 상상할 수조차 없게 된다.

성스러운 영감에 대한 파라마한사 요가난다의 메시지는 당신에게 불가능해 보일지 모른다. 내가 깊이 존경하는 사람의 이 말을 책에 포함한 이유는 당신이 고통을 새로운 방식으로 바라보아 자신의 인생을 전혀 다른 관점에서 조명하도록 하기 위해서이다. 또한 요가난다가 잘못된 것이라고 언급한, 우리 가운데 각인된 인식들을 제거하도록 하기 위해서이다.

참된 존재의 핵심을 요가난다는 '불멸의 영혼'이라고 부르는데, 거기서 고통은 현실이 아니다. 하지만 우리는 명백히 현실적인 문제들과, 현실이라고 알고 있는 고통의 요소들을 안고 있다. 우리의 정체성에 대한 감각을 옮겨서 더 이상 고통을 상상할 수 없는 공간으로 들어가라는 이 조언은 아마 불가능한 것처럼 보일 것이다.

이에 대한 내 대답은 관찰자가 되라는 것인데, 그러는 동안에 영속적이지 않은 것에 대한 집착을 버려야 한다. 나의 위대한 스승 니사르가닷타 마하라지는 이런 식으로 말한다. "너는 고통당하지 않는다. 자신이 고통당한다고 생각하는 사람이 있을 뿐이다. 인간은 고통당할 수가 없다." 그는 다시 한 번 에고(또는 육체)와는 매우 다른 참된 존재를 언급하고 있다. 당신의 인생을 바라보는 관찰자가 되어 고통이 존재한다고 확신하는 마음을 극복하는 것은 두려운 도전이다.

육체적 통증이라는 가장 흔한 고통을 생각해 보자. 당신이 심각한 두통과 같은 통증을 느끼고 있을 때 통증은 현실이 아니라거나, 통증은 단지 상상일 뿐이라고 어떤 요가 수행자가 당신에게 말한다면 듣고 싶지 않을 것이다. 그러나 잠깐만 참고서 그 고통에 대한 집착을 버릴 수 있는지 알아보자. 정체성에 대한 감각을 요가난다가 참된 존재라고 부르는 것에게로 옮겨 버리면 머리의 통증을 관찰할 수 있게 되는데 그럼 어떻게 될까?

통증의 위치를 정확히 파악한 뒤 신경을 집중하고서, 통증의 크기, 색깔, 형태, 기타 생각할 수 있는 통증의 모든 특징을 있는 대로 그려 보자. 웬만큼 집중하면 실제로 그 통증을 머릿속의 한 지점에서 다른 지점으로 옮길 수 있다. 이렇게 옮기는 것에 일단 성공하면, 그 통증을 머리에서 즉시 바깥으로 옮길 수 있다는 것도 새롭게 알게 된다. 고통의 관찰자가 되어 아픈 경험에서 자신을 완벽하게 분리해 버리면 고통이 사라진다는 뜻이다. 이런 행위를 마인드 컨트롤이라고 부르는 사람도 있으나 나는 자기 자신과 고통이라는 것을 분리해 내는 강력한 수단이라고 보고 있다.

우리가 명백한 육체적 통증을 밖에서 느끼는 것은 대부분 고통과 자존감을 동일시하기 때문이다. 에고와 고통에 대한 이런 화제에 어떻게 접근할지 궁리하던 중에 가까운 친구 디팩 초프라와 나눈 대화가 떠올랐다. 그가 했던 이야기를 이 글에 포함시키느냐 마느냐를 고민하고 있을 때, 전화벨이 울렸다. 두말할 것도 없이 디팩의 전화였다. 나는 이렇게 말했다. "바로 10초 전에 네 이름을 종이에 쓰고 있었어. 너한테 전화를 걸어서 에고와 고통에 대해 이전에 네가 했던 말을 확인해 보려고 말이야."

그는 담담하게 그 이야기를 다시 한 번 들려주었다. 어느 불교계의 스승이 받은 한 질문에 대한 것이었는데, 고통스러운 상황에 처했을 때 늘 기억하는 말이 있느냐는 질문이었다. 그 스승은 대답하기를, "이것을 잊지 마라. 그러면 다시는 고통 받지 않으리라. 나 또는 내 것이라고 집착해야 할 것은 아무것도 없느니라." 이 말을 자주 되뇌어 보면, 특히 슬픈 일이 있어서 마음이 아플 때 이 말을 되풀이하면 에고와 자신을 동일시하는 잘못을 피할 수 있다. 에고는 자만심 그 자체이다.

디팩과 나는 몇 분 동안 더 이야기했다. 그는 이렇게 말했다. "고통을 없앨 수 있는 능력에 대해 쓰고 있다면, 독자들에게 이 말을 해 줘. 인디언 오지브와이족이 한 말이지. 사소한 일에 화가 나서 자존심에 너무 집착하게 될 때마다 내가 스스로에게 하는 말이야. 이 말을 그냥 몇 번 혼자 중얼거려. 거의 마술적이지. 정신적인 고통이 사라져 버리니까." 여기 디팩 초프라에게서 들은 오지브와이족의 말을 독자들에게 전한다. "때때로 나는 나 자신을 불쌍히 여기려고 애쓴다. 그러는 동안 내 영혼은 늘 하늘을 가로지르는 거센 바람을 맞고 있다."

이것은 당신이 고통받고 있고 자만심에 빠져들고 있다고 느낄 때 활용할 훌륭한 이미지다. 당신은 관찰자로서 자신의 고통을 바라볼 수 있다. 그리고 유리한 입장에서 그 고통을 사랑하고 고통에게 자신을 완전히 내어 주겠다는 선택을 실제로 할 수 있다. 당신은 이 선물을 이용해서 사이비 영혼에 대한 정체성 위기를 제거하고, 내면의 관심과 에너지를 집중하여 완전히 초연한 관점에서 모든 슬픔을 바라볼 수 있다.

이것이 모든 고통을 끝내기 위한 극단적으로 자유로운 접근이다. 당신이 요가난다가 말한 대로 살고 있다면, 이렇게 말할 것이다. "나는 고통스러운 상태를 상상조차 할 수 없다." 어쨌든 나는 요가난다가 고통 속에서 즐기는 법을 배워야 한다고 한 말을 이해할 수 있다. 왜냐하면 모든 일은 한 사람이 더 나은 길로 나아가게 하는 신의 섭리이기 때문이다. 고통이란 비록 눈에 보이진 않지만, 신을 기억하게 하고 세찬 바람을 맞고 있는 영혼을 기억하게 하는 심부름꾼이다. 그러면 통증은 더 이상 통증이 아니고, 고통은 더 이상 고통이 아니다. 그리고 슬픔이나 고통을 육신 또는 마음과 더 이상 동일시하지 않게 되면, 슬픔이나 고통에 쉽게 상처받지 않게 될 것이다.

이것은 대단한 트릭이 아니다. 당신의 모든 집착, 당신의 모든 '나'와 '내 것', 당신의 모든 자존심을 바라보기 위해, 또한 당신 자신을 영원한 것과 동일시하기 위해 당장 필요한 방법이다. 요가난다가 약속했듯이, 모든 고통이 현실이 아니라는 생각은 정말로 효과가 있고, 당신은 분명 그것을 알게 될 것이다.

이 성스러운 조언이 당신의 삶에 이입되게 하기 위해 다음과 같이 해보라.

- 슬픔과 고통의 원인은 느낌 때문이라는 평가를 정직하게 해보자. 그런 다음 자신에게 반복하자. "어떤 고통이든지 그 원인은 나에게 있을 뿐이다. 그리고 나는 그것 때문에 결코 누구를 탓하거나 어떤 것을 탓하지 않을 것이다."

- 실제 고통스러운 상황에서 당신이 할 수 있는 모든 일을 찾아보자. 그것이 단순히 슬픈 마음 상태라면 그 슬픔이 어디에 머물고 있는지, 그것이 어디서 모습을 보이는지, 그 모습은 어떻게 생겼는지, 당신이 구별할 수 있는 특징들은 무엇인지 눈여겨 보자.

- 자기 연민 상태에 빠져 있으면 혼자서 오지브와이족이 하는 말을 되풀이해 보자. 그런 느낌에 대해 전혀 모르는 영원한 영혼과 비교해 보면, 자신이 고통받고 있다는 느낌이 얼마나 하찮은지 곧 알게 될 것이다.

- 당신 스스로에게 물어보자. "이 경험에서 내가 얻을 교훈은 무엇인가?" 일단 이 슬픔에서 배워야 할 것이 있다는 걸 알게 되면, 그 슬픔을 순식간에 즐거운 노래로 바꿔 놓을 수 있다.

29

에드워드 다이어 경 · 평안

자기 파괴적인 행동은
당장 그만두라

에드워드 다이어 경(1543~1607)
영국 엘리자베스 시대의 시인 에드워드 다이어 경은
내 마음은 나의 왕국으로 시작되는 서정시로 잘 알려져 있다.

내 마음은 나의 왕국

내 마음은 나의 왕국
그 안에 항상 큰 기쁨이 있어
세상이 원래 베풀고 키우는
그 어떤 행복도 그 기쁨을 따르지 못한다.
세상 사람들이 가진 것 나에게는 없지만
아직도 내 마음은 바라지 말라고 말린다.

왕자와 같은 화려함도, 부유한 창고도,
승리를 얻어낼 군대도,

상처를 가라앉혀 줄 영리한 재치도,

사랑하는 이의 눈을 만족시켜 줄 외모도 없지만

이 어떤 것에도 나는 노예처럼 굴복하지 않는다.

내 마음이 이 모든 것을 충족시켜 주고 있기 때문에.

나는 안다, 부자가 얼마나 많이 고통당하는지

등산가가 서두르다 얼마나 빨리 추락하는지.

저 높은 자리에 있는 자들이

누구보다도 더 불행에 위협당하는지.

그들은 그것을 수고스럽게 얻은 다음, 두려워하며 간직한다.

그런 근심 걱정을 내 마음은 견뎌내지 못한다.

나는 내 삶에 만족하고 있으며, 내가 의지하는 건 이것이니.

나는 만족할 만한 것 이상은 구하지 않으며

오만한 지배를 애써 원치 않는다.

보라 나에게 없는 것을 내 마음이 가져다주는 것을.

아! 그래서 나는 왕처럼 승리감을 느끼며

내 마음이 주는 것에 만족한다.

어떤 사람은 너무 많이 가졌으나 아직도 바란다.

나는 가진 것이 거의 없다. 더 이상 바라지도 않는다.

그들은 가진 것이 많지만 가난하다.

나는 모아놓은 것이라고는 거의 없지만 부유하다.

그들은 가난하고, 나는 부유하다. 그들은 구걸하고 나는 준다.

그들은 부족하고 나는 남아돈다.

그들은 수척해지고 나는 활기가 넘친다.

나는 다른 사람이 모자란다고 비웃지 않는다.

다른 사람이 얻어내는 걸 아까워하지 않는다.

내가 흔들어 세상의 풍파를 일으키지 않는다.

하나 된 내 상태는 아직도 유지되고 있다.

나는 적이 두렵지 않다. 나는 친구에게 아첨하지 않는다.

나는 내 삶을 싫어하지 않는다. 내 최후를 두려워하지도 않는다.

어떤 사람들은 그들의 욕망 때문에 기쁨을 억누른다.

분노 때문에 지혜를 억누른다.

믿는 것은 그들이 지닌 금은보화.

그들이 간직하고 있는 기술은 감추어진 교묘함.

그러나 내가 찾은 모든 기쁨은

조용한 마음을 유지하는 것.

내 재산은 건강과 완전한 편안함이다.

내 의식은 내 선택의 이유를 명확하게 설명해 준다.

나는 만족할 만한 뇌물을 구하지도 않는다.

공격을 일으키기 위한 속임수도 구하지 않는다.

나는 이와 같이 살고 있다. 이와 같이 나는 죽을 것이다.

모든 사람들이 나와 같다면 좋으련만!

에드워드 다이어 경은 16세기에 궁정에서 일했던 시인으로, 그 시대에는 매우 인기가 있었다. 하지만 그의 시는 남아 있는 게 극히 적다. 이 시는 그중 가장 널리 알려진 것으로, 500년 전에 지어진 보물이다. 마음의 잠재력에 대한 이 시는 내가 오랫동안 특별히 좋아했다. 시의 리듬은 부드럽고 읽기가 쉬워 나에게 직접 말하는 것 같다.

내가 이 시에 특별한 애정을 보이는 것은 시인과 내 이름이 같기 때문이 아니다. 나는 세계 곳곳에서 보내온 이 시의 카피를 수백 장이나 받았다. 그들은 내가 에드워드 다이어와 관계가 있는지 물었다. 내 책들의 주제가 '내 마음은 나의 왕국'이라는 타이틀과 완벽하게 일치하는 것처럼 보이지만, 에드워드 다이어 경과 내가 생물학적으로 관계가 있다고는 믿지 않는다. 그런데도 나는 이 시를 읽을 때마다 경이로운 심정으로 내 마음인 이 왕국에 대해 깊이 생각해 보곤 한다.

이 시는 육체를 포함한 모든 것에서 초월하여, 잔잔한 마음의 왕국에 거하는 편안함을 묘사하고 있다. 마음이 얼마나 경건한 우리의 일부분인지에 대해 진실로 깊게 생각해 본 적이 있는가? 그것은 볼 수도 없고 만질 수도 없다. 그것은 물질도 아니고, 경계도 없고, 시공간에 점유하고 있는 자리도 없다. 하지만 그것은 언제나 우리와 함께 있다. 우리 삶에 관한 모든 것을 실제로 이끌어 가며 방향을 제시한다. 이것은 당신의 왕국이다. 오직 당신만이 어떤 상황에서도 자신을 위한 기쁨의 왕국을 만들어 내기 위해 마음을 사용할 수 있다. 마음은 다른 사람에 의해 침범당할 수 없는, 자유를 누릴 수 있는 비밀의 장소이다. 주변이 모두 혼란에 빠져 있을 때 온전하게 피난할 수 있는 곳이다. 이것이 보이지 않는 놀라운 마음이다. 나는 경외하는 마음으로 그 힘과, 그 거대한 영토의 크기를 알려 주고 싶다.

자신에게 해를 끼칠지도 모르는 것을 원하고 있다면, 시인의 말들을 떠올려 보자. "그러나 아직도 나의 마음은 바라지 말라고 말린다." 그는 선택의 능력에 대해 말하고 있다. 당신은 스스로 선택할 수 있는 힘이 있다는 것을 알아야 한다. 당신의 열망이나 어떤 해로운 중독 상태에 대해 비난할 대상은 당신 외부의 그 무엇도 아닌, 바로 자신이다. 자기 안의 왕국으로 들어가라. 거기서는 당신의 마음이 선택할 수 있다. 그 선택은 갈망하는 마음보다 더 강하다. 어떤 대가를 치르더라도 승리자가 되어야 한다는 마음 때문에 방향을 잃을 때가 있다. 그때는 사회의 압력을 탓할 수도 있다. 또는 마음의 왕국으로 들어가 독선적인 이기심보다는 모두를 위한 최고의 선을 좇을 것인지 스스로에게 물어볼 수도 있다.

필요한 것보다 더 많이 얻으려 하고, 무슨 대가를 치르더라도 성공을 좇으려 하고, 다른 사람에게 인정받으려고 끊임없이 애쓰고자 하는 욕구는 우리에게 강요된 것이 아니다. 그것은 우리 안에 있는 보이지 않는 신비, 즉 마음을 부리기 위해 어떤 선택을 하느냐의 문제다. 너무 많이 가졌지만 더 갖기를 원하는 사람들이 우리 주변에 많다고 에드워드 다이어 경은 말한다. "그들은 많이 가졌지만 가난하다. 나는 모아놓은 것이라고는 거의 없지만 부유하다." 그는 사람들이 고통 속에 살면서 결코 만족하지 않고, 그러면서도 늘 사라지고 있는 '더 많은 것'을 쫓고 있다는 것을 알고 있다." 그들은 부족하고 나는 남아돈다. 그들은 수척해지고 나는 활기가 넘친다."

시인이 점잖게 제안하고 있는 것처럼 두 가지 선택이 있다. 탐욕으로 소모되고, 악착같이 일하면서 재난의 희생물이 되어 두려워하며 사느냐, 아니면 "그런 식으로 걱정하는 것을 내 마음은 견뎌내지 못한다."고 결정하느냐이다. 선택하는 것은 자신의 마음이라는 것을 알아야 한다. 궁극적인 행복과 만족은 시인이 다음 부분에서 암시하는 것처럼 당신에게도 적용된다. "나는 내 삶에 만족하고 있으며, 그렇게 살아갈 것이다. 나는 만족할 만한 것 이상은 구하지 않는다."

당신의 마음은 기꺼이 삶에 평화와 안정을 줄 것이다. 마음을 바꾸고자 결정하면 살 수 있다. 자기 안의 왕국에 스스로를 맡기면 늘 부족하지 않은 인생을 살 수 있고 남에게 베푸는 삶을 살아갈 수 있다. 마음속에서는, 당신은 언제나 자유롭게 평화로운 상태에 머물 수 있다.

당신이 경험하는 모든 공포는 외부에서 오는 것이 아니라 마음을 부리는 방법에서 나온다. 당신 안의 왕국에서 일평생 살아오면서 만들어진 환경의 찌꺼기를 깨끗하게 청소해 버리면, 죽음의 공포까지도 제거할 수 있다. 이것은 은총이 가득한 상태로, 에드워드 다이어 경이

"나는 내 삶을 싫어하지 않는다. 내 최후를 두려워하지도 않는다."라고 묘사했던 상태이다.

당신의 왕국이란 어떤 환경과 마주쳤을 때 마음을 어떻게 부릴 것인가 하는 방법의 영역이다. 당신은 왕이며, 최고의 지배자다. 왕의 승낙 없이는 아무도 당신을 당황하게 할 수 없다. 당신의 결정 없이는 아무도 당신의 기분을 상하게 할 수 없다.

이 시는 당신이 바라는 것에 얽매이지 말고 충분히 즐기라고 말한다. 끊임없이 정복하려는 욕망을 멈추고 자신을 확인하라고 말한다. 세상에 나가서 하는 활동 하나하나에 성공할까 못할까 안절부절못하는 태도를 버리고, 평화와 온건함이 자리 잡은 내부를 향해 돌아서라고 말한다. 이 유명한 시에서 그가 내린 결론은 "나의 재산은 건강과 완전한 편안함이다."라는 것이다. 당신은 이 결론에서 단지 약간 떨어져 있을 뿐이다. 한 걸음만 더 내디딘다면 그것에 도달할 수 있다.

마음의 왕국에서 생각해 볼 일이 마지막으로 하나 남아 있다. 마음은 평화뿐 아니라 신체의 건강과도 관계가 있다. 병의 치유에 대한 생각을 바꾸면 병에 대한 몸의 반응도 바뀐다. 마음의 왕국에서는 이기고, 얻어내고, 정복하고, 악착같이 일하고, 갈망할 필요가 없다. 그저 조용한 마음으로 건강한 분자를 만들어 내면 된다. 그에 따라서 혈압을 낮추고, 궤양을 일으킬 가능성을 제거하고, 면역 체계를 강화하고, 몸에 침입하는 온갖 종류의 질병에 민감해지지 않도록 몸이 기능을 하게 된다. 그렇게 할 수 있는 것은 모두 마음의 왕국에 있다.

보이지 않는 당신의 왕국을 시적으로 묘사한 이 지혜의 말을 받아들이자. 다음의 제안을 따라 하면서 이 감미로운 시의 아름다운 부분을 당신의 삶에 받아들이자.

- 자기 파괴적인 행동을 없애기 위해 마인드 컨트롤을 실행하자. 안정되고 평화로운 상태를 만들기 위해 마음을 쓰는 대신에 왜 혼란스러워지는 방법을 선택했는지 그 이유를 자신에게 물어보자. 침울하거나 화난 반응을 보이는 자신을 다잡아 새로운 사고 방식을 시도해 보자.

- 당신의 마음이 당신을 위해 만들어 낼 수 있는 것에 대해 경외하는 시간을 가지자. 마음의 왕국을 곰곰이 생각해 보고 어떤 식으로든 마음을 오염시킬지도 모르는 생각들이 그 성스러운 내부 공간에 떠오르지 않게 하자.

- 외부에 있는 사물이나 사람이 당신의 허락 없이 당신을 불행하게 만들 수는 없다는 사실을 반복해서 마음속에 떠올리자. 마음속에서 당신이 내린 선택의 총합이 바로 당신이다. 이 사실을 잊지 말자. 왜 자신의 마음을 왕국 대신에 돼지우리로 사용하려 하는가? 당신도 에드워드 다이어 경처럼. 나의 마음은 나의 왕국이라는 사실을 깨달을 수 있는 기회를 똑같이 가지고 있다.

- 그의 결론을 잊지 말자. "나는 이와 같이 살고 있다. 그리고 이와 같이 나는 죽을 것이다. 모든 사람들이 나와 같다면 좋으련만." 그리고 기억하자. 당신은 당신의 마음속에 있는 영지의 왕임을.

30

알렉산더 포프 · 자족

매일, 하루 중 혼자만의 시간을 갖자

알렉산더 포프(1688~1744)
영국의 시인이자 풍자가인 알렉산더 포프는 당대의 문학을 지배한 제왕이었으며
그의 이력 자체가 영국 신고전주의의 축소판으로 여겨진다.

홀로 사는 삶

그 남자는 행복하나니, 소원과 걱정이
아버지의 너른 땅에 있을 뿐이고
집 마당에서 고향 공기 마시는 것에
만족한다.

소떼들은 우유를, 들판은 빵을,
양떼들은 옷을 공급해 준다.
나무는 여름에 그늘을 주고,
겨울에는 불을 준다.

복받았구나, 그는
시간시간이, 하루하루가, 그리고 한 해 한 해가 조용히 흘러가는
것을
건강한 몸으로, 평화로운 마음으로
근심 없이 볼 수 있으니.

그래서 낮은 조용하다.
밤에는 깊게 잠든다
공부와 휴식을
번갈아 하며
달콤한 휴양
그리고 순수함,
순수한 자가 가장 좋아하는 것은
명상이다.

그러므로 내가, 눈에 띄지 않고,
알려지지 않은 채 살게 놔두라,
그러므로 내가, 슬퍼하지 않고 죽게 해 달라.
이 세상에서 몰래 빠져나와,
내가 누워 있는 곳을 말해 줄
비석 하나 없이.

알렉산더 포프의 이 시는 매우 유명하다. 이 시는 행복의 필요조건으로 평화와 평정을 찾는 일이 얼마나 중요한가에 대해 읊은, 가장 뛰어난 시이다. 이것은 18세기 초 런던 교외 윈저 숲에 살았던 그의 수많은 작품을 관통하는 주제이기도 하다. 그는 척추만곡증에 결핵 감염으로 다 자란 뒤에도 키가 140센티미터도 안 되었으며, 평생 심각한 두통으로 고통을 받았다. 그는 불구와 질병 때문에 육체적, 정신적 고통에 특히 민감했다. 그래서 인간의 본질적인 고독, 군중의 소란과 혼란에서 떨어져 살 수 있는 자급자족 능력을 주제로 시를 썼다.

우리가 살고 있는 20세기 후반의 이 자연계는 300년 전 포프가 태어났던 세계와 엄청나게 다르다. 그래서 그의 시적 충고가 오늘날 우리에게 더욱 의미심장하다. 요즘 세상에 "자기 집 마당에서 고향의 공기를 마시는 것에 만족하라."는 말은 흔히 우리가 살고 있는 도시의 매연 때문에 눈이 따가워지고, 유해한 연기를 들이마시고, 오염 물질 속에서 숨 쉬라는 말이다. 자기 소떼에게서 젖을 짜고, 자기 양떼에게서 피륙을 얻고, 자기 소유지의 나무 그늘 밑에서 쉬거나, 그렇지 않을 때는 그 나무로 자기 몸을 따뜻하게 만드는 데서 스스로 만족을 느낄 수 있는 사람은 거의 없다. 있다 해도 극히 드물다. 더구나 "복 받았구나, 그는. 시간 시간이, 하루하루가, 그리고 한 해 한 해가 조용히 흘러가는 것을, 건강한 몸으로, 평화로운 마음으로 근심 없이 볼 수 있으니. 그래서 낮은 조용하다."라고 할 만한 사람은 세상에 없다.

대신 우리는 육체가 점점 더 쇠약해져 가는 것을 몸으로 느끼며 살고 있다. 그것은 환경에 의한 질병들, 점점 더 수위가 높아지는 스트레스, 갖가지 형태의 정원용 강력 모터, 휴대용 낙엽 청소기, 불도저, 소형 착암기, 트럭, 사이렌이 만드는 소음들 때문이다. 포프의 300년 된 시적 충고는 오늘날에도 확실히 타당하다.

이 시의 첫 3행은 맑은 공기를 호흡하고, 자연 속에서 스스로를 충족시킬 수 있는 자급자족의 방법을 찾아내고, 낮 동안 고독과 조용함을 얼마 간 즐길 필요가 있다고 말하고 있다. 나는 당신이 사는 곳이 어디든 상관없이 생활 속에 이런 요소들을 들여오기 위해 최대한 노력하라고 권한다. 도시를 벗어날 시간을 가져라. 행복이 기다리고 있는 조용한 자연 속에 머물러라.

포프는 넷째 연에서 순진무구한 마음으로 명상하고 휴양하면서 깊은 잠을 즐기는 방법을 시적으로 묘사하고 있다. 나는 이 책 곳곳에서 매일 명상하는 것의 중요성에 대해 썼기에 여기서는 반복하지 않겠다. 그러나 행복한 생활을 위한 다른 몇 가지 요소, 즉 공부, 휴식, 여가, 그리고 순수함은 어느 시대나 영원한, 좋은 충고들이다. 흥미 있는 주제를 연구할 자유, 스트레스에서 벗어나 느긋하게 보내거나 테니스를 치거나 수영을 하거나 종일 달릴 수 있는 시간을 갖게 되었을 때, 특히 명상이 거기 녹아들어 갔을 때의 "더없이 즐거운", 어린아이 같은 순진무구함을 나는 알고 있다.

4연으로 된 시 「홀로 사는 삶Solitude」은 「머리카락을 훔친 자The Rape of the Lock」 이전에 알렉산더 포프가 쓴 가장 유명한 초기 시인데, 행복에 필요한 여러 가지 요소를 말하고 있다. 이것은 가능한 한 자연 그대로의, 스트레스가 없는 환경과 깊은 접촉이 필요하다고 표현한다. 당신의 일상생활이 매우 도시적이고, 사람으로 가득 차 있고, 소란스러울지라도 나는 그의 시적 충고에 귀 기울이기를 권한다. 나는 개인적으로 이 시의 마지막 연에 자신도 모르게 거듭 빠져들곤 한다. "그러므로 눈에 띄지 않고, 알려지지 않은 채 살게 놔두라."

나는 성스러운 존재들, 신의 현신 같은 사람들을 만나는 귀한 체험을 한 적이 있다. 이 위대한 사람들에 대한 인상 중 가장 강렬한 것이 있다. 그들은 자신의 이기적인 자아를 이겨냈으며, 조용한 현자로 살고 있다. 그들은 자신이 지닌 신성의 후광을 이용한다거나 덕 보는 것을 달가워하지 않는다. 그들은 문자 그대로, 육체적 존재로 사라지기를 택했다. 자신들의 위대한 자질을 믿게 할 만한 것을 결코 구하지 않는다. 사실 그들은 자신을 모두 신에게 바친다. 아시시의 성인 프란체스코는 신앙요법을 베푼 13세기의 위대한 치료자였다. 그는 왜 자신의 몸은 치료하지 않는가 하는 질문을 받았다. 그는 치료하는 사람이 자신이 아니라는 것을 모두가 알아주기를 원한다고 대답했다.

나는 위대함과 행복의 척도는, 자신이 이룬 것을 증명할 필요가 없는 경지에 이를 때까지 이기적인 자아를 제압할 능력의 정도에 달려 있다고 본다. 그것은 감사나 찬사가 필요 없는 상태에 머물 수 있는 능력이다. 다른 사람의 의견이 좋다고 해서 거기에 영향을 받지 않을 수 있는 능력이다. 그렇게 하는 것이 나의 목적이기 때문에 내 일을 그냥 묵묵히 해내는 능력이다. 흠잡을 데 없거나 당당하다는 것, 남모르게 베풀되 칭찬 받고 싶은 유혹을 이겨내는 것. 일단 영예를 구하지 않게 되면 새로운 자유를 경험하게 된다. 시인이 말한 것처럼 "그러므로 내가, 슬퍼하지 않고 죽게 해 달라. 이 세상에서 몰래 빠져나와, 내가 누워 있는 곳을 말해 줄 비석 하나 없이."

진정한 위대함 앞에서 내가 느낀 것이 있다. 그것은 일종의 겸손인데, 나사렛 예수, 부처, 노자 같은 이들에게서 볼 수 있으리라 상상하곤 한다. 내가 마더 미라Mother Meera와 마주 앉았을 때였다. 그녀는 독일에 사는 인도 출신의 종교적 스승인데, 내가 그 눈을 들여다보았을 때, 그녀에겐 전혀 아집이 없어 말 한마디 하지 않고도 그녀의 마음이 와 닿을 정도였다. 그녀는 믿을 수 없을 만큼 영성이 높아, 지금이나 앞으로나 그녀가 알아야 할 것이라고는 아무것도 없을 듯했다. 카를로스 카스타네다가 위대한 영적 스승들인 나구알Nagual들과 교제한 일에 대해 쓴 적이 있다. 그는 그들의 익명성과 겸손에 흥미를 느꼈다. 이들은 보통 사람과 똑같은 모습을 하고 있지만, 엄청난 지식을 소유하고 있었다. 겸손하기는 하나 진지하게 살고 있었다. 늘 존재하고 있으나 거의 보이지 않았다. 이 역설적인 특성은 알렉산더 포프의 시 마지막 연에서 읽을 수 있다. 보이지 않고 알려지지 않게 살아가는 법을 배우자. 눈에 띄려는 욕망에서 벗어나 당신이 하고 있는 것을 그대로 하자. 그것은 누군가가 당신을 이끌고 있다는 것을 느끼고 있기 때문이다. 당신은 뒤로 물러나 권위와 평화 속에 머물러 있기 때문이다.

내 동시대의 스승 구루지와 처음 대면했을 때, 우리는 완벽한 침묵 속에서 마주하고 있었다. 침묵은 거의 한 시간이나 계속됐다. 말이 필요 없었다. 당시는 내가 명상법을 한창 열심히 가르치던 때였지만 그는 그것에 대해 단 한마디도 하지 않았다. 위대한 스승들은 익명성과 겸손을 유지할 필요가 있다는 것을 알고 있다.

알렉산더 포프의 시 「홀로 사는 삶」의 지혜를 적용하기 위해 다음 아이디어를 깊이 생각해 보기 바란다.

- 하루 중 일정 시간을 할애해 침묵 외에는 아무것도 하지 않는, 혼자만의 시간을 갖자. 가능하면 집이나 사무실에서 부드러운 클래식 음악을 틀어 놓고 귀에 거슬리는 생활의 소음을 죽이자. '모차르트 효과'는 균형 감각과 평온 감각을 만들어 낸다. 그것은 문자 그대로 생산성을 증가시키고, 스트레스를 줄여 준다.

- 동물과 새, 바람과 파도 소리를 들으며 자연 속에 있는 시간, 오염되지 않은 공기를 천천히 깊게 들이마시는 시간을 충분히 갖자. 야생의 장소에 머무는 시간을 갖는 것은 당신을 다시 젊게 만드는 훌륭한 요법이다.

- 요가 강습을 받자. 아니면 당신의 몸을 조화롭게 만들어 줄 기초적인 운동을 배우자. 매일 규칙적으로 요가를 하자.

- 이름을 밝히지 말고 자선을 실천하자. 이 사실을 당당하게 생각하되 칭찬을 바라지는 말자. 소로의 말을 기억하자. 그것은 「홀로 사는 삶」의 중심 메시지를 요약한 것이다. 즉, "겸손은, 어둠이 그러하듯이, 하늘의 빛이 드러나게 만든다."

31

엘리자베스 배릿 브라우닝 · 사랑하는 법

나 그대를 얼마나 사랑하느냐구요?

허먼멜빌(1819~1891)
엘리자베스 배릿 브라우닝은 영국 시인이며, 시인 로버트 브라우닝의 아내이다.
그녀가 쓴 시의 주제는 폭넓은 인도주의적 관심사, 비정통적인 종교적 감정,
그녀가 귀화한 나라 이탈리아에 대한 애정, 그리고 남편에 대한 사랑을 아우르고 있다.

당신을 얼마나 사랑하느냐구요? 헤아려 보죠.

비록 그 빛 안 보여도

존재의 끝과

영원한 영광에 내 영혼 이를 수 있는

깊이와 넓이와 높이까지 사랑합니다.

태양과 촛불 곁에서 매일매일

더 이상 고요해질 필요가 없는 정도에 이르기까지.

권리를 위해 싸우듯 자유롭게 당신을 사랑합니다.

칭찬을 외면하듯 사심 없이 그대를 사랑합니다.

지나간 슬픔에 쏟았던 정열로써 사랑하고

내 어릴 적 믿음으로 사랑합니다.

세상 떠난 성인들과 더불어 사랑하고

잃은 줄로 여겼던 사랑으로 당신을 사랑합니다.

내 평생의 숨결과 미소, 눈물로써 당신을 사랑합니다!

그리고 신이 허락한다면

죽어서 더욱 당신을 사랑할 겁니다.

「포르투갈인으로부터의 소네트」에서

엘리자베스 배릿 브라우닝이 쓴 이 시는 아마 순수한 낭만적 사랑에 대해 쓴 시 중에서 가장 유명한 시일 것이다. "내가 그대를 얼마나 사랑하느냐구요"를 들으면 자동적으로 "그 방법을 헤아려 보죠"를 따라 읊지 않을 사람은 거의 없을 것이다. 누군가를 사랑하는 방법을 세어 본다는 건, 특히 그것이 낭만적 사랑이라면, 무척 동화적인 발상일 것이다.

엘리자베스 배릿과 로버트 브라우닝(역시 이 책에 포함되어 있는 대시인이다)의 이야기는 역사상 가장 위대한 사랑 이야기 중 하나다. 이 섬세한 두 시인은 서로 만나기도 전에 자신들의 시를 통해 사랑으로 결합한다. 엘리자베스가 두 번째 시집을 출간한 것은 1844년이었다. 그 시집은 런던 문학계에서 대단한 환영을 받았다. 1845년 1월 그녀는 저명한 시인 로버트 브라우닝에게서 한 통의 편지를 받았다. 그 내용은 이렇다. "친애하는 배릿 양, 당신의 시를 진심으로 사랑합니다. 또한 당신의 시집을 진심으로 사랑합니다. 그리고 당신 역시 사랑합니다." 둘은 그해 여름에 만나 이듬해에 결혼했다. 엘리자베스는 젊은 나이에 비해 대단히 많은 병을 앓았다. 그녀는 아버지와 함께 살고 있었는데, 아버지는 딸이 로버트 브라우닝과 편지로 구혼을 주고 받은 것을 전혀 모르고 있었다. 그들은 그녀 아버지의 승낙도 받지 않은 채 비밀리에 결혼했고 그녀의 건강을 위해 이탈리아로 이사했다. 엘리자베스의 아버지는 1856년에 사망했는데, 딸의 행동을 끝까지 용서하지 않았다.

엘리자베스 브라우닝과 로버트 브라우닝은 낭만적인 축복 속에 이탈리아에서 살았다. 그녀는 1849년 단 하나뿐인 아이를 그곳에서 낳았다. 그녀는 미국의 노예제도에 반대하는 열정적인 시를 많이 썼다. 1861년 쉰다섯 살이 되었을 때, 그녀의 병이 다시 도졌고 자신을 영원히 사랑한다는 남편의 말을 들으며 그의 팔에 안겨 죽었다.

엘리자베스 배릿 브라우닝의 이야기는 「포르투갈인으로부터의 소네트」라는 시선집에서 가장 널리 알려진 이 노래에 담겨 있다. 마지막 행은, 얼굴을 보기도 전에 단지 그녀의 영혼 때문에 그녀를 사랑했던 남편에 대해 그녀의 깊은 사랑을 말하고 있다. 그녀는 사랑의 시로 그것을 표현하고 있다. "그리고 신이 허락한다면, 죽어서 더욱 당신을 사랑할 겁니다."

이 소네트에서 한 여인은 사랑하는 남자에 대한 깊은 애정을 쏟으며 이렇게 말한다. 사랑한다는 것은 머리 위로 벼락을 맞는 거라거나,

사랑의 그 거대한 에너지로 인해 말이 없어지고 우울해지는 것이 아니라고. 사랑에 빠지는 것은 단순히 육체적 매력 때문만이 아니다. 사랑한다는 것은 낭만적 사랑의 감정을 이루고 있는 무수히 작은 요소들 때문이다. 사랑하는 사람은 "매일 매일 더 이상 고요해질 필요가 없는 완벽한 정도에 이르기까지 사랑한다."고 소네트는 말한다. 만약 그런 멋진 감정을 느낀다면 그 방법들을 한 번 세어 보자.

내 아내 마셀린은 아름다운 여인이다. 그녀를 볼 때마다 나는 이렇게 천사 같은 여인과 사랑에 빠졌다는 것이(그리고 그녀에게서 그만큼의 사랑을 받고 있다는 것이) 얼마나 행운인가를 생각한다. 하지만 그녀의 외모가 내 사랑의 원천은 아니다. 마치 엘리자베스 배릿 브라우닝이 소네트에서 그녀가 헤아려 본 여러 방법 중 하나로 남편의 잘생긴 용모를 말하지 않은 것처럼 말이다. 그 방법들은 개별적으로 생각할 때는 사소해 보이나, 하나로 모아 보면 낭만적 사랑의 원천이 된다.

아내가 자는 동안 나는 그녀를 들여다본다. 그녀는 손을 기도하듯 포갠 채 자고 있다. 그녀는 밤새 꼼짝도 않고 그렇게 누워 있다. 마치 천사를 들여다보는 것 같다. 이것이 소네트에서 말하는 방법 중 하나다.

미묘한 순간이라서 포착하기가 쉽지 않지만, 아내가 아이들과 함께하면서 기쁨과 만족감에 넘쳐 웃는 모습을 나는 주의 깊게 바라본다. 이것이 소네트에서 말하는 방법 중 하나다.

내가 아침에 조깅을 나가기 전 식구들보다 먼저 깨어나 부엌 전등을 켤 때면 아내가 그것을 이미 켜 놓았다는 것을 알게 된다. 나를 위해 주스를 만들려고 유리잔과 믹서를 꺼내 놓기도 한다. 대단한 것은 아니지만 나는 눈여겨본다. 그리고 그것은 소네트에서 말하는 방법 중 하나다.

나는 내 육신 안에 있는 영혼, 소리 없이 말하는 목소리를 관찰하고 있다. "나는 봉사하기 위해 여기 있다. 나는 내가 만나는 모든 사람에게 관심을 쏟아야 한다. 나는 남들에게 베풀되 인정받기를 원하지 않는다. 나는 나보다 운이 나쁜 사람들을 따뜻한 마음으로 대한다. 나는 하느님을 무한히 존경한다. 나는 폭력을 매우 슬퍼한다. 나는 당신과 연결되어 있다. 그리고 나는 당신을 위해 늘 거기 있을 것이다. 그것은 영원히 계속된다. 죽음도 그것을 멈추게 할 수 없을 것이다." 내가 홀로 있을 때 소리는 내지 않지만 나에게 말을 거는 그 영혼을 주목하고 있다. 그리고 그것이 소네트에서 말하는 방법 중 하나다.

나는 그녀를 사랑하는 방법들을 1,000페이지 정도 더 써내려 가면서 헤아려 볼 수 있다. 그러나 지금까지 쓴 것만으로도 그 메시지는 확실하다고 생각한다. 매일매일 수많은 나날들을 관찰하게 되면, 우리의 가장 깊은 사랑이 드러나게 되어 있다. 그것은 바로 우리라는 존재의 중심에까지 미치는 하나의 느낌이지만 가장 표현되지 않는 것이기도 하다.

이 특별한 소네트에서, 시인은 자신의 전폭적인 사랑을 이런 식으로 표현한다. "내 평생의 숨결과 미소와 눈물로 당신을 사랑합니다!" 나 역시 이런 감정을 알고 있다. 내 숨결은 내 삶 자체다. 그리고 나는 마셀린, 당신을 사랑한다. 숨 쉴 만한 힘이 남아 있는 한 힘껏. 당신의 호흡과 내 호흡은 하나다. 그것은 내가 당신을 얼마나 사랑하는지 말해 준다. 행복했던 시간들, 낭만적인 저녁, 어두운 극장에서 느꼈던 당신 손의 감촉, 단둘이 피크닉을 떠나 외떨어진 해변에서 즐긴 사랑, 아이들 하나하나의 탄생들은 소네트에서 말하는 삶의 미소와 같은 것들이다. 그런 미소는 매우 많으며, 당신은 그 미소들을 통해 사랑받고 있다.

삶의 눈물 역시 우리가 사랑이라고 부르는 전체의 중요한 부분이다. 실망, 다툼, 그것이 무엇인지 파악하기도 전에 헤어져야 했던 초기의 고통스러운 시간들. 우리의 삶에서 눈물은 모두 "나 그대를 얼마나 사랑하느냐구요?"라는 질문에 대답하면서 셀 수 있는 방법들이다.

그렇다. 그 방법들은 자유롭고 순수하게 사랑할 수 있는 능력이다. 그리고 이른바 사소한 그 모든 방법 안에서, 그것 때문에 열정은 되살아나고 지속된다. 이 소네트가 씌어지고 150년쯤 지난 지금 이 특별한 소네트는 우리 모두에게 메시지를 전하고 있다. 또 앞으로 다가올 수천 년 동안 가슴과 영혼 속에서 자유롭고 순수한 사랑의 불꽃을 느낄 사람들에게 그 메시지를 말하게 될 것이다. 소네트가 우리에게 주는 메시지는 명확하다. 그 방법들을 헤아려 볼 수 있는 시간을 가져라. 그리고 그것을 사랑하는 사람들에게 전달할 시간을 가져라. 그 시간은 헤아려 볼 시간보다 더 중요한 시간이다. 그러면 당신은 엘리자베스 브라우닝이 사랑한 사람에게 느낀 그것을 느끼게 될 것이다. 나 역시 오늘 그 느낌을 경험하게 될 것이다. "나는 당신을 내 영혼이 닿을 수 있는 깊이와 넓이와 높이까지 사랑합니다." 이 이상의 것은 없다!

최고 수준의 소네트가 주는 메시지의 핵심을 당신의 인생에 받아들이기 위해 다음 사항들을 시작해 보자.

- 당신이 상대에게 이끌린 점들이 비록 사소할지라도 사랑하는 이에게 꼭 얘기해 주자. 그걸 소리 내어 말한다는 것은, 사랑하는 사람과 서로의 감정을 공유하고 감사를 표현하는 방법이다.

- 육신 속에 있는 속 사람은 겉모습이 아닌 내면에 더 큰 관심을 기울이고 있다. 그가 보여주는 친절, 그가 다른 사람에게 느끼는 사랑, 모든 생명에게 있는 영혼에 대해 보여주는 존경심을 소중히 여기라.

- 사랑하는 사람에게 직접 쓴 시나 사랑의 글을 보내자. 글을 잘 쓰든 못 쓰든 상관없다. 마음에서 우러나오는 시들을 사랑하는 사람은 영원히 보물처럼 간직할 것이다. 실제로 그런 시들을 액자에 넣어 뽐내듯 내걸기도 한다. 그 시가 의미하는 것이 그만큼 크기 때문이다.

32

앨저넌 찰스 스윈번 · 유머와 웃음

바보가 되어 보는 즐거움

앨저넌 찰스 스윈번(1837~1907)
앨저넌 찰스 스윈번은 영국의 시인이자 저술가로
빅토리아 시대의 사회적 관습과 종교에 대한 반발,
그리고 이교도적 정신과 음악적 효과가 뛰어난 시로 유명하다.

아이의 웃음소리

천국의 모든 종이 울리고

천국의 모든 새가 노래하고

지상의 모든 샘이 솟아나고

지상의 모든 바람이 불어와

이 모든 감미로운 소리들이 함께 모인다.

하프 연주자의 손, 새의 음조,

해넘이 때에 떨리는 숲의 소리,

솟아나는 샘들의 명랑한 목소리,

따뜻하고 어둑한 날의 바람은
귀에 들리는 어떤 소리보다도 감미롭다.

허나 한가지 소리가 더 있다.
이 소리를 듣기 전에는, 아무도
가장 달콤한 소리를 들었다 말할 수 없으리.
그것은 기쁨의 영혼에 가득 찬
어린 아이의 해맑은 웃음소리.
태양 아래 모든 사람들에게 들리고,
하늘 아래 모든 것이 바라는,
부드럽고도 강하며, 크면서도 가냘픈
빛과도 같은 그 소리,
아침이 진홍빛으로 발돋움 할 때의 소리.

환영하는 황금종이 울려도
그런 가락을 소리 내지도, 표현하지도 못하리라.
여기 하늘까지 울려나가는
환하게 빛나는 황금의 입처럼
그 대담하고도 즐거운 선율을.
황금 장식을 한 저 굴뚝새가
나이팅게일이라 할지라도
우리가 그 소리를 보고 들을 수 있을지라도

일곱 살 아이의 웃음에

절반도 미치지 못하리라.

아이의 웃음소리에 대한 이 섬세한 시의 도입부에서 스윈번이 표현한 소리들을 상상해 보자. 천상의 종과 새, 땅에서 샘솟는 샘물의 소리를 듣고 그 모습을 그려 보자. 바람, 하프, 살랑거리는 나무, 노래하는 새의 음조를 듣고 그 모습을 그려 보자. 그것들은 대부분 자연의 평화와 고요함을 자연스럽게 마음에 안겨 주는, 선율이 아름다운 소리들이다. 노력을 해서라도 조용히 듣고 있으면 우리를 기쁘게 할 수 있는 신의 소리들이다.

이 작품을 쓴 스윈번은 빅토리아 중기 시대의 시인으로 수많은 작품을 창작하였으며, 언어를 음악처럼, 색깔처럼 다루었다고 평가받는다. 그가 쓰는 용어들은 매혹적이다. 세상에서 가장 아름답고 자연스러운 소리를 어린이의 웃음소리에 비유하기 위해 그는 누구도 흉내낼 수 없는 예술적 수완을 동원했다. 그리고 그 소리들이 아이의 웃음에 절반도 미치지 못한다고 결론지었다! 나는 이 시를 되풀이해 즐겨 읽는다. 나는 시인의 의견에 진심으로 동의한다. 웃음소리만큼, 특히 어린이의 웃음소리보다 더 달콤한 소리는 없다.

막내 딸 세이지가 아기였을 때, 그 아이는 내가 들었던 웃음 중에서 가장 전염성이 강한 유쾌한 웃음을 웃었다. 그 아이는 10개월, 11개월

됐을 때도 뭔가 재미있다고 느끼면, 뱃속 깊은 곳에서 나오는 웃음을 터뜨리곤 했다. 이 유쾌한 웃음이 터져 나오면, 가족들은 모두 몰려들어 아이가 그 예쁜 웃음을 다시 터뜨리게 하느라 서로 난리였다. 우리는 아기가 경험하고 있는 그 즐거움을 모두 나누고 싶어 했다.

바로 오늘 우리 아들 샌즈가 수백 명이 모인 축구장에서 진지하게 공을 찼다. 허공 높이 차올려진 공은 야자나무 숲으로 높이 날아가 나뭇가지에 처박혔다. 나는 야자나무에 물건을 던져 그 공을 맞혀 떨어뜨리려는 시도를 수없이 한 끝에 친구 스티브에게 제안했다. 나를 그의 어깨 위에 올려 주면 고무래를 사용해서 공을 떨어뜨려 보겠다고. 다 큰 남자 둘이서 고무래를 들고, 나무를 붙잡고, 어깨 위에서 서로 균형을 잡는 광경을 보고 내 아이들은 한바탕 웃음을 터뜨렸다.

너무 심하게 웃어대는 바람에 진정하기가 쉽지 않았지만 어쨌든 공은 회수했다. 우리가 임무를 완수하고 나자 여러 사람이 다가와서 그 광경을 얼마나 즐겼는지 말해 주었다. 그 문제를 해결하는 즐거움, 바보가 된 즐거움, 그리고 웃는 즐거움을 우리 아이들은 결코 잊지 못할 것이다. 웃는 습관과 건강한 유머 감각을 기르는 방법은, 나이를 무시하고 각자의 안에 있는 어린이를 다시 깨닫는 것이다. 우리는 너무 자주, 어른이 되는 것을 심각해지는 것과 동일시하는 경향이 있다. 우리는 성숙해지는 것이 아이 같은 웃음을 억누르는 것이라고 여긴다. 내가 좋아하는 연사들은 자신들의 강연에서 상당한 양의 유머를 쏟아낸다. 나는 다른 사람을 바보로 만드는 것보다는 스스로를 웃음거리로 만드는 연사들을 특히 좋아한다.

내가 가장 존경하는 스승들은 예외 없이 놀라운 유머 감각을 지니고 있었다. 그리고 그들은 강의실에서 그 유머 감각을 주저 없이 보여주었는데, 그 주제가 화학이건 수학이건 문학이건 간에 상관하지 않았다. 내가 지금까지 살아오면서 가장 같이 있고 싶어한 사람들은 웃을 수 있는 사람들—자주, 깔깔대며—그리고 나에게도 같은 반응을 불러일으킬 수 있는 사람들이었다. 우리 아이들은 이런 그림에 딱 들어맞는다. 그들의 얼굴이 웃음으로 밝게 빛날 때면 나는 전율을 느낀다. 여기 앉아 이런 글을 쓰면서 우리 아이들이 웃는 모습을 그려 보면 기분 좋은 느낌이 전신에 파도처럼 밀려온다. 웃는 것을 '생각만' 해도 치료가 될 수 있다!

웃음과 유머 감각에는 완벽하게 치유하는 힘이 있다. 나는 유머와 풍자를 매우 현란하게 구사한 볼테르의 생각을 좋아한다. "웃음에는 경멸이나 분노와 양립할 수 없는, 기쁨 같은 것들이 늘 있다." 밤에 잠자리에 들어 하루를 반성하면서 그날 많이 웃지 않았다는 사실을 깨달으면, 자기 전에 순전히 재미만을 느낄 수 있는 뭔가를 해보자. 그렇게 하면서 육체적, 감성적으로 얼마나 더 좋아졌는지 관찰해 보자.

노먼 커즌스는 자신이 치료 불가능한 병, 생명을 위협할지도 모르는 척수악화증에 걸렸다는 진단을 받자, 가족들에게 즐겁고 유쾌한 영화들을 최대한 많이 병실로 갖다 달라고 했다. 그는 매일 〈스터지 3총사〉, 〈애보트와 코스텔로〉, 그리고 〈잭 베니〉 같은 코미디 영화를 보면서 지냈다. 그의 실화 『질병의 해부』는 웃음이라는 약을 통해 치명적인 질병에서 어떻게 치료되었는지를 묘사한 베스트셀러였다. 웃으면 정말로 몸의 화학 성분을 바꿀 수 있다. 웃음은 엄청난 치유력이 있는 펩타이드와 엔도르핀을 혈류 속으로 끌어들인다. 웃을 때 흘리는 눈물이 슬퍼서 흘리는 눈물과 화학적 구성이 다르다는 것은 얼마나 놀라운 일인가!

스윈번은 몸과 마음이 연결되어 있다는 과학적이고 의학적인 증거를 밝혔으며, 또한 웃음이 전혀 부작용 없는 진정제와 흥분제 역할을 동시에 한다는 사실이 알려지기 오래전에 이미 어린이의 웃음이 주는 감미로움에 대해 썼다. 우리는 본능적으로 웃음이 필요하고, 인생을 즐기면서 재미없는 생각과 경직된 태도를 버릴 필요가 있음을 알고 있다. 스윈번이 이 음악적인 시에서 지적한 것처럼 우리 주변의 사물들, 즉 새, 숲속의 나무, 폭포, 비 같은 것만 자연의 소리인 것은 아니다. '인간에게서 보고 들을 수 있는 것' 역시 자연의 소리다.

노먼 커즌스가 말했듯이, 재미있는 소리들은 육신을 치유할 뿐 아니라 영혼 역시 치유한다. 우리는 "웃으며 보낸 시간은 신들과 함께 보낸 시간이다."라는 고대 동양의 속담을 떠올리게 된다. 우리에게는 웃음을 사랑하는 자연스러운 본능이 있다. 우리 모두는 삶을 유쾌하게 하고, 서로를 더욱 가깝게 느끼고, 아픈 것을 치유하고, 긍정적인 방식으로 세상에 영향을 주기 원한다. 이런 높은 이상을 달성하기 위한 가장 간단하고 기본적인 방법 중 하나는 그저 꾸밈없이 즐거움을 느끼면서 유유히 소리 높여 웃는 시간을 더 많이 갖는 것이다. 스윈번은 그것을 이렇게 표현한다. "기쁨의 영혼에 가득 찬 어린아이의 해맑은 웃음소리…… 아침이 진홍빛으로 발돋움하는 소리."

나는 이 시를 여러 번 읽고서야 세이지가 아기였을 때 터뜨린 즐거운 웃음이 바로 "기쁨 가득한 영혼"으로부터 나오는 것이었음을 알게 되었다. 이제 나는 웃음을 참지 못하고 터뜨리게 되는 자연스러운 상품이 우리 각자의 내부에 있는 신의 영역에서 나오는 것임을 확신한다.

이 시의 지혜를 당신의 생활에 적용하기 위해 다음과 같이 해보라.

- 어린이들이 서로 어울리는 모습을 관찰해 보자. 아이들이 놀면서 얼마나 자주 웃는지 살펴보자. 그런 다음 당신 안의 어린이에 대해 생각해 보자. 자신의 삶을 너무 규제하지 말고 즐거운 방법으로 내면의 아이가 자신을 표현하도록 하자.

- 심각한 인간, 또는 유머 감각 없는 사람이라는 딱지가 붙어 있다면 지금 즉시 그 딱지를 바꾸자. 단지 그렇게 해 왔다는 이유로 계속 그런 분위기에 붙들려 있을 필요는 없다.

- 의식적으로 더 자주 웃으려고 노력하자. 웃지 못한 날은 그대로 흘려보내지 말자. 노먼 커즌스의 말처럼 웃음은 '나쁜 날'에 특히 중요하다. 그는 웃음으로 나쁜 날들을 좋은 날들로 바꿨다.

- 당신의 생활에 웃음을 자아낼 재미있는 일을 가능한 한 많이 끌어들이자. 좀 미쳐 보자. 그게 인생을 밝게 해 준다. 그리고 사람들이 뭐 때문에 사느냐고 물으면 그들에게 말하라. "난 이 웃음 때문에 산다!"

33

알프레드 테니슨 경 · 실패
한 번도 해본 적 없는 것보다는

알프레드 테니슨 경(1809~1892)
1850년에 계관시인으로 임명된 영국 시인 알프레드 테니슨 경은
영국 빅토리아 시대를 대표하는 인물로 평가받고 있다.

난 조금도 부러워하지 않는다

난 조금도 부러워하지 않는다.
당당한 분노가 없는 포로를.
여름 숲을 전혀 모르는
새장 속에서 태어난 방울새를.

나는 짐승들을 부러워하지 않는다.
시간의 들판에서 마구 뛰놀며
죄책감에 구애받지 않고
양심이 깨어나지 않는 그들을.

나는 부러워하지 않는다.
자신이 축복받은 것으로 착각하며
단 한 번도
영원한 사랑의 맹세를 해본 일 없이
나태의 잡초 속에서 무기력해진 가슴을.
결핍에서 태어난 자기만족을.

나는 이것을 영원한 진리라고 생각한다.
가장 슬플 때도 나는 이렇게 느낀다.
잃게 되더라도 사랑은 일단 해 보는 것이 더 낫다고
한 번도 사랑해 본 적 없는 것보다는.

알프레드 테니슨은 빅토리아 시대의 대표적인 시인이었다. 그는 담배와 포도주에 심하게 중독되었으며 방랑자였다. 그리고 평생의 대부분을 정착하지 못한 상태로 살았다. 시인 토머스 칼라일은 랠프 월도 에머슨에게 보낸 편지에서 그를 이렇게 묘사했다. "(4대 요소 중) 우울이라는 한 요소에 잠겨 있는 격렬하고 슬픈 사람…… 세상에서 가장 멋진 외모를 가진 사람…… 그의 목소리는 굉장히 느긋합니다. 높은 웃음소리와 폐부를 찌르는 듯한 통곡에 잘 어울립니다." 테니슨에 관해 쓴 글들을 읽어 보면 그는 위험에 뛰어들기 좋아하고 노력한 일들이 계획대로 되지 않았을 때도 그 결과를 기꺼이 받아들이는 매우 열정적인 사람이었다.

여기에 골라 놓은 시에서도 그는 실패를 두려워하는 사람들이 너무 자주 무시해 버리는 것에 대해 이야기하고 있다. 그는 앞으로 계속 나아가면서 실패와 두려움을 무시해 버리라고 우리에게 말한다. 그는 새장 안에 안전하게 갇혀서 편안히 노래하는 새를 부러워하지 않는다. 자유는 위험을 타고나지만, 그래도 그는 자유에 가치를 둔다. 그는 위험한 관계들을 부담스럽다고 피하며 사는 사람들을 부러워하지 않는다. 이 시의 마지막 4행은 가장 기억할 만하다. 그리고 모든 문학 작품 중에서 가장 자주 인용된다.

나는 이것을 영원한 진리라고 생각한다.
가장 슬플 때도 나는 이렇게 느낀다.
잃게 되더라도 사랑은 일단 해보는 것이 더 낫다고.
한 번도 사랑해 본 적 없는 것보다는.

테니슨이 여기서 사랑의 관계에 대해서만 말하고 있는 것은 아니다. 위 부분은 다음처럼 고칠 수도 있을 것이다.

잃게 되더라도 일단 행동해 보는 것이 더 낫다고.
한 번도 실행한 적 없는 것보다는.

나는 당신에게 놀라운 아이디어 하나를 제안한다. '세상에 실패 같은 건 없다!'는 것이다. 실패란 우리 인간이 이미 행한 행동에 대해 내린 판단이다. 그보다는 이런 태도를 취하라. '난 실패할 수 없어. 난 단지 결과를 만들어 낼 뿐이야!' 그런 다음 당신 자신에게 던질 가장 중요한 질문은 '당신이 만든 결과를 가지고 무엇을 할 것인가?'이다.

예를 들어, 야구를 하거나 케이크를 만든다고 생각해 보자. 당신은 타석으로 나가서 헛스윙만 연달아 한다. 당신이 만든 케이크는 오븐 밖으로 튀어나와서는 눈앞에서 뭉개져 산더미를 이룬다. 하지만 우리는 실패한 게 아니라, 뭔가를 했고 결과를 만들어 낸 것이다. 이제 그 결과를 가지고 무엇을 할 것인가? 스스로에게 실패자라는 딱지를 붙이고, 자신은 요리에는 전혀 소질이 없다고 떠벌리거나 유전적으로 모자란다며 우울해 하는가? 아니면 부엌으로 다시 들어가서 만들어 낸 결과로부터 뭔가를 배우는가? 테니슨은 무슨 일을 하든지, 그것을 삶 속에서 이해하고 활용하라고 조언한다.

당신이 파산이나 이혼을 겪을지라도 실패한 것은 아니다. 그저 결과를 빚었을 뿐이다. 일이 잘못될까 두려워 방관자로 있기보다는 삶에 뛰어들어 경험하라.

당신의 진짜 본성이 어떤지 잠시 생각해 보자. 당신이 아기였을 때는, 당신을 걱정하는 주위 사람들이 말리기도 전에 일단 걸음을 떼어 놓는, 그런 본성을 가졌었다. 당신이 누워 있을 때 당신의 본성은 "앉아."라고 말하고 당신은 그렇게 한다. 본성이 "기어."라고 명령하면 당신은 복종한다. 본성이 "두 발로 딛고 일어서, 균형을 잡고 똑바로 서서 움직여."라고 말한다. 그리고 당신은 귀 기울여 듣는다.

처음 걷기를 시도했을 때는 넘어져서 다시 기게 된다. 그러나 본성은 기는 것에 만족하지 않고, 두려움과 실패를 무시한 채 다시 일어서도록 한다. 이번에는 비틀거리다가 또다시 넘어진다. 하지만 본성은 그걸 이겨 내고 결국 똑바로 서서 걷게 한다. 본성이 자포자기했다면 어땠을지 상상해 보라. 우리는 여전히 네 발로 기면서 직립 생활의 유리함을 모르고 있을 것이다.

이것은 살면서 겪는 모든 일에서 다 마찬가지다. 본성을 무시하고 두려움 속에 사는 것보다는 행동하고 그로 인해 점점 성장하는 편이 훨씬 낫다.

'두려움 fear'이라는 단어는 '진실이라고 밝혀진 잘못된 증거 False Evidence Appearing Real'라고 풀어 쓸 수 있다. 그 네 단어의 첫 자만 모으면 두려움 fear이라는 단어가 된다. 다시 말해 우리는 온갖 핑계들을 상상해 내고, 그것을 현실이라고 규정한다. 우리의 두려움은 실패할 수 있다는 환상, 그리고 실패란 가치 없는 것이라는 환상에 의해 유지되고 있다. '두려움 fear'이라는 단어를 풀어 쓴 또 다른 구절은 '모든 걸 잊고 뛰어라 Forget Everything And Run'이다. 이것은 실패가 예상되는 상황에서 그것을 극복하라는 의미다.

알프레드 테니슨은 죽기 8년 전에 귀족의 작위에 올랐다. 그리고 만년에 영국의 국민 시인이 되었다. 그러나 젊은 시절의 알프레드 테니슨은 흥미로운 일을 쫓아다니는 활기찬 남자로 실수를 마다 않고 일을 저질렀으며 여인들과 사랑하기를 갈망했다. 사랑을 잃어버릴지도 모른다는 가능성을 알고서도 그는 사랑하지 않는 것보다는 사랑하는 것을 선택했다. 실제로 그는 거절당하고 슬픔에 빠졌으나 "난 조금도 부러워하지 않는다."고 신랄하게 말했다.

당신은 어떤 일에서도 결코 실패하지 않았고, 또 결코 실패하지 않을 것이다. 실패를 두려워하는 것은 일을 그르치거나 실수하는 것을 피하려는 마음이다. 그러나 그런 실패와 실수야말로 성장을 위한 참된 핵심이다. 에디슨이 배터리를 발명하려고 고생하고 있을 때 한 기자가 2만 5,000번이나 실패하면 기분이 어떤지 묻자 그는 재미있는 대답을 했다. "실패라니, 나는 실패하지 않았어. 오늘 나는 배터리를 만들지 못하는 2만 5,000가지 방법을 알았다구!"

테니슨이 쓴 명시의 교훈을 당신의 삶에 받아들이기 위해 다음의 제안들을 실행해 보자.

- 당신 자신이나 다른 누구에게도 다시는 '실패'라는 단어를 쓰지 말자. 일이 계획대로 되지 않았을 때 그건 실패한 것이 아니라 그런 결과를 빚은 것뿐이라고 자신에게 상기시키자.

- 그런 다음 인생의 값어치를 대단히 높여 줄 이 질문을 자신에게 하자. "내가 만들어 낸 결과를 가지고 난 무엇을 할 것인가?" 그것이 빛나는 결과가 아니더라도 그것에 대해 불만스러워하지 말고 고마워하자.

- 다른 사람이 당신에게 '실패'라는 말을 쓰면, "나는 실패한 것이 아니라 케이크를 구울 수 없는 방법을 하나 더 안 겁니다."라고 점잖게 정정해 주자.

- 이전에 재능이 전혀 없다고 생각했던 활동들을 열심히 시도해 보자. 두려움이나 실패에서 벗어나는 길은 그것과 직면하는 것이다. 이전의 결과 때문에 당황하거나 겁을 먹기보다는 그 결과를 보고 웃어 주자.

34

존 그린리프 휘티어 · 후회
나는 인생을
어떻게 살기를 원하는가?

존 그린리프 휘티어(1807~1892)
사회적 대의와 개혁에 몸 바친 퀘이커 교도인 존 그린리프 휘티어는
인기 있는 뉴잉글랜드 시인이었다. 남북전쟁 후 그는 종교, 자연,
그리고 뉴잉글랜드의 생활을 주로 그렸다.

아, 가엾어라 아가씨. 아, 가엾어라 판사님

억척스러운 살림꾼과 한탄하는 부자!

그들 모두를 하느님이 불쌍히 여겨 주시기를!

헛되이 젊은 날의 꿈들을 되살리려는 우리들 모두도.

세상의 온갖 슬픈 말이나 글 중에서도

가장 슬픈 것은 "그랬더라면 좋았을걸."이라는 말.

아, 그렇지! 우리 모두에게는 얼마쯤 달콤한 희망이 남아 있지.

깊숙하니 묻혀 있다가 인간의 눈동자에서 비쳐 나오는 희망이.

지금부터는 천사들이

동굴 무덤을 막고 있는 입구의 돌을 치워 버릴지니. **「모드 멀러」**에서

위에 인용한 구절은, 19세기 미국 시인 휘티어가 쓴 「모드 멀러」라는 15연으로 된 시의 마지막 연이다. 이 시의 전문을 여러 번 읽어 보고 현자의 조언에 담긴 심오한 메시지를 발견해 보길 바란다.

시는 아름다운 처녀 모드 멀러의 이야기로 시작된다. 그녀가 목초지에서 건초를 긁어모으다 고개를 들어 보니 말을 탄 잘생긴 판사가 자신을 향해 달려오고 있었다. 그녀는 두근거리는 가슴으로 양철 컵에 물을 따라 그 판사에게 건넸다. 그녀의 마음은 "풀과 꽃과 나무에 대해, 노래하는 새들과 붕붕거리는 벌들에 대해" 물어 오는 이 친절하고 섬세한 남자와 함께 있고 싶다는 생각으로 치달렸다. 그녀는 자신이 입고 있는 누더기 옷과 단정치 못한 외모를 잊어버리고 꿈 같은 환상에 빠져들었다. 그것은 "그녀의 환경을 뛰어넘는 소망, 그녀가 감히 소유하기 어려운 소망"이었다.

그 판사가 말을 타고 사라지자, 그녀는 진심에서 "아, 내가 판사님의 신부가 될 수 있다면!" 하고 생각했다. 그러나 그렇게 되지는 않았다. 대신 그녀는 슬픔과 고통을 주는 남자와 결혼했다. 휘티어의 묘사대로 '그녀의 처지에 걸맞은 사내'였으며, 그들에게 있어 '기쁨은 의무였고 사랑은 법'이었다. 그녀는 인생의 짐을 다시 떠안았다. "그랬더라면 좋았을걸!"이라고 말하면서.

시인은 떠나간 그 젊고 멋진 판사가 강렬한 갈망을 가슴 속에 품었다고 묘사한다. 그렇지만 그는 자신의 지위가 위태로워질까 두려워

원하는 대로 할 수 없었다. "그녀가 내 사람이라면, 그리고 내가 그녀처럼 건초 거두는 일꾼이라면, 옳고 그름에 대해 의심할 필요도 없고, 끝없이 말을 풀어 내는 걱정 많은 법률가도 아니라면 좋으련만." 그는 진심에서 우러나는 열망을 뒤로 한 채, 다른 사람들에 의해 준비된 자신의 삶을 쫓아갔다. "그러나 그는 누이들을 생각했다. 콧대 높고 쌀쌀맞은. 그리고 어머니를 생각했다. 허영심 가득하고 돈이 많은. 그래서 판사는 마음을 닫고 말을 달렸다. 모드는 벌판에 홀로 남겨졌다."

판사는 그의 출신과 지위에 맞는 사람과 결혼했으나, 그 뒤에도 벌판에서 있었던 그 영혼의 만남을 계속 추억한다. 그는 "유리잔에 담긴 붉은 포도주를 보면서, 길섶의 샘을 자주 갈망했다."

그 자신만만한 남자는 남모르게 한숨을 쉬었다.
"아, 내가 다시 자유롭게 되었으면!
그날 말을 타고 달리던 때처럼 자유롭게,
거기 맨발의 처녀가 건초를 긁어모으던 그곳에서처럼."

모드와 판사의 이야기는 마지막에 이르러 감상적인 구절로 끝을 맺는다. 휘티어 자신을 떠올리게 하는 그 두 행은, 내가 여러 해 전 학교에서 상담교사로 지낼 때 학생들에게 읽어 보라고 게시판에 붙여 놓기도 했다. 우리 아이들이 실수할까 봐 두려워할 때, 침묵함으로써 위험을 피하려 할 때 나는 이 말을 다시 들려준다. "세상의 온갖 슬픈 말과 글들 중에서도 가장 슬픈 것은 '그랬더라면 좋았을 걸.'이라는 말."

꿈을 포기한 자가 과거를 돌이켜보며 내뱉는 탄식이다.

나는 살아오면서 많은 실수를 저질렀다. 그러나 내가 했던 일들에 대해 전혀 후회하지 않는다고 정직하게 말할 수 있다. 물론 나는 하지 말았어야 할 말들을 했던 적이 있다. 살아오면서 사람들에게 상처를 준 적도 있었다. 나는 몇 번 잘못된 투자를 한 적도 있고 경쟁에서 진 적도 있다. 나 자신의 중요성을 망각한 채 길을 잃고 헤매기도 했다. 그러나 과거를 원상복구할 수 없다는 것을 나는 알고 있다. 정작 나의 후회는 '내가 한 것'이 아니라, '내가 하지 않은' 것에 있다.

고등학교를 졸업한 지 20년 후 동창 모임에서, 내가 열일곱 살 소년 이었을 때 너무도 좋아했던 여자를 만났다. 나는 용기를 내서 20년 전의 감정을 그녀에게 말했다. 그녀는 "나도 네가 늘 좋았어. 만약 네가 데이트를 신청했더라면 당연히 승낙했을 거야."라고 대답했다. 나는 후회로 바닥을 굴렀다. 열일곱 살의 나는 거절 당할까 봐, 혹은 바보처럼 보일까 봐 두려워서 떨었다. 그렇게 기회를 놓치고 말았다.

당신의 마음속에서 뭔가를 시도해야 한다는 느낌이 드는데도 두려움 때문에 주저한다면 그것은 후회에 당신을 맞추는 것이다. 그런 실수는 저지르지 말아야 한다. 후회란 에너지를 엄청나게 소모하는 짓이다. 후회 위에 뭔가를 세울 수는 없다. 후회에서 뭔가를 키워 낼 수는 없다. 당신이 할 수 있는 일이란 좌절 속에서 뒹구는 것이다.

절실하게 느꼈지만 행동에 옮기지 못한 일은 후회를 부를 것이다. 조롱당할까 두려워 하지 못한 말들, 실패할까 두려워하지 않은 행동, 혼자 있기 두려워 포기한 여행, 이런 것들은 몇 년이 지나면 한 번에

한 계단씩, 절망의 다락방으로 인도하는 계단이 된다. 휘티어는 이에 대해 아주 간략하게 말했다. "그들 모두를 하느님이 불쌍히 여겨 주시기를! 헛되이 젊은 날의 꿈을 되살리려는 우리들 모두도."

당신은 분명 거절당하는 경우도 있을 것이다. 당신이 만들어 낸 결과가 언제나 당신의 마음에 들지는 않을 것이다. 때로는 조롱도 당할 것이다. 그러나 말을 꺼내거나 도전한다면 후회하지는 않을 것이다. 예수는 이렇게 말했다. "계획 위에 손을 올려놓고 뒤를 돌아보는 사람은 천국에 걸맞지 않는 사람이다."

'후회하지 말라'는 조언을 실행하기 위해 다음처럼 해보자.

- 늙어서 자신을 뒤돌아보고 있다고 상상해 보자. 그때 어떻게 느끼기를 원하는가? 후회하기를 원하는가, 아니면 가슴의 조언에 따라 살았다는 것에 만족하기를 원하는가?

- 당신의 행동에 대해 남들이 어떻게 평할지 스스로 묻지 말라. 대신 "나는 인생을 어떻게 살기를 원하는가?"라고 자신에게 묻자. 그런 다음 그 새로운 행동을 위해 작은 위험을 선택해 보자.

- 나중에 어떻게 느낄지 미리 심사숙고해 보자. 행동하지 않아 생길 잠재적인 후회를 상상해 보자. 또한 위험을 감수하고 실행했을 때의 성공적 결과를 상상해 보자. 미리 시나리오를 그려 보면, '그렇게 되었더라면 좋았을걸' 하는 후회를 피할 수 있다.

35

공자 · 인내

상처는 원래 천천히 아문다

공자(551 B.C.~479 B.C.)
공자는 중국의 교육자이자 철학자로,
그의 철학은 중국인의 삶과 문화에 큰 영향을 주었다.

일을 빨리 이루려고
욕심내지 말라.
작은 이득에 눈길 돌리지 말라.
일을 빨리 이루려는 욕심이
일을 철저히 이루지 못하게 한다.
작은 이익에 눈을 돌리면
큰일을 이루지 못한다.

나는 위에서 인용한 공자의 글을 내 컴퓨터 위쪽에 붙여 놓았다. 그 글은 '큰 일'을 가로막는 방해물을 피하라고 나에게 조용히 일깨워 준다. 우리의 위대함이 가려지면 우리는 본능적으로 그것을 깨닫는 듯하다. 하지만 그 깨달음을 무시하고 편할 대로 행동해 버릴 때가 많다.

인내는 자연 세계와 우리 개인에게 아주 중요한 요소이다. 내가 팔을 긁히거나 뼈를 부러뜨리면, 치유 과정은 내 의견과는 상관없이 그 나름의 속도대로 정확하게 진행된다. 이것이 자연의 법칙이다. 그것을 빨리 낫게 하고 싶은 내 욕망은 전혀 중요하지 않다. 공자가 2,500여 년 전에 충고했듯이 내가 인내심을 잃는다면, 치유를 방해하는 꼴이 될 것이다. 이 고대 중국 선조의 지혜에 맞먹을 만한 말을 셰익스피어도 했다. "참을성 없는 자들은 얼마나 불쌍한가! 상처가 서서히 낫지 않고 일시에 나은 적이 있는가?"

내가 아이였을 때 봄철에 무씨를 심은 기억이 난다. 초여름이 되자 푸른 싹이 땅 위로 불쑥 나와 있는 것을 발견했다. 나는 그것들이 아주 조금씩 자라나는 걸 매일 지켜봤다. 마침내 나는 더 이상 참을 수가 없어서 그 무싹들을 잡아당기기 시작했다. 자연은 스스로의 시간표에 맞춰 그 비밀을 드러낸다는 걸 미처 몰랐다. 그 작은 잎들은 무도 달려 있지 않은 채로 땅속에서 뽑혀 나왔다. 무를 빨리 키우고 싶은 어린애의 조급함이 무를 전혀 크지 못하게 한 것이다.

내가 낸 책이 이전에 냈던 책들처럼 베스트셀러 목록에 오르지 않을 때가 있다. 그럴 때면 이 현명한 중국 현인의 다음과 같은 관점을 떠올린다. "큰일은 시간을 걱정하지 않는다." 그가 떠난 지 2,500년이 지난 뒤에도 그의 말들이 여전히 인용되고, 그의 지식들은 여전히 활용되고 있다. 그는 베스트셀러 목록에 오르는 일 따위에는 전혀 신경 쓰지 않았을 것이다.

『기적이 일어나는 과정A Course in Miracles』이라는 책에 이런 글이 나온다. "무한한 인내는 즉시 결과를 낳는다." 이 말은 공자의 2,500년 된 충고를 그대로 되풀이한다. 무한한 인내란 전적으로 믿거나 완전히 깨달은 상태를 나타낸다. 당신이 하고 있는 일이 자신의 목적에 일치하고, 또 분명히 큰 목적을 달성하기 위한 것이라면 당신은 평화로운 상태를 유지하고 있는 것이며 임무와 조화를 이루고 있는 것이다. 그런 평화는 즉각적인 느낌이며, 더없이 행복한 상태이다. 그러므로 무한히 인내하는 자는 일을 빨리 해치우는 것에 관심이 없다. 지금 즉시 결과를 볼 필요를 느끼지 않는다. 베이고 긁힌 상처들은 참을성 없는 에고에 따르는 것이 아니라 자연스런 본능에 의해 치유된다.

이런 깨달음은 내가 글을 쓰는 데, 그리고 내 필생의 일들에 어마어마한 도움을 주었다. 나는 아이들의 세세한 시험 점수에 지나친 관심을 갖지 않는다. 왜냐하면 그들의 삶에서 더 큰 그림을 볼 수 있기 때문이다. 동양의 격언 중에 "시간과 인내가 있으면 뽕잎이 실크 가운이 된다."는 말이 있다. 나는 우리 아이들도 만들어지고 있는 실크 가운이라 생각한다. 지금은 뒷걸음질 치더라도 그것이 아이들의 위대함에 흠집을 내기보다는 결국 공고하게 하리라는 것을 알고 있다.

참을성이 없으면 두려움, 스트레스, 낙담이 커진다. 인내는 신뢰감, 결단력 그리고 평화로운 만족감을 증진시킨다. 성공의 즉각적인 증표를 원하고 있지는 않은지 자신의 삶을 스스로 살펴보자. 목표를 가지고 더 큰 그림을 본다면 훈장이나 박수 같은 것에 대해선 초연해질 수 있을 것이다.

나 역시 많은 사람들처럼 중독을 이겨낸 경험이 있다. 나는 카페인이나 알코올 같은 중독 식품을 끊어야겠다고 생각했다. 그래서 하루 동안 카페인과 술을 끊은 날엔 경계심을 다소 늦추고 콜라나 맥주를 한 잔씩 하며 자축하는 방법을 썼다. 처음부터 아주 철저했던 것은 아니다. 하지만 스스로 무한한 인내심을 발휘한 뒤, 나는 그 일에 성공할 수 있었다. 끝없는 인내를 통해서, 나는 중독 물질들이 나의 가장 큰 목적과 내가 해야 할 일을 방해한다는 걸 알았다. 그리고 나는 중독에서 완전히 벗어났다.

중독을 끊으려는 생각, 그리고 공자가 '작은 이득'이라고 표현한 모든 노력과 실패는 모두 깨끗해지기 위한 과정의 일부였다. 스스로에게 인내했기 때문에 나는 그 작은 승리로도 참아낼 수 있었다. 참아내기 시작하자 더 철저하게 중독 물질들을 끊을 수 있었다. 가만히 있어도 그 과정이 스스로의 속도로 진행되어 갔다. 참을성만 있다면, 작은 승리들을 자축하다가 다시금 실패를 되풀이하는 동안에도 놀라운 능력에 이르게끔 된다. 이런 상황의 의미를 알고 있다면, 당신은 다음 두 개의 모순적인 말을 즐기게 될 것이다. "무한한 인내는 즉각적인 결과를 낳는다." 그리고 "하루에 한 번씩 영원한 결과를 만든다."

시계를 몇 시간 앞으로 돌려놓고 벽에 걸린 달력 몇 달 치를 찢어버린다고 해서 당신이 시간을 앞서 갈 수는 없다. 실패와 좌절은 금방 이뤄질 성공 바로 옆에 있다. 실패와 좌절은 성공의 일부분이고 한 조각이다. 상처는 그 자체의 속도로 진행되게 놔두어야만 한다. 무화과를 먹기 위해서는 먼저 무화과꽃이 피고, 열매를 맺게 해 줘야 한다. 자신의 본성을 믿고, 일이 빨리 이뤄지기를 바라는 욕망을 없애라.

인내를 이루기 위해서 다음 제안들을 실행해 보자.

- 금방 표시 나는 증표로 자신을 자극하려는 조건부 수단을 버리자. 자신이 눈에 보이는 것보다 훨씬 더 높은 임무를 맡고 있다는 사실을 깨닫는다면, 지금 눈에 보이는 어리석은 결과들로부터 자유로워질 것이다. 게임 전체를 봤을 때 초반에 앞서 나가는 것은 나중에 크게 불리할 수도 있다.

- 5분간의 이익보다는 500년 동안의 이익을 따지면서 당신이 하고 있는 일을 생각하자. 지금부터 500년 뒤에 여기 있을 우리 같은 사람들을 위해서 일하자. 그러면 금방 얻을 결과보다는 훨씬 더 큰 일을 강조하게 될 것이다.

36

엘라 휠러 윌콕스 · 인생의 태도

원하지 않는 것에
에너지를 쏟지 마라

엘라 휠러 윌콕스(1850~1919)
관념론과 신지학, 신비주의에 이끌린 드라마틱한 개성의 소유자, 엘라 휠러 윌콕스는
시집과 신문의 칼럼으로 독자들에게 많은 사랑을 받았다.

고독

웃어라, 그러면 세상도 함께 웃을 것이다.

울어라, 그러면 그대 혼자 울게 되리라.

이 슬픈 옛 세상은 제 고민으로 가득해

환한 웃음을 지을 수 없기 때문이다.

노래하라, 그러면 언덕이 화답할 것이다.

한숨을 쉬어라, 그러면 허공으로 흩어져 버린다.

되돌아오는 메아리 소리가 즐겁게 들릴지라도

실은 근심으로 떨리고 있으니

기뻐하라, 그러면 사람들이 그대를 찾을 것이다,

슬퍼하라, 그러면 그들은 돌아서서 가버릴 것이니.

그들은 그대의 완전한 기쁨을 송두리째 원하나

슬픔은 필요로 하지 않는다.

기뻐하라, 그러면 친구들이 많아진다.

슬퍼하라, 그러면 모든 친구를 잃을 것이니

그대의 달콤한 포도주를 거절할 사람은 아무도 없으나

인생의 쓴 잔은 혼자서 마셔야 한다.

잔치를 열어라, 그러면 홀이 가득 찰 것이다.

세상을 멀리하라, 그러면 세상이 비켜 지나간다.

성공해서 베풀라, 그러면 삶에 도움을 얻을 것이나

죽음을 도울 수 있는 사람은 아무도 없다.

기쁨의 홀에는 공간이 있다.

당당하고도 긴 행렬을 위한.

그러나 하나하나씩 우리는 모든 것을 쌓아두어야 한다.

고통의 좁은 복도를 지나서

이 시의 제목은 '고독 Solitude (홀로 있는 상태)'이다. 하지만 나는 이 시의
제목이 '마음가짐 Attitude (마음의 상태)'이라면 훨씬 더 잘 어울릴 것이라

고 생각한다. 자주 인용되는 이 시를 통해 엘라 윌콕스가 말하고 있는
것은 어떤 마음가짐을 가지든, 우리는 바로 그것을 인생에 끌어들이
게 된다는 사실이다. 슬프다는 생각은 공허함을 끌어들인다. 기쁨을
생각하면 세상은 당신과 함께 금방 웃게 될 것이다. 이 아름답고 간단
한 시는 에너지장이 예측되기 전에 쓰인, 에너지장 이론의 가장 기본
적인 표현이다.

나는 이것을 에너지장 이론으로 설명한다. 세상을 구성하는 것들이
각각 분리된 것이 아닌 거대한 흐름의 장을 형성하고 있다는 이론인
데, 인간의 의지나 신념, 희로애락도 에너지에 빗댈 수 있다. 이 에너
지장은 우리가 생각하고 경험해 나가는 방법에 의해 만들어진다. 예
를 들어, 우리는 어떤 에너지 장에 들어갔다는 것을 지각하지 못하더
라도 종종 슬픔이나 기쁨을 느낀다. 암스테르담에 있는 안네 프랑크
의 집을 방문했을 때, 나는 거의 숨을 쉴 수 없었다. 수백만 명이 찾아
와 안네의 삶을 이야기했을 그 곳은 집 전체의 공기마저 무거웠다.

기쁜 에너지장 역시 남는다. 영적으로 뛰어난 사람 앞에서는 누구
나 사랑을 느끼고, 그들의 에너지장에 들어가자마자 의식이 바뀌게
된다. 엘라 휠러 윌콕스는 "웃어라, 그러면 세상도 함께 웃을 것이다.
울어라, 그러면 너 혼자 울게 되리라."는 이 유명한 첫 두 행으로 에너
지 장의 핵심을 자신도 모르게 잡아냈다.

몇 년 전 해변가를 산책하던 날 일이다. 시카고에서 온 한 여인이
전날 밤 텔레비전에 나온 내 모습을 알아보곤 나에게 다가와 물었다.
"여기 남부 플로리다에 사세요?" 나는 그렇다고 대답하고 해변을 산

책하고 있다고 말했다. 그러자 그녀는 흔히들 하는 질문을 했다. "여기 사람들은 어때요?" 나는 이렇게 되물었다. "시카고 사람들은 어떻죠?" 그녀는 활짝 웃으며 중부지방 사람들이 얼마나 따뜻하고 친절한지를 설명했다. 나는 그녀에게 즉시 말했다. "보면 아시겠지만 여기도 마찬가집니다."

산책을 마치고 돌아오는 길에, 남편을 따라 뉴욕에서 온 한 여인에게서도 똑같은 질문을 받았다. 자연히 나도 같은 질문을 던졌다. "뉴욕 사람들은 어때요?" 그녀는 대도시 사람들이 얼마나 무감각하고, 편 가르기가 심하고, 불친절한지 늘어놓았다. 나는 "아시게 되겠지만 여기도 마찬가지죠."라고 대답했다. 우리는 자기 마음으로 투영해 내는 것을 우리 인생에 그대로 끌어들인다. 세상이 더러운 웅덩이라고 느끼는 사람에게는 해충만 눈에 띈다. 반면에 인간은 선하다고 믿는 사람들은 다른 이들에게서 같은 마음을 본다.

최근 한 텔레비전 쇼에 패널로 참가했는데, 패널로 나온 사람들 모두가 한 목소리로 미국의 서비스의 질 저하를 언급했지만 나는 동의하지 않았다. 나는, 기대는 그 기대하는 바를 스스로 이끌어낸다고 설명했다. 내가 어떤 소매점이나 레스토랑에 들어갔을 때 나는 명랑하고 친절하게 대접 받기를 기대한다. 그리고 나는 바로 그것을 얻는다. 친절한 점원을 찾을 수 없을 때 나는 기분 나쁘고 불쾌한 생각으로 내 에너지장을 오염시키지 않는다. 대신 내가 찾고 싶은 에너지를 밖으로 내보내기 시작한다. 무뚝뚝한 웨이터를 만나면 "자네 오늘은 기분이 안 좋은 날인 것 같군. 이해하네. 이게 보통 힘든 직업인가! 좀 쉬게."라고 말하면서 오히려 내 에너지 장 속으로 그를 끌어들인다.

당신의 에너지장은 당신이 만들어 내는 진동수가 어떻든 그 주파수에 맞춰 발산된다. 우리는 매일 수많은 사람의 에너지장에 영향을 주고받는다. "원하지 않는 것이나 믿지 않는 것에 에너지를 쏟지 마라."는 것이 조언의 핵심이다. 매일 아침 하루의 첫 모습을 대하면서, "하느님, 좋은 아침이군요."라고 할 것인지, "하느님 맙소사, 아침이군."이라고 할 것인지는 당신의 선택에 달렸다. 뭘 선택하든 그것이 당신의 삶에 초대될 바로 그 에너지다.

당신의 마음가짐을 이렇게 바꿔 에너지장의 진동수를 증가시키자.

- 이 시에 나오는 슬픔, 한숨, 눈물 같은 부정적인 것들을 겪게 될 때 자신에게 물어보자. "내가 이렇게 처져 있으면 누가 내 곁에 있기를 바라겠는가?" 그런 다음 그 상태에서 빠져나올 시도를 하자.

- 당신의 에너지장 안으로 당신이 원하는 것들을 끌어들일 방법이 있는지 살펴보라. 당신이라는 '자석'은 부정적인 자력을 띨 수도 있고, 긍정적인 자력을 띨 수도 있다. 무엇을 선택하느냐가 당신의 삶을 무엇으로 채울지를 결정할 것이다.

- 밝아지자. 스스로 밝아질수록 자만심에서 벗어나 삶이 훨씬 즐거워진다. 얼마나 많이 웃고, 노래하고, 즐거워할지를 스스로 조절해야 한다. 부정적인 감정이 당신을 유혹하더라도 이겨내라.

37

잘라루딘 루미 · 슬픔의 극복

슬픔의 구덩이에서
빠져나오는 방법

잘라루딘 루미(1207~1273)

페르시아의 신비로운 시인이자 수피Sufi 성인인 잘라루딘 루미는,
신과 일치하고 싶은 영혼의 성스러운 열망과
자아를 넘어 성취할 수 있는 순수한 사랑에 대해 글을 썼다.

나는 비탄이 슬픔을 한잔 마시는 것을 보고 꾀었다. "달콤하지, 그
렇지?" 그러자 비탄이 대답했다. "나를 알아버렸군. 그리고 내 사
업을 망쳐버렸어. 이게 축복이라는 걸 당신이 알았으니, 이제 난
어떻게 슬픔을 팔고 다닐 수 있지?"

아, 비탄에 잠기는 걸 좋아할 수도 있을까. 많은 책에서는, 비탄이란
상처의 회복을 위해 대단히 중요한 과정이라고 말한다. 더 나아가, 상
실감을 극복하고 온전한 정신을 회복하기 위해 반드시 경험해야 할

단계라고까지 말한다. 잘라루딘 루미 성인은 13세기경, 현재 우리가 아프가니스탄이라고 알고 있는 지역에 살면서 글을 쓴 신비주의 시인이다. 중세에 쓴 그의 메시지에서는, 비탄이란 회복 과정에서 견뎌내야 하는 필요악 같은 것이라기보다 축복이라고 말하고 있다. 삶의 어두운 순간은, 달콤한 신의 음료수를 마실 기회라는 것이다.

대부분의 사람들에게, 비탄은 상실이나 비극적인 사건이 일어났을 때 반응하는 방식이다. 살면서 고통스러운 경험을 겪음으로 인해 비탄에 빠지는 것은 자연스러워 보인다. 그러나 우리가 루미의 말에 담겨 있는 지혜를 안다면, 이 비탄의 과정을 슬쩍 비껴가서, 슬픔을 달콤한 맛으로 바꿔 놓을 수 있을 것이다.

나는 가장 위대한 가르침 중 하나를 수세기 전에 만들어진 유대교 경전인 『카발라』에서 얻었다. 내가 얻은 그 간단한 교훈은 '인생을 살면서 몰락을 겪게 되면, 우리는 자신을 더 높은 단계로 끌어올릴 에너지를 얻게 된다.'는 것이었다. 나는 이 고대의 지혜로운 말을 읽고 또 읽었다. 그 지혜는 인생의 어려운 순간이 찾아올 때마다 날카로운 고통을 누그러뜨려 주었다. 절망에 빠진다는 것은 우리를 더 높은 곳으로 끌어올려 줄 에너지가 그 안에 있다는 뜻이다.

우리 인생에는 사고, 질병, 재정적인 재난, 관계의 단절, 화재나 홍수, 재산의 손실, 혹은 죽음과 같은 절망적이고 어두운 시간들이 존재한다. 그 시간은 우리를 고통, 분노, 거부, 그리고 슬픔에 무수히 빠뜨린다. 대부분이 그렇듯이, 당신도 슬픔 속에 깊이 가라앉아 자신의 불행을 사람들에게 말하고 싶을 것이다. 하지만 마침내 긴 시간이 지나면, 당신은 그것을 딛고 일어나 포용하는 상태에 이르게 된다.

상실이나 몰락이라고 당신이 이름 붙인, 살면서 일어났던 그 사건들을 돌이켜보라. 그리고 그 일들이 이미 예정되었던 일이라고 가정해 보라. 슬픔을 가져다 준 그 사건은 '반드시' 겪어야 했던 일이고, 당신이 그 사실을 알고 있었다고 가정해 보라. 그리고 이제 당신이 거기에 걸맞은 행동을 선택할 수 있다고 생각해 보라. 분명 이런 가정은, 지금껏 큰 재앙이나 죽음에 대해 배웠던 것과는 상충하는 것이다. 당신의 감정을 무시하라는 말이 아니다. 루미의 시각에서 본 진리가 고통스런 상황에 반응하는 또 다른 방법을 제시한다는 말이다. 슬픔 안에 있는 선물이나 달콤함을 열린 마음으로 받아들이라는 것이다.

이 세상은 우리 모두를 꼭 필요로 하는 합리적인 체계라서, 거기에 우연이란 없다. 바로 지금 여기, 슬픔의 한가운데서 배울 것이 있다. 당신은 이런 교훈을 받아들여 즐거운 확신을 맛볼 수 있다. 비극을 좋아하는 척할 순 없으나, 그것을 더 높은 경지에 올라갈 수 있는 에너지로 사용하겠다고 마음먹을 순 있다. 나는 이런 식으로 슬픔을 이겨낼 것이고, 슬픔을 파는 행상인의 장사판을 뒤엎을 것이다.

원시사회에서 죽음은 축하의 기회였다. 슬픔과 비탄의 시간 속에서도 그들은 기본적인 사실을 잊지 않았다. 이 땅에 도착한 것도 떠나는 것도 질서에 따라 이뤄진다는 사실을. 우주는 모든 일을 완벽하게 진행한다. 이 질서는 우리가 일생동안 겪은 수많은 고통을 포함하여 창조물의 세포 하나하나 속에 흐르고 있다.

나는 고등학생 때 높이뛰기 선수였다. 가로막대 너머로 내 온몸을 던질 도움닫기를 할 때는, 에너지를 증폭시키기 위해 최대한 몸을 낮췄다. 더 높이 솟구치려면 몸을 낮추었다가 점프를 해야 했다.

비탄이 단지 슬픔의 내적 표현일 뿐이라면, 그것은 우리를 끝도 없는 밑바닥까지 추락시킬 것이다. 우리는 한없는 슬픔 때문에 꼼짝도 하지 못하고 죄책감과 고통에 짓눌릴 것이다. 그러나 이런 절망 안에 달콤한 축복이 있다는 사실을 알게 되면, 슬픔을 떨쳐 버릴 수 있다. 몰락이 있기에 우리는 일어설 발판을 다시 얻고, 황폐한 삶의 구덩이에서 빠져나와 위로 솟구치게 된다.

여기 비탄이라는 딜레마에 대한 몇 가지 대안이 있다.

- 슬픔에 잠겨 있는 순간에 아주 침착하게 말해 보자. "내적으로나 외적으로나, 이 상실감을 넘어서서 고통을 축복으로 바라볼 수는 없을까?" 그리고 자신의 반응을 잘 살핀 후 그대로 따라 보자. 당신은 절망에 대해 좀 더 나은 반응을 보이게 될 것이다.

- 상실감을 정직하게 드러내는 연습을 해보자. 상실감을 느끼고, 그것을 표현하는 모든 과정 속에서 축복을 느낄 수도 있다. 즉각적인 변화를 바라지는 말자. 내가 다를 수 있음을 인정하고, 느끼는 그대로 내버려 두자.

- 모든 절망은 축복이며 모든 상실은 신의 질서라는 사실을 알게 되면, 점차 슬픔을 달콤하게 여기게 될 것이다. 그리고 삶의 모든 영역에서 더 높은 곳으로 날아오를 에너지를 갖게 될 것이다.

38

미켈란젤로 · 희망

능력의 한계를 따지면
얻는 것은 한계일 뿐

미켈란젤로(1475~1564)
미켈란젤로 부오나로티는 이탈리아의 화가이자 조각가, 건축가, 시인이었으며
르네상스의 시각 예술사에서 탁월한 인물이었다.

너무 높아

이룰 수 없는 목표보다

더 위험한 것은

너무 낮아

손에 닿아 버리는 목표이다.

나는 25년이 넘게 라디오와 텔레비전 토크쇼에 고정 출연해, 모여 있
는 청중들과 대화를 나누고 토론을 벌였다. 이런 쇼를 진행하면서 가
장 많은 비판을 받았던 부분은, 내가 비참한 상황에 있는 사람들에게

희망적인 말을 너무 많이 한다는 것이었다. 사람들은 그것이 위험할 수도 있다고 말했다. 하지만 나는 너무 많은 희망을 품는 것이 어떻게 위험한지 여전히 이해할 수가 없다.

누군가가 치료 불가능한 병을 진단 받았다고 이야기하면, 나는 정반대의 결과를 목표로 삼으라며 용기를 준다. '시간이란 것이 생긴 이래로, 한 번 일어났던 기적은 다시 일어나기 마련'이라는 법칙에 대해 나는 자주 말한다. 그 법칙은 폐기된 적이 없으며 아직도 책에 실려 있다고 설명한다. 그리고 다른 사람의 경우를 예로 든다. 누군가는 '6개월밖에 못 사니 집에 가서 죽기를 기다리라'는 말을 들었는데도 결국 그 질병에서 빠져나왔다고 말이다. 나는 매일 많은 사람들에게서 편지를 받는다. 그들은, 다른 사람들이 제시한 낮은 목표와 낮은 희망을 거부했던 사람들이다. 그들의 편지에는, 어려운 시기에 받은 희망의 메시지가 얼마나 고마웠는지 적혀 있다.

미켈란젤로는 89세의 나이로 생을 마쳤다. 요즘으로 따지면 130세가 넘은 나이였는데도 여전히 조각하고, 그림을 그리고, 글 쓰고, 디자인을 했다. 희망과 목표를 높게 가져야 한다는 이 유명한 글은, 그의 경험에서 우러나온 것이리라. 위험은 잘못된 희망에 있는 것이 아니다. 오히려 희망이 없거나 희망이 낮은 데 있는 것이다. 그 결과 우리의 목표는 이뤄지고 실현되기도 전에 잘못된 믿음에 의해 사그라진다.

이것은 육체적인 질병을 극복하는 것뿐만 아니라 실제 우리 삶에서 일어나는 모든 일과 관계가 있다. 이 세상은 목표를 낮게 잡고 생각의 범위가 좁은 사람들로 가득 차 있다. 그들은 이 소심한 생각을 다른 이들에게도 강요하고 싶어 한다. 정말 위험한 것은 기대를 접고 포기하거나, 자신에 대해 아주 낮은 기준을 적용하는 것이다. 많은 사람이 역사상 가장 위대한 예술가로 꼽고 있는 사람, 미켈란젤로의 말에 주의를 기울이자.

나는 플로렌스에 있는 다비드상 앞에 섰을 때 꼼짝도 할 수 없었다. 대리석 밖으로 금방 뛰쳐나올 것 같은 그 크기, 위엄, 정신을 통해서 미켈란젤로는 "목표를 높게 잡아라."고 말하고 있었다. 어떻게 그런 걸작을 만들 수 있었느냐는 질문을 받았을 때 그는 이렇게 대답했다. "다비드 상은 이미 대리석 안에 있었으며, 나는 그저 다비드가 탈출할 수 있도록 나머지 부분을 쪼아냈을 뿐입니다." 그의 목표는 정말 높았다. 그의 드높은 목표는 시스티나 성당에도 잘 드러나 있다. 미켈란젤로는 성당의 천장에 그림을 그리기 위해 1508년부터 1512년까지 4년 동안이나 드러누운 채 날마다 작업을 했다. 군소 예술가들은 불가능하다고 여겼을 일이었다. 하지만 미켈란젤로는 그 일을 맡았다. 그리고 대단한 에너지, 대단한 재능, 정말 대단한 목표로 가득 차 남은 생애 동안 더욱 많은 일을 했다.

실제로 미켈란젤로의 예술은 모두 한 가지 아이디어를 표현하고 있다. '사랑은, 신에게로 향하는 인간의 투쟁을 돕는다는 것이다.'는 것이다. 이것은 그가 쓴 300편의 소네트를 포함해, 그의 그림, 조각, 건축 디자인들 모두에 표현되어 있다. 이탈리아에서 은행업자의 아들로 태어나 비천한 어린 시절을 보낸 이 남자는 희망이 높고, 꿈이 크고,

그리고 기대를 낮춘다는 걸 견딜 수 없었기에 르네상스 시대와 인간 역사를 통틀어 가장 존경 받는 리더로 떠올랐다.

몇 년 전, 아내와 함께 발리의 시골 마을을 걸어가고 있을 때였다. 우리는 마을 입구에 앉아 있는 한 노인이 구름 만드는 일을 한다는 이야기를 들었다. 사람들은 그 노인이 단지 생각만으로 가뭄에 비구름을 만들어 낼 수 있다고 믿었다. 그 얘기를 들으면서, 구름 만드는 일 같은 건 인간의 능력 밖에 있다는 회의감이 나도 모르게 들었다. 하지만 지금은 그 상황 속에서 하나의 진실을 깨닫는다. '아무도 비관론자가 될 만큼 많이 아는 사람은 없다.'

이제 나는 우리 아이들과 함께 풀밭에 누워 구름을 만들곤 한다. 이웃 사람들은 구름을 만들 수 있다고 믿는 우리 아이들을 보면서 좀 이상하다고 중얼거릴지도 모른다. 하지만 나는 아이들 중 하나가 "봐요, 아빠! 내 구름을 아빠 것에 부딪치게 했어요!"라고 소리치는 걸 들으면서 이웃들의 그런 비관주의를 무시해 버린다. 나는 그런 생각이 결코 위험하다고 생각하지 않는다. 나는 미켈란젤로의 말에 전적으로 찬성한다. 목표가 너무 낮아서 우리 손에 닿아버리는 것이 더 큰 위험이다.

미켈란젤로의 충고는, 500년 전에 살았던 그의 인생에도 적용되지만, 오늘날 우리 인생에도 적용될 수 있다. 비관적인 생각으로 당신에게 영향을 끼치려는 사람들의 말을 절대로 듣지 말라. 〈다비드〉, 〈피에타〉 그리고 시스티나 성당 천장의 황홀한 프레스코화를 통해 빛나고 있는 미켈란젤로의 능력을 신뢰해 보자. 모든 인류를 하나로 묶어 주는, 우주적 정신을 공유한 이 예술가와 의식적인 접촉을 해보라.

그가 이룩한 것들은 내가 이 장 처음에 제시한 메시지로부터 나온다. 목표를 높게 두어라. 기대치를 낮게 책정하지 말라. 무엇보다도, '희망이 너무 크면 위험하다, 좋지 않다'라는 이상한 생각에 유혹당하지 말라. 높은 희망은 삶을 치유하는 쪽으로 당신을 인도할 것이다. 그리고 당신만의 명작을 만들어 내도록 도울 것이다.

미켈란젤로의 충고를 우리 삶에 받아들이기 위해 다음의 간단한 지침을 실천해 보자.

- 절대로 목표를 낮게 잡거나 기대를 낮추지 말자. '능력의 한계를 따지게 되면 얻는 것은 한계일 뿐'이라는 사실을 항상 기억하자.

- 능력의 한계를 지적하는 사람들의 말에 흔들리지 말자. "위대한 사람은 늘 평범한 사람들의 격렬한 반대에 부딪친다."라는 아인슈타인의 유명한 말을 기억하라. 그리고 희망을 가져라.

- 살아가면서 원했지만 이루지 못한 일이 있다면, 89세의 나이로 그림을 그리고, 조각을 하고, 글을 썼던 5세기 전의 미켈란젤로를 떠올려라. 그는 당신에게 이렇게 말한다. 원하는 것은 무엇이든지 이룰 수 있으며, 가장 큰 위험은 희망을 너무 많이 가지는 것이 아니라 희망이 없는 것이라고.

4부

그 누구도
섬이
아니다

39

랠프 월도 에머슨 · 타인 존중

나와 다른 상대를 이해하는 법

랠프 월도 에머슨(1803~1882)
미국의 시인이자 수필가이자 철학자인 에머슨은 자연이란 영적인 존재가
형상을 띠고 태어난 것이라고 믿은 확고한 낙관주의자였다.

우화

산과 다람쥐가
말싸움을 벌였다.
"이 눈꼽만 한 건방진 놈아."라고 산이 부르자
다람쥐 녀석이 대답한다.
"넌 덩치는 정말 크구나.
그러나 삼라만상과 춘하추동이
한데 합쳐져야
1년이 되고
세계가 되느니라.

때문에 나는 지금의 내 위치가

전혀 부끄럽지 않다.

내가 너만큼 크지는 못하지만

너는 나만큼 작지는 못하고.

내 반만큼도 날쌔지 못하잖아.

물론 네가 나에게

매우 아름다운 길이 되어주는 것을 인정한다.

각자의 재능은 모두 다른 법. 만물은 적절하고 현명하게 이루어

졌다.

내가 숲을 짊어질 순 없지만

너 역시 도토리를 깨지는 못한다.”

나는 랠프 월도 에머슨을 무척 존경한다. 이 선집에서는 그의 시만 유
일하게 두 편이 실려 있다. 한 번은 그의 시에서 골랐고, 두 번째는 폐
부를 찌르는 듯한 그의 에세이에서 골랐다. 에머슨은 미국 초월주의
자들의 전통을 처음으로 세운 사람이다. 그의 철학은 우주의 영이 어
디에나 스며 있다는 것을 강조했는데, 그에 의하면 신은 존재하지 않
는 곳이 없다. 앞서 인용한 「우화」에서 에머슨은 다람쥐와 산의 싸움
을 시적으로 표현하면서, 이런 견해를 나타내고 있다.

　그가 살던 시대에 사람들을 영적으로 인도하는 것은 국교만의 독점

적 영역이었다는 사실을 상기한다면, 에머슨이 얼마나 위대한가를 새삼 이해할 수 있을 것이다. 에머슨은 전통적 종교의 교리와 수사학에 도전했다. 그는 모든 곳에 존재하는 신의 모습을 보면서, 신이 형체를 지닌 실물이라면 그리 위대하지도, 나약하지도 않다는 새로운 깨달음에 대해 이야기했다.

털북숭이 작은 설치류 다람쥐는 보이지 않는 신의 힘을 가지고 있다. 그것은 산이 등에 숲을 업고 다닐 수는 있지만 딱딱한 열매 하나 깨뜨릴 수 없는 것과 똑같다. 이 시에서 에머슨은, 우리 각자는, 살아 있는 모든 것들은, 자신의 사명을 완수할 특별한 기회를 얻은 신의 피조물이라고 말한다. 나는 비슷한 이야기를 하나 더 알고 있다. 나의 위대한 스승 니사르가닷타 마하라지가 한 이야기다. 그는 인도에서 영혼의 성자로 큰 존경을 받았다. 어느 날 한 열성 신자가 니사르가닷타에게 물었다. "스승님은 어떻게 '내 세계에서는 잘못된 것이 하나도 없다.'고 말할 수 있습니까?" 그러자 니사르가닷타는 나무와 원숭이의 대화를 이야기해 주었다.

원숭이가 나무에게 말했다. "너 정말 평생 한 자리에 붙박인 채 전혀 움직이지 않았다는 거냐? 이해할 수 없어!"
나무가 원숭이에게 말했다. "너 정말 하루 종일 한시도 가만있지 않고 이리저리 힘들게 쏘다닌다는 거냐? 이해할 수 없어!"

결국 질문을 던졌던 사람은 자신의 스승이 영혼을 바라보는 관점,

즉 자기 몸을 자기 것으로 인정하는 법에 대해 이해하게 되었다. 다른 사람을 비판의 눈으로 바라보면, 원숭이가 나무를 이해하는 식의 시나리오나, 그 반대의 시나리오를 만들게 된다. 에머슨의 시에서 알 수 있듯이, 두 생명체가 보편적으로 동등한 지성이 있다는 것은 확실하지만, 그 둘은 서로를 좀처럼 이해하려 들지 않는다. 에머슨의 이 우화와 니사르가닷타의 이야기는 특히 내 삶에 딱 들어맞는다.

나는 최근 아내와 함께 『약속은 약속A Promise Is a Promise』이라는 책을 썼다. 어떤 어머니에 대한 실화인데, 그녀는 28년도 넘게 혼수상태에 빠진 딸을 돌보고 있다. 어머니는 24시간 내내 두 시간 간격으로 딸을 먹이고, 돌려 눕히고, 네 시간마다 인슐린을 주고, 이런 모든 비용을 지불하기 위해 돈을 벌고, 매일 밤 딸 곁의 의자에서 잔다. 28년 전, 열여섯 살이었던 딸 에드워다가 당뇨성 혼수에 빠져들고 있을 때였다. 딸은 "내 곁을 떠나지 않을 거지, 엄마?"라고 부탁했고 어머니 케이는 "얘야, 절대로 떠나지 않을게. 약속한다. 약속은 약속이야."라고 대답했다.

그 후 28년 동안 에드워다 오바라는, 조발성 치매의 일종인 간장병 증세 때문에 눈을 테이프로 붙인 듯 감아야 했던 코마 원coma 1 상태에서, 목소리와 웃음소리를 알아듣고 울기도 하는 코마 나인coma 9 상태까지 점차 회복되었다. 그러나 이 이야기의 가장 놀라운 부분은 에드워다가 자신을 방문한 사람들에게 끼친 영향이다. 나와 아내는 케이 모녀를 볼 때마다 깊은 자비와 사랑을 느꼈다. 나는 이 믿을 수 없는 사랑을 널리 전해서 두 사람이 진 엄청난 빚을 줄이도록 돕고, 그 과정에서 글쓰고 말하는 내 재능을 사용할 수 있다는 사실에 감사함을 느꼈다. 나는 케이와 에드워다로 인해서 이기적 자만심을 줄이고 더 영적인 수준의 봉사를 할 수 있었다.

에드워다가 앞으로 계속 움직이지 못한다 해도 그녀가 자기 일을 하고 있다는 것을 나는 안다. 그리고 누가 알겠는가. 나와 내 글과 강연을 통해서 그녀가 깨어 있을 때보다도 훨씬 더 많은 사람들과 접촉하고 있을는지를. 나는 알고 있다. 에드워다 오바라의 삶은 세상 그 누구의 삶보다 가치 있다는 것을. 에드워다의 삶은 자신에게 예정된 방법으로 날마다 그 사명을 완수하고 있다. 그녀는 우리에게 자비를 베풀라고 가르친다. 그녀는 우리에게 조건 없는 사랑에 대해 가르친다. 그녀는 나에게 인생은 무한대의 가치를 지니고 있다는 사실을 직접 체험하도록 해 주었다. 나는 이 젊은 여자가 25년 이상이나 생명 유지 장치를 부착하지도 않은 채 이런 상태로 살아온 이유를 그저 이해하는 척하고 있는 게 아니다. 세상에는 내가 절대로 이해하지 못할 것들이 많은데, 나는 그 이해 못할 방식 때문에 그것들을 좋아한다.

『약속은 약속』을 쓰면서 오바라 가족과의 만남을 통해 배운 것은, 내가 마치 나무에게 말을 거는 원숭이나, 산과 대화하고 있는 다람쥐 같다는 것이었다. 원숭이나 다람쥐는 이리저리 옮겨 다니며 말없이 정지해 있는 것들에게 수다를 떤다. 움직일 수 없고 말없이 침묵을 지키고 있지만, 그것은 똑같은 생명력이 다른 형태로 나타난 것이다.

에머슨의 「우화」는 세상 어디에나 있는 이런 생명력을 알아볼 수 있는 시적 통찰력을 제공해 준다. 다르다는 이유로 한 쪽이 다른 쪽보다 더 우월하다고 판단하지 않을 때, 그럼으로써 서로의 진정한 생명력을 알아볼 수 있을 때 우리는 정신적으로 성장해 나간다.

살아가면서 이런 교훈을 실천하기 위해서 다음과 같이 해보자.

- 자신의 기준으로 다른 사람의 중요성이나 가치를 판단하지 말자. 모든 사람과 모든 생물에게서 숨어 있는 신의 모습을 보자. 눈에 보이지 않는 영혼의 영역에서는 누구도 남보다 뛰어나지 않다는 것을 깨닫자. 우리의 껍질은 모두 다양한 형태로, 다양한 크기로, 다양한 조건에 따라 달라진다는 것을 되새기자.

- 만나는 모든 사람에게서 재능을 찾아보자. 산은 비록 딱딱한 열매 하나 깨뜨릴 수 없지만 등에 숲을 업고 다닐 수 있다. 이처럼 살아 있는 피조물들은 모두 자기 안에 자신만의 온전함을 쌓아두고 있다. 그 주인을 담고 있는 그릇 모양만 보고 오판하지 말자. 그릇이 담고 있는 온전함을 찾기 위해 노력해 보자.

- 간단한 지혜를 실천하자. 그것은 "세상에는 내가 이해하지 못하는 것들이 많다. 나는 그 이해하지 못할 방식 때문에 그것들을 좋아한다."는 것이다.

- 정상적이라고 평가받는 다른 사람들과 비교해서 판단하지 말자. 대부분의 사람이 앞을 볼 수 있다고 해서, 맹인이 의미 없는 사람인 것은 아니다. 대부분의 사람이 걸어 다니고 말한다고 해서, 말없이 누워 있는 사람들이 중요하지 않다는 것은 아니다.

40

윌리엄 셰익스피어 · 자비

자신을 가혹하게 비판하지 마라

윌리엄 셰익스피어(1564~1616)
엘리자베스 여왕 시대와 제임스 1세 초기의 영국 시인이자 극작가
윌리엄 셰익스피어는 영국 문학 전체에서 가장 명성이 높은 작가이다.

자비의 본질은 강요될 수 없는 것

자비는 하늘에서 오는 부드러운 비처럼

저 아래 땅 위에 내린다. 그것은 두 번의 축복.

베푸는 이에게도 축복이며 받는 이에게도 축복이다.

자비는 힘 중에서도 가장 강한 힘. 그것은

세속의 왕관보다 더 높은 왕좌에 앉은 군주가 된다.

왕의 홀은 권세를 보여주고, 두려움과 권위를 드러낸다.

거기에 왕에 대한 두려움이 도사리고 있다.

그러나 자비는 이 왕권 위에 있다.

왕의 마음속에 있는 왕좌에 앉아 있다.

자비는 신의 속성.

자비가 정의에 더해지면

그때 지상의 권력은 신의 권력과 같아 보이리라.

『베니스의 상인』에서

역사상 가장 위대한 극작가이자 소네트 시인으로 인정받는 이의 글에서 단 한 편을 고르는 것은 쉽지 않다. 윌리엄 셰익스피어를 읽는다는 것은 영어라는 언어 속에서 길을 잃는 일이 되고 만다. 그만큼 그가 사용한 영어는 일찍이 선례가 없을 만큼 풍부하고 독창적이다. 나의 첫 번째 선택은 『햄릿』에 나오는 뛰어난 독백이었다. 거기서 그는 진리를 찾고 더 높은 깨달음을 찾는 사람이라면 솔깃할 만한 질문을 한다. "죽느냐, 사느냐"는 확실히 '그런' 질문이다. 하지만 그런 주제들은 이 책 여러 곳에서 다뤘다고 생각했다. 돌팔매나 화살과도 같은 운명의 난폭한 고통에 물러서지 않고 고난의 바다에 무기를 들고 뛰어들어 그것을 끝장내는 그런 내용들 말이다.

나는 마침내 『베니스의 상인』에 나오는, 자비의 속성에 대한 이 부분의 글을 뽑기로 결정했다. 이 글이 지금껏 인간의 속성에 대해 다룬 글 중에서 가장 의미 깊고 실질적인 시라고 느꼈기 때문이다.

자비의 정신을 날마다 베풀며 산다는 것은 사랑과 연민을 키워 가는 과정 속에서 더 기본적이고 원초적인 우리의 본능을 잠재우는 것이다. 다른 사람에게 상처를 받았을 때, 처음 느끼는 충동은 보통 침착해지려는 것이다. 자비보다 복수를 부추기는 것은 좀 더 야만적인 충동이다. 하지만 셰익스피어는 이런 자비의 속성에 대해, "하늘에서 오는 부드러운 비처럼, 저 아래에 있는 땅 위에 내린다. 그것은 두 번의 축복이다. 주는 이에게도 축복이며 받는 이에게도 축복이다."라고 말한다. 그것이 셰익스피어가 자비를 신의 속성이라고 부른 이유이다. 자비 혹은 연민의 첫 번째 축복은 당신, 즉 주는 사람에게 있다. 이 메시지는 정신적인 문학들이 제공해 온 여러 지혜들을 요약한 것이다. 그것은 어떤 기준에 따라 살려다가 실수하거나 실패했을 때 자신을 가혹하게 판단하지 말고 격려하고 보듬으라는 것이다. 잘못된 행동이나 실수는 떨쳐낼 수 있다는 생각을 가지고, 자신을 품위 있고 사랑스럽게 대해야 한다. 우리는 세상의 어두운 구석에서 떠돌다가도 스스로의 행동에 당황하고 실망해서 그곳을 벗어나기도 한다. 인간이기 때문에 있을 수 있는 일이다. 그러므로 자신을 용서하라. 셰익스피어가 "세속의 왕관보다 더 높은 왕좌에 앉은 군주가 된다."고 말한 속성, 바로 그 자비를 자신에게 베풀라. 그리고 당신 역시 그가 말한 것처럼 군주가 되기를 소망하라. 그런 자비를 받는 축복을 누리게 되면, 그 자비를 다른 이에게도 줄 수 있는 마음이 생긴다.

자신에게 진정한 자비를 베풀 수 없다면, 다른 사람에게도 결코 그것을 베풀 수 없을 것이다. 자신을 사랑하지 않는다면 다른 사람에게도 결코 사랑을 줄 수 없는 것과 같은 이치이다. 또한 돈이 한 푼도 없다면 가난한 사람에게 결코 돈을 줄 수 없는 것과도 마찬가지다. 스스로에게 연민을 가질 수 있는 방법이 있다. 나의 스승 스리 니사르가다

타 마하라지의 날카롭고 현명한 충고를 따르면 된다. 그는 나에게 이렇게 말했다. "죄인과 성자는 어음을 교환하고 있는 것일 뿐이다. 성자는 이미 죄를 지었으며, 죄인은 죄를 씻게 될 것이다." 이 말을 신중히 생각해 보면, 자신을 위한 연민을 쉽게 얻고 그것을 줄 수 있다. 이것이 바로 셰익스피어가 자비를 두 가지 축복이라고 한 의미이다.

우리는 세속의 권력자를 두려워한다. 그러나 음유시인 셰익스피어가 가르쳐 준 것처럼, '왕의 홀'이라고 시적으로 상징화된 자비는 '왕권' 위에 있다. 우리에게 고약하게 행동하거나 해를 끼친 사람들의 속을 들여다보기 위해서 또 황제의 힘을 가진 지팡이를 휘두르려는 마음을 억누르기 위해서는 신의 속성이 필요하다. 그 범죄자들을 향해 우리가 신을 대신해서 연민을 보여줄 때, 우리는 "그때 지상의 권력은 신의 권력과 같아 보이는" 지점에 도착한다.

사람은 나이를 먹고 몸집이 커지면서 권위를 내세울 수 있는 부모 또는 성인이 된다. 그러면 국왕과 같이 힘을 드러내려는 경향이 많아진다. 아이들이 순종하지 않으면 벌을 주고 혼내려는 유혹을 강하게 느낀다. 연민이란 우리 마음속에 가장 마지막으로 자리한다. 그런 순간을 통해서 나는 내가 가장 어둡고 무서운 상황에 빠졌을 때 참을성 있고 자비로운 신이 언제나 나와 함께 했음을 떠올리는 방법을 배웠다. 나는 신에게 버림받는다는 느낌을 절대로 가진 적이 없다. 내가 하는 일이 실패해서 많은 사람들에게 동정을 받았을 때도 마찬가지였다. 정의를 버리고 자비를 갖는 것이 아니라 정의와 자비를 함께 갖추게 될 때, 이런 신의 속성은 인간에게 가장 큰 도움이 된다.

규칙을 어겼거나 약속을 지키지 못했거나 어떤 식으로든 비뚤어진 아이들에게 부모 행세를 할 때면, 나는 정의에 자비를 가미하라는 셰익스피어의 충고를 생각한다. 나는 아이들에게 사랑한다고 말한다. 뭔가 비꼬는 듯한 마음이 들면 자비와 연민의 중요성을 되새긴다. 그 상황이 지나고 나면 아이들은 언제나 사랑받고 있다는 걸 느낀다.

자비를 베풀어야 한다는 생각은 인생의 모든 영역에서 모든 관계에 적용된다. 자신에게 해를 끼치거나 실망시킨 사람들에게 연민을 베푸는 것은 희생한다는 뜻이 아니다. 그것은 대화하는 방법을 말하는 것이다. "나는 이해하고 용서해. 그렇지만 그걸 좋아하지는 않아. 나는 이런 식으로 취급받는 건 싫어. 당신이 이걸 당연하게 생각한다면 참을 수 없을 거야." 대화가 희생과 다른 점은 복수를 해야 할 필요가 없고, 혹은 누가 더 우월한지 증명할 필요가 없다는 것이다. 자비심을 가지면, 거의 날마다 겪게 되는 사악한 행동들 때문에 마음이 어수선해지거나 낙담하는 일이 훨씬 줄어든다는 것을 알게 될 것이다. 그 죄인들을 사랑하는 마음을 가질 수 있게 될 것이다. 화를 내다가, 미워하다가, 마침내 복수하겠다는 욕망에 사로잡히지 않게 될 것이다.

마음속에 자비를 베풀려는 소양이 있으면, 무엇을 반대하는 쪽보다는 도움이 되는 쪽에 시선을 두게 된다. 기아를 예로 들어 보자. 사람들이 기아로 고통받는 것을 본다면, 당신은 화가 나서 모든 것을 멈추게 되는 게 아니라, 도움이 되는 것, 즉 사람들을 가르치고 먹이는 것에 관심을 둔다. 연민은 화를 유발하기보다는 사랑을 베푸는 해결책으로 당신을 이끈다. 동아리나 가족처럼 사랑하는 사람들을 향한 자비는, 처벌보다는 무례한 행동을 고쳐 주는 것에 초점을 맞추게 만들 것이다.

영감이 가득한 이 시에서 셰익스피어가 말한 것처럼, 자비는 "힘 가운데서도 가장 강한 힘"이다. 한 인간으로서 당신의 힘이 강해질수록 당신은 더 강한 자비의 힘을 보여줄 것이고, 권위의 상징을 보여주어야 할 필요는 더 줄어들 것이라는 뜻이다.

다음의 것들을 실행하면, 세계에서 가장 위대한 언어의 연금술사가 쓴 이 구절의 사상을 당신의 삶에 적용할 수 있을 것이다.

- 정의롭게 일을 처리해야 할 상황을 맞게 되면, 자신이 지니고 있는 인간성의 두 가지 면을 아주 명확하게 바라보자. 한 면은 벌을 내릴 힘을 가진 왕이다. 다른 면은 처음부터 끝까지 사랑과 연민을 보내는 자비의 상인이다. 어떻게 해서든 정의를 찾아 거기에 자비라는 양념으로 맛을 내야 한다.

- 어떤 행동이었든 과거의 자신에게 자비를 베풀자. 자신을 가혹하게 비판하지 말자. 그 모든 실수와 잘못된 행동은 살아가면서 그 자리를 넘어서기 위해 필요했던 것들이다. 자신을 친절하게 대하자. 스스로에게 품은 나쁜 감정을 남김없이 없애 버리자.

- 일단 자신의 느낌을 밝혔다면, 그리고 정당하게 처리되고 있다면 그대로 놔두자. '지금' 그대로 놔두자는 뜻이다. 원한에 얽매이지 말자. 과거의 끊임없는 기억에 얽매여서 다른 사람을 죄인

으로 몰고, 스스로도 혼란스럽게 만들지 말자. 그대로 되어 가도록 놔두자.

- 가장 골치 아픈 고민거리를 신에게 넘기자. 이렇게 말하기만 하면 된다. "사랑하는 하느님, 이런 상황에서 자비를 베푼다는 건 지극히 어렵다는 걸 알았습니다. 그래서 그것을 당신에게 완전히 맡기려고 합니다. 제가 가장 자비롭고 인간적인 방법으로 행동하도록 이끄실 거라는 걸 알고 있습니다." 이렇게 하면 고집을 부리거나 성이 나 있는 상태에서 풀려나 자유롭게 된다. 그리고 죄인 속에서 성자를 보게 된다. 그들은 방금 서로 어음을 교환했던 자들이다.

41

랭스턴 휴스 · 용서

마음의 상처를 치유하는 해독제

랭스턴 휴스(1902~1967)
미국 시인 랭스턴 휴스는 유머러스한 신문 기사, 소설, 단편소설 등을 썼지만
그보다도 시로 가장 유명하다. 블루스와 발라드 리듬을 사용한 이 시들은
다큐멘터리이며, 미국 흑인들의 시련과 기쁨을 다루고 있다.

혼혈

아버지는 백인

어머니는 흑인.

만약에 내가 백인 아버지를 저주한 적이 있다면

내 저주를 다시 거두어들이리.

만약에 내가 흑인 어머니를 저주하여

지옥에나 가라고 빈 적이 있다면

그 못된 소원을 미안하게 생각하며

이제 어머니의 명복을 비네.

아버지는 멋진 저택에서 작고했으나
어머니는 오두막에서 숨을 거두었지.
흑인도 백인도 아닌
나는 어디서 죽게 될까?

내가 미국 시민권 운동의 선조로 생각하는 사람이 쓴 이 짧고 재치 있는 시는 육체적인 외모, 특히 피부 색깔에 따라 사람을 분류하는 부조리에 대한 패러디일 뿐만 아니라 용서라는 치유 효과에 대한 찬사이다. 첫 두 연의 마지막 행은 우리에게 강력한 메시지를 던지고 있다. 사회적, 정신적인 건강뿐만 아니라 참된 영성이 무엇인지를 잘 요약해 주고 있다. "내 저주를 다시 거둬들인다."는 행과 "어머니의 명복을 빈다."는 두 행이 그렇다. 이 두 행을 통해 랭스턴 휴스가 우리에게 말하고 있는 것은 무엇일까? 그는 부모에게 "당신들을 용서합니다. 당신들에 대해 가졌던 나쁜 생각을 모두 용서해 주세요."라고 말할 만큼 자신이 정신적으로 성숙했음을 나타내려는 것이라 생각한다.

용서라는 단순한 행동에 들어 있는 자유는 분노 때문에 생기는 낭비와 미움 때문에 생기는 손해를 줄여 준다. 용서를 지불하고 마음의 평화를 살 수 있다. 지금까지 줄곧 당신을 겨냥하고 있던 원한이나 적의를 참아 넘겼던 일들을 생각해 보라. 모든 상처는 뱀에게 물린 것과 같다. 사람은 상처 때문에 죽지는 않지만, 한번 물리면 그 이빨에서 벗어날 수 없으며, 온몸의 혈관을 통해 계속 흘러 다니는 독 때문에 위독해진다. 독은 상처를 잊은 뒤에도 우리가 오래 매달려 있는 고통과 미움이다. 마음의 평화를 깨뜨리는 것도 결국 이 독이다.

해독제는 용서이다. 용서는 생각만큼 어렵지 않다. 만약 용서가 평생 싸워야 할 힘들고 고통스러운 것이라고 믿는다면, 진실은 그 반대라고 나는 제안한다. 용서는 즐겁고, 편안하고, 무엇보다도 지극히 자유롭다. 용서는 후회의 짐, 과거의 슬픔의 짐을 벗겨 준다. 용서는 그냥 그대로 가게 놔두는 것의 또 다른 표현이다. 내 개인적인 경험 하나를 말하겠다. 그것은 내가 이 시에 그렇게 끌린 이유이기도 하다.

나의 늙은 아버지는 내가 아기였을 때 집을 나가서 그 뒤 전화 한 통 걸어 주지 않았다. 한때는 감옥에서 세월을 보냈고, 너무 심하게 술을 마셨고, 어머니와 여러 여자들을 학대했으며, 마흔아홉의 나이에 간경변으로 죽어 미시시피 빌럭시에 있는 무연고 묘지에 묻혔다.

나는 삼십 대 초반까지 후회와 미움의 짐을 지고 살았다. 그러고 나서야 아버지의 묘지에 가서 "내 원망을 거두어들인다."고 랭스턴 휴스가 말한 것과 본질적으로 똑같은 말을 했고, 그렇게 함으로써 말 그대로 내 인생은 바뀌었다. 나의 글이 성공하기 시작했고, 건강을 되찾으려는 노력은 굉장한 효과를 보았으며, 인간관계도 적의에서 벗어나 정신적인 파트너 관계로 바뀌었다. 무엇보다도 내 혈관을 통해 독이 주입되고 있다는 부담에서 해방된 느낌을 받았다. 우리가 용서를 배우게 되면 우리를 모욕하거나 학대하는 사람들을 딛고 일어설 수 있다.

덴마크의 유명한 철학자 쇠렌 키르케고르는 이렇게 말한 적이 있다. "일단 당신이 나를 분류해 버리면, 당신은 나를 부정한 것이다." 아주 작은 칸막이 안에 우리 자신과 다른 사람들을 분류해 집어넣고, 그것을 근거로 모든 사람에 대해 판단하는 것은 가장 비이성적이고 비인간적이라고 생각한다. 그러나 그런 일은 계속되고 있다. 정부는 사람들을 자꾸 분류하려 하고 자본은 그런 차별을 기준으로 할당된다. 마음으로 느껴지는 것보다는 눈으로 볼 수 있는 것들을 근거로 하여 서로를 구별하려는 경향 때문에 편견이 만연하고 있다.

우리는 서로 수혈이 가능하다는 것을 알고 있으며, 우리 생각이나 영혼에는 색깔이 없다는 것을 알고 있다. 그러나 우리는 아직도 겉모습을 토대로 우리 자신에게 분류 딱지를 붙이고 있다. 마우이에 살고 있는 친한 혼혈 친구가 하나 있다. 언젠가 그가 우연히 이렇게 말하는 것을 들었다. "백인도 아니고 흑인도 아닌 나는 정말 미워할 사람이 없어." 이 생각에는 배울 점이 많다.

나는 랭스턴 휴스의 시에서 마지막 두 행을 좋아한다. 그 두 행은 어떤 사람이든 어떤 종류로 분류하는 것은 불합리하다는 것으로 요약된다. "흑인도 백인도 아닌 나는 어디서 죽게 될까?" 대단한 딜레마다. 우리는 그의 늙은 아버지와 어머니에게 어떻게 해야 할지를 알고 있다. 그러나 그는 어떻게 대접해야 하나? 랭스턴 휴스는 1920년대와 1930년대에 시를 썼다. 미국에서 인종적 증오와 긴장이 최고조에 달했던 때다. 그는 대단한 용기를 가지고 진심으로 말했다. 그가 모든 사람은 똑같은 가치를 지녔음을 우리에게 상기시켜 주었듯이, 윌리엄 블레이크 또한 편견에 반대하는 기억할 만한 시를 남겼다. "하늘나라에는 삶의 유일한 예술인 망각과 용서만이 있다."

랭스턴 휴스의 이런 생각들을 인생에 적용하기 위해 다음 사항들을 시작해 보자.

- 어떤 식으로든 나에게 잘못을 저지른 적이 있는 사람들을 모두 모아보자. 얼마나 심했는지, 얼마나 최근인지는 상관없이. 그리고 그것들을 잊어버리기로 하자. 용서는 마음에서 우러나오는 행위다. 당신 자신을 위해서 용서하자.

- 당신의 부모들(그리고 당신 과거의 모든 사람)은 주어진 조건 속에서 그들이 알고 있던 것을 실행한 것이다. 아마 당신은 부모님과는 또 다를 것이다. 그러니 그것에서 배우자. 용서란 용서하기 전까지는 이 상처가 회복될 수 없음을 깨닫는 것이다. 그러므로 그런 선택을 하면 당신은 이전 어느 때보다도 더 자유롭다는 것을 즉시 느끼게 될 것이다.

- 생활 속에서 겪게 되는 분류하고 편 가르는 과정을 없애기 위해 노력하자. 육신의 차원을 넘어 모든 사람 안에 있는 신의 분신을 보자. 차별하지 않는 그 공간 안에서 그들과 자신에게 말하자. 모든 사람이 배척당하지 않고, "나 역시 미국을 노래한다."고 말할 권리가 있다는 것을 늘 기억하자.

42

마틴 루서 킹 주니어 · 비폭력

현명한 자는 침묵하고
우매한 자는 논쟁한다

마틴 루서 킹 주니어(1929~1968)
마틴 루서 킹 주니어 박사는 침례교 목사로 시민의 권리를 위해 비폭력적인 행동으로
싸운 사람이다. 그는 1968년 암살자의 총탄을 맞고 쓰러졌다.

비폭력적인 해결법은 압제자의 마음을 즉시 바꾸지는 못한다. 그것은 비폭력을 실행하는 사람들의 마음과 영혼에 먼저 작용한다. 그들에게 새로운 자존심을 심어주는 것이다. 그것은 그들 자신도 미처 몰랐던 힘과 용기의 원천을 불러온다. 마침내 그것은 상대방에게 도달하여 그의 양심을 흔들어 화해가 실현되게 한다.

마틴 루서 킹 주니어 목사의 이 인용문을 보면 부처의 이야기가 떠오른다. 인생의 고난과는 상관없이 마음의 평정과 비폭력 상태를 유지한 부처의 명성을 어떤 사람이 들은 모양이었다. 그는 이 신성한 인물

을 시험해 보기로 했다. 그는 먼 거리를 여행해 부처 앞에 나타났다. 3일 동안 그는 부처에게 무례하고 밉살스럽게 굴었다. 부처가 말하고 행하는 모든 일에 시비를 걸고 잘못을 찾아냈다. 부처를 화나게 하려고 욕보이는 말을 하기도 했다. 그러나 부처는 머뭇거리지 않고 그때마다 사랑과 친절로 대응했다. 마침내 그 사람은 더 이상 그 짓을 계속할 수가 없었다. "제가 무례한 말만 골라서 하는데도 어떻게 그렇게 평화롭고 따뜻할 수가 있습니까?" 그의 질문에 부처는 한 가지 질문으로 대답을 대신했다. "누가 너에게 선물을 주었는데 그가 그 선물을 받지 않는다면, 그 선물은 누구의 것이겠는가?" 그 남자는 대답을 얻은 것이다.

누군가 당신에게 분노나 적대감 같은 선물을 주었는데 당신이 그걸 받지 않으면, 그것은 여전히 준 사람의 소유인 것이다. 왜 당신에게 속하지 않은 것에 대해 당황하고 화를 내려 하는가?

이것이 마틴 루서 킹 목사가 우리에게 주는 메시지의 핵심이다. 당신이 비폭력적인 해결법을 선택하면, 먼저 자신에게 영향을 미친다. 당신은 나쁜 의미가 담긴 선물을 받아들이지 않게 되는 것이다. 또한 어떤 것들이 당신을 논쟁이나 다툼으로 끌어들이려 하면 당신은 그것들을 간단히 '통과'해 버릴 것이다. 그런 것에 반대하는 당신의 기본적인 의지는 어느 누구도 바꿔 놓지 못할 것이며 영광과 은혜로 사용될 것이다. 내적으로 더욱 평화로워질수록 다른 사람의 적대감이나 불만에 영향을 덜 받게 된다.

킹 목사가 비폭력을 실천하는 사람들의 마음과 영혼에 일어나는 일들에 대해 말한다고 해서, 그가 시민권 운동이나 계급투쟁에 대해 배타적인 것은 아니었다. 평화로운 마음을 가질 수 있다면 우리는 더욱 용감해지고, 이전에는 몰랐던 힘을 얻게 될 것이라고 그는 말한다. 주위의 사람들이 우리를 싸움에 끌어들이려고 할 때 평화로운 의지를 다진다면, 그들이 제공한 '선물'을 받아들일지 고민하기도 전에 우리 자신과 색다른 대화를 하게 될 것이다. "나는 이것보다 평화를 선택할 거야." 이런 대화를 스스로와 나누다 보면 자연스럽게 평화로운 반응을 보이게 된다.

내 아내 마셀린은 매우 평화롭고 생각이 깊은 여인이다. 우리가 함께 한 20여 년 동안 늘 그랬다. 초기에는 좀 시끄러운 논리로 그녀를 논쟁에 끌어들이려고 했다. 그러나 그녀는 그런 식의 밀고 당기기를 하지 않았다. 그녀는 말없이 행동으로 표현했다. "나는 당신과 싸우는 데 흥미 없어." 그러고는 그것을 평화로운 표정으로 보여주었다. 그녀는 논쟁을 하려는 내 시도에 말려들지 않았다. 오래지 않아 나는 내 식대로 그녀를 밀어붙일 수 없다는 것을 깨달았다. 싸움에 흥미가 없는 사람과 싸우려는 것은 매우 어려운 일이었다. 그녀는 행동으로 나를 바꾸려 애쓰지 않았다. 그녀는 비폭력적이고 평화롭게 대응했다.

킹 목사의 이 아름다운 글을 반복해 읽으면서 비폭력적인 인간이 되려는 목적이 다른 사람을 변화시키거나 세상을 개조하기 위한 것이 아님을 기억해야 한다. 당신의 목적은 신의 성스러운 창조물로서 대접받을 가치가 있다는 자존심을 되찾는 것이다. 갈등과 불편함을 동반하는 고통을 제거하자는 것이다. 그러면 별 다른 노력 없이 자존심과 평화의 힘을 발산하게 될 것이다. 당신의 모습만으로도 주변 사람들에게 영향을 주게 될 것이다.

부처와 예수는 마을에 나타나기만 해도 주위 사람들의 의식을 일깨웠다고 한다. 평화로운 위인 곁에 있으면 이것을 경험하게 될 것이다. 그들은 사랑의 페로몬을 발산해서 주변 사람들이 평화를 느끼고 스스로에게 확신을 갖도록 만드는 듯하다. "내가 얻을 수 있는 것이 무엇이든지 나는 평화롭고 비폭력적으로 행할 것이다."『기적의 과정』이라는 책에 있는 이 말을 실행하려고 마음만 먹는다면, 어떤 환경 속에서든 그 속의 에너지를 변화시킬 수 있다는 것이 내 경험이다.

나는 어쩔 수 없다고 여겨지는 상황에서 비폭력적 페로몬 에너지를 내보내 본 적이 여러 번 있었다. 식료품 가게에서 부모들이 아이들을 학대하는 것을 듣거나 볼 때, 나는 그 에너지장으로 들어가서 나의 평화로운 사랑 에너지로 그 장에 영향을 준다. 좀 미친 소리 같겠지만, 그것은 언제나 효과가 있다. 킹 목사는 이것을 웅변적으로 표현했다. "그것은 상대에게 도달해서 그의 양심을 흔들어 화해가 실현되게 한다."

아이들이 욕을 내뱉거나 논쟁을 하고 싶어할 때, 당신은 거기에 휘말리고 싶지 않다는 것을 온 몸으로 보여주어야 한다. 가족이나 다른 어른들과의 관계에서는, 먼저 마음과 영혼을 보여주고 평화로운 상태에 있는 사람이 누군지 알도록 해 주어야 한다. 고통스러운 상황에 놓일지라도 증오 또는 자비를 선택하는 것은 당신에게 달린 문제이다. 부처와 그의 선물에 대한 이야기를 늘 기억하자. 킹 목사가 설교하고 실천한 비폭력이 우리 각각의 삶에 매일 적용되는 실례라는 것을 알아 두자.

이 비폭력 운동을 실천하기 위해 다음의 제안들을 시도해 보자.

- 어떤 종류의 폭력이든지 그것에 더 심한 폭력으로 반응하지 말고 스스로 자제하자. 우리의 정신적 스승들이 우리에게 일렀듯이, 평화의 도구가 되겠다고 맹세하자.

- 매일 자신의 삶에서 더 평화로운 자세를 갖출 수 있도록 노력하자. 명상할 시간을 갖고, 요가를 하고, 시를 읽고, 홀로 산책을 하고, 아이들이나 동물들과 어울려 놀고, 사랑한다는 감정이나 사랑 받는다는 감정을 느낄 만한 것은 뭐든지 하자.

- 삶에 폭력이 끼어들지 않도록 특별한 노력을 하자. 적의나 원한 서린 미움을 자극하려고 시도하는 신문이나 뉴스 보도들은 우리를 평화에서 멀어지게 만든다. 이런 원천들에 등을 돌려야 한다. 이런 뉴스를 들을 때마다 인간에 대한 비인간적인 행위만큼 많은 수천 가지의 친절한 행위가 있다는 것을 기억하자.

- 고대 중국의 속담을 기억하자. "현명한 자는 침묵한다. 재주 있는 자는 대화한다. 우매한 자는 논쟁한다."

43

마더 테레사 · 실행

먼저 빗자루를 들라

마더 테레사(1910~1997)
콜카타에서 역사와 지리를 가르치는 교사이자 교장이었던 수녀 마더 테레사는,
가장 가난한 사람을 도우며 그들 가운데서 살라는 부름을 받고 수도원을 떠났다.
1950년에 그녀와 그녀를 돕는 자들이 사랑의 선교 수녀회를 세웠다.

말을 줄여야 한다. 설교하는 곳은 사람을 만나는 곳이 아니다. 그
때 당신은 뭘 하려는가? 빗자루를 들고 누군가의 집을 청소하라.
그것으로 충분하다.

사람들이 알았으면 하는 것을 가르치는 가장 효과적인 방법은, 말이
아닌 행동이다. 종종 대화를 할 때는 마음에 들지 않는 부분을 서로에
게 늘어놓거나 욕설을 하고 분통터지는 일들을 이야기하면서 시간을
보내는 경우가 많다. 바라는 변화는 실현되지 않고, 당신은 여전히 부

당한 대우를 받는다는 생각에 괴로울 것이다.

　의사소통이 성공적인 관계의 열쇠라는 것은 어떤 면에서는 사실일 수도 있다. 그러나 종종 말을 많이 하면 할수록 결과는 더 나빠지는 것 같다.

　마더 테레사는 콜카타의 거리에서 매일 일했던 작은 몸집의 영적 거인이다. 그녀는 그곳에서 "서글픈 속임수에 온통 둘러싸여 있는 예수"라고 자신이 표현했던 모습들을 접했다. 그래서 우리에게 간단한 충고의 말에 깊은 지혜를 담아 전달해 주고 있다. "말을 적게 하라." 우리는 행동을 더 많이 해야 한다. 행동으로 보장되지 않은 말들은 단순히 "설교하는 곳"이 될 뿐이다. 목적을 달성하려면 새롭고 효과적인 행동으로 "사람을 만나는 곳"을 만들 필요가 있다. "나는 들으면 잊어버린다. 보면 기억한다. 실제 해보면 이해하게 된다."는 옛 경구는 어떻게 원하는 것을 배울지에 대해서만이 아니라 어떻게 원하는 대로 대우를 받을 것인지에 대해서도 시사해 준다. 분명 다른 사람의 설명을 듣거나 다른 사람이 물속에 있는 것만 보고 수영을 배울 수는 없다. 수영을 배우기 위해서는 실제로 해보아야 한다. 이 간단한 논리는 의사소통을 위한 수단으로 그저 끊임없이 말을 교환하는 바보짓에도 적용된다.

　행동은 살아가면서 다른 사람과 소통할 수 있는 가장 효과적인 방법이다. 아내와 나는 늘 모든 생명체에게 친절하라고 아이들에게 말한다. 하지만 이 메시지를 가장 효과적으로 전달하는 방법은 우리가 행동으로 보여주는 것이다. 이에 대한 예로, 마우이에 있었을 때 아내와 딸아이가 둥지에서 떨어진 작은 새를 발견했던 경우를 들 수 있다. 그날 아내는 중요한 가족 일이 많았는데도 작은 새를 신발 상자에 넣고 차를 4시간이나 몰아 섬을 반 바퀴 돈 끝에 보호소로 갔다. 작은 새 때문에 그녀의 하루를 포기한 것이다. 그녀는 작은 생명체에게 도움의 손길을 주었다. 그렇게 함으로써 그녀는 설교하는 곳보다 만나는 곳을 만들어 냈다. 우리 애들과 나는 그날 아내의 행동을 통해 모든 생명체에 대한 사랑을 보았다. 그리고 그 교훈은 그 주제에 대해 어떤 설교보다도 더 큰 영향을 주었다.

화제의 표면만 건드리는 말장난에 휩쓸려 들어간다는 생각이 들면, 잠시 멈추고 마더 테레사의 제안에 담긴 위대한 지혜를 생각하자. 주장을 계속하는 대신 자신에게 "내가 여기서 할 수 있는 일은 뭐지?"라고 묻자. 만약 누군가가 무례한 말을 하면 당신의 입장을 최대한 표명하라. 그런 뒤에도 무례함을 계속 드러내면, 행동의 단계로 옮긴다. 아니면 마더 테레사가 묘사한 것처럼 '만나는 곳'으로 옮긴다. 그 장면에서 즉시 사라지는 것이다. 다뤄야 할 사람이 어른이라면, 당신의 진지한 마음을 전달할 수 있는 일은 뭐든지 한다. 최소한 일주일은 만나지 않는다. 술에 취한 행동을 다룰 때는 유일한 소통 수단인 말을 더 많이 쓰게 되는데, 그렇게 하지 않도록 하라. 차라리 그 사람에게 어떤 도움이 필요한지 물어보라. 그렇지 않으면 더 이상 그의 삶과 아무런 관계가 없게 될 것이다. 아이들의 경우, 예의와 질서의 기본 규칙을 깼을 때는 특권을 빼앗고 돌려주지 않는다. 분명 말을 사용하긴 해야겠지만 진정으로 도움이 되고 싶다면 결국 빗자루를 들고 다른 사람의 집을 청소해야 한다.

테레사 수녀는 거칠거나 다듬어지지 않은 사람이 아니었다. 그녀는 일생을 불우한 사람들이 인간적 대접을 받도록 돕는 데 바쳤다. 그녀는 이것을 실현하는 방법은 자선의 중요성에 대해 사람들에게 말하는 것이 아니라, 실제로 그것을 행하는 것이라는 사실을 알았다. 당신이 옳지 않다고 느끼는 일들을 그냥 묵과하지 않으리라는 걸 행동으로 보여주라. 그것은 잔인한 일이 아니다. 이것은 변화에 영향을 줄 유일한 방법일 수도 있다. 말은 중요하긴 해도, 행동이 따르지 않으면 금방 잊혀지고 만다.

우리 모두는 문제를 놓고 끝없이 토의하면서 스스로 시달리는 듯하다. 문제를 연구하기 위해 위원회를 만들고, 어떤 일을 할 수 없는 온갖 이유를 말하기 위해 모임에 간다. 행동하는 사람은 위원회에 가담하거나 특별보고를 듣는 일을 하지 않는다. 전에 읽은 리 아이아코카에 대한 글이 기억난다. 그는 변명을 참지 못하는 사람으로 알려져 있다. 그의 지도력은 두 개의 자동차 회사를 세계 최고의 수준에 올려놓았다. 그가 수십 년 동안 만들지 못한 컨버터블을 엔지니어에게 만들라고 하자 그 엔지니어는 왜 만들 수 없는지, 그리고 기술적인 문제가 무엇인지에 대해 계속해서 설명을 늘어놓았다. 마침내 그는 분노해서 "차를 한 대 가져와서 그 빌어먹을 천장을 잘라버려. 그리고 나에게 보여줘."라고 명령했다.

행동하는 사람들, 삶을 다르게 살아가는 사람들, 우리가 존경하는 대부분의 사람들은 모두 "그렇게 큰 소리로 말하면 나는 당신이 말하는 것을 들을 수 없다."라는 고대의 지혜를 깨달은 사람들이었다. 행동하는 사람이 되자. 그 과정에서 당신은 사전에 있는 모든 단어가 가져다 줄 수 있는 것보다 더 많은 것을 다른 사람들에게 가르쳐 주고, 당신의 인생에서 이루게 될 것이다.

테레사 수녀의 조언을 실천하기 위해 다음과 같이 해보자.

- 당신을 대접해 달라고 가르쳐 준 그 방법대로 당신이 대접받는다는 것을 명심하자. 자신이 계속 냉대를 당하고 있다면 자신의 행동 때문은 아닌지 자신에게 물어보자.

- 자신의 말이 더 이상 영향력이 없다는 걸 느낀다면, 결론에 이르기 위해 길고 지루한 이야기를 하고 있다면, 설교하는 곳에서 만나는 곳으로 위치를 옮기는 창조성을 발휘하자. 당신의 주장을 전달할 새로운 행동들을 기록해 보자. 언어 게임으로 다시 돌아가고 싶은 유혹이 있더라도 끝까지 이겨내자.

- 가족들, 특히 아이들에게 스스로의 철학에 따라 살고 있는 당신의 모습을 보여주자. 아이들이 비판적인 태도를 보일지도 모르지만, 결국엔 당신의 행동을 보고 당신을 존경할 것이다.

44

노자 · 리더십

믿음을 주지 못하면
믿음을 얻지 못한다

노자(B.C. 6세기)
중국의 철학자 노자는 『도덕경』을 썼는데, 그것은 '길'이라는 뜻이다.
도덕경은 도교의 종교적 실천을 위한 근본 원리가 되었다.

단순하게 행동하기

참된 군주는

백성들이 그가 군주라는 것을

잘 느끼지 못하는 자다.

백성들이 군주라는 것을

알고 존경하는 군주는

그보다 못한 군주다.

백성들이 무서워하는 군주는

그보다 더 못한 군주다.

백성들이 경멸하는 군주는

그 보다 훨씬 못한 군주다.

믿음을 주지 못하면
믿음을 얻지 못한다.

참된 군주는
일이 잘 되었을 때
법석 떨며 뽐내지 않으므로
백성들은 이렇게 말한다.
"그래, 우리가 해낸 거야."

나는 관청을 손아귀에 쥐고 있다고 해서 자신을 '지도자'라고 칭하는
정치가들이 매우 많다는 사실에 자주 놀란다. 역사적으로 볼 때, 관청
을 장악한 자가 변화를 주도하는 참된 지도자인 경우는 거의 없었다.
예를 들어, 르네상스를 주도한 리더들은 누구였던가? 관청을 장악한
자들인가? 유럽 대도시의 시장과 행정 부처의 책임자들과 통치자들
인가? 절대 아니다.
　자신들의 마음과 영혼으로 듣고, 그 들은 것을 표현해 낸 예술가와
작가와 음악가들이 리더들이었다. 그들을 그렇게 해서 사람들이 자기
안에서 공명하는 목소리를 발견하도록 이끌었다. 마침내 인간의 존엄

성이 폭정을 이기고 승리했다는 사실을 온 세상이 새롭게 깨달아 그 목소리를 듣게 되었던 것이다. 참된 리더 중에 우리가 그의 지위로 호칭하는 관리는 거의 없다.

당신의 지위가 사람들에게 알려지면, 그 지위에 부끄럽지 않게 행동하려고 얼마나 애쓸지 생각해 보자. 당신은 어머니나 아버지라는 두려운 책임감이 따르는 지위에 있을지도 모른다. 아이는 당신을 가정의 리더로 보기 때문에 조언을 구한다. 그때 당신은, 당신의 명예를 구하는 대신 "나 스스로 해냈어."라고 아이가 말할 수 있도록 도와야 한다. 지위가 당신을 리더로 만든다는 생각은 잘못된 것이다. 그것을 끊임없이 경계함으로써 리더십의 질을 높이려고 노력해야 한다. 진정한 리더는 지위 때문에 널리 알려지는 것이 아니다. 지위를 좋아하는 것은 자만이다!

자신이 리더로 있는 동안 다른 사람 또한 리더가 되도록 도우려면, 이기심을 이겨 내기 위해 부단히 노력해야 한다. 진정한 리더는 다른 사람으로부터 신뢰를 얻기 원한다. 이것은 으스대거나 아첨하거나 권력을 좋아하는 것과는 매우 다르다. 이런 것들이 리더가 되었다는 증표라고 주장하는 것은 이기심이다. 리더가 다른 사람에게 신뢰받기 위해서는 신뢰를 줄 필요가 있다.

다른 사람에게 자기 방식을 주장하고 싶거나, 속도를 내라고 다그치고 싶을 때를 주의하라. 노자는 이런 태도를 가진 리더는 거의 영향력이 없으며, 가장 경멸당하는 리더라고 말한다. 당신은 "내 식대로 하지 않으면 벌을 주겠어."와 같은 말로 공포를 조장해서 사람들이 따르도록 하는 성향일 지도 모른다. 노자는 공포심을 기본으로 하는 리더는 자질이 부족해서 사람을 진실하게 이끌 수 없다고 말한다. 또한 리더십의 동기가 존경이라면, 사람을 이끄는 데 아직 능숙하지 않은 것이라고 말한다. 이런 스타일은 아마 내가 원하는 대로 하면 그만한 대가를 주겠다."라고 말할 것이다. 진정한 리더는 거쳐야 할 과정을 건너뛰지 않으면서도 남이 거의 알아보기 힘든 방법으로 행동한다. 이런 리더는 사람들에게 신뢰감과 용기를 주며, 그들이 스스로 방법을 찾아내면 축하를 해 준다.

입법자들이 우리에게 필요한 것들을 직접 말한다면 그들은 진정한 리더가 아니다. 우리를 위협해서 두려운 상황을 예상토록 만든다면 그들은 진정한 리더가 아니다. 그들의 리더십을 존경해서 행동하도록 만든다면, 그들은 진정한 리더가 아닌 것이다. 진정한 리더가 되려면 침묵하면서 주민들이 이렇게 말하는 것을 들어야 한다. "예, 우리 스스로 이 엄청난 경제력을 이룬 거지요."라고.

이것은 당신에게도 마찬가지다. 자신의 삶에서나 다른 사람의 삶에서, 진정한 리더가 되기 위해서는 인정받을 필요가 있다는 생각을 거부하라. 언제나 신뢰감을 주면서 겸손하게 이끌라. 신뢰를 얻고 싶어 하는 당신의 이기심에게 부드럽게 미소를 보내라. 그리고 다른 사람들이 "아, 그렇지요, 그거 우리 손으로 다 했지요."라고 말할 때 자신의 진정한 리더십에 말없이 감사하자. 노자의 지혜를 활용하기 위해 몇 가지를 제안한다.

- 행동하기 전에 멈춰 서서 스스로에게 물어보자. 지금 자신이 말하려는 것이 미움이나 두려움, 또는 존경을 만들어 내지는 않을지를.

- 가능한 한 조용히 효과적인 방법으로 참된 리더가 되고 싶은 욕망에 따라 행동하자. 누군가가 뭘 잘하는지 찾아내야 한다!

- 당신이 실패자라고 느끼게 하는 것은 당신의 자아라는 사실을 깨달으라. 신뢰를 얻지 못할 때 자신을 실패자로 보기보다는 오히려 리더로서 성공했다고 스스로에게 말하라. 그리고 그것이 성공적인 리더십으로 가는 길이라고 느긋하게 당신의 자아에게 일러 주어라.

45

윌리엄 버틀러 예이츠 · 외모에 대한 선입관

신이 당신을 사랑하듯
당신을 사랑하라

윌리엄 버틀러 예이츠(1865~1939)
아일랜드의 시인이자 극작가인 윌리엄 버틀러 예이츠는
20세기의 위대한 시인으로 널리 인정받고 있다.

그대 늙었을 때(피에르 드 롱사르의 시를 흠모하며)

그대 늙어 머리 희어지고 잠이 많아져
난롯가에서 끄덕이며 졸게 되거든,
이 책을 꺼내어 천천히 읽고 한때 그대가 지녔던
부드러운 눈빛과 깊은 그림자를 떠올려 보라.

얼마나 많은 이가 좋아했던가, 그대 기쁘고 우아한 순간들을
참사랑이든 거짓 사랑이든 그대의 아름다움을.
그러나 한 사람만이 그대가 지닌 순례자의 영혼을 사랑했고,
그대의 늙어 변해가는 얼굴에 깃든 슬픔마저 사랑했음을.

그리하여 붉게 달아오른 난롯가에 몸을 굽히고
조금은 애처롭게 중얼대 보라. 어떻게 사랑이
저 산 위로 훌쩍 달아나
별무리 속에 그 얼굴을 감추었는지를.

앤 그레고리에게

"그 아름다운 밀랍 빛의
치렁히 귀 가린 머리 때문에,
절망에 몸을 던진 젊은이는 결단코
그대를 사랑하지 않을 것이다.
그대의 금발머리가 아니라."

"하지만 난 염색약을 구해서
거기에다 물을 들일 수도 있어.
갈색, 흑색, 혹은 붉은색으로,
그래서 절망에 빠진 젊은이들이
나를 사랑하게 할 수도 있어.
내 금발머리가 아니고."

"난 어젯밤에 한 신앙 깊은 노인의 이야길 들었지.
그가 성구를 하나 발견했는데 그것이 말해 준 것은

나의 사랑하는 이여, 하느님만이
외로운 그대 자신을 위해 그대를 사랑할 수 있다는 것.
그대 금발머리가 아니라."

매혹적인 신비주의자 윌리엄 버틀러 예이츠는 지혜와 형제애를 추구
했으며, 물질적인 환경에서 벗어나기 위한 영혼의 울음에 대해 글을
썼다. 가장 중요한 현대 시인 중 한 사람이며, 극작가로도 유명한 예이
츠는, 아일랜드가 1922년 자유국가가 되었을 때 아일랜드의 국민정치
가가 되었고, 1923년에는 노벨문학상을 받았다. 그는 연금술, 점성술
과 같은 신비학에 관심이 많았다. 선과 악이 대결하는 격변의 전투로
세상을 몰아가는 사악한 힘에 대해서도 많은 관심을 쏟았다. 그는 제2
차 세계대전이 일어나기 직전에 세상을 떠났다.

예이츠는 23살에 만난 모드 곤이라는 여성에게 한눈에 반했다. 창
백한 낯빛의 아름다운 아일랜드 미인이었던 모드 곤은 자신의 열정을
조국에 바친 저항군이었다. 그녀는 수차례에 걸친 예이츠의 구애와
청혼을 거절했고, 예이츠는 사랑에 좌절하고 분노하면서도 그 마음을
50여 편의 시로 남겼다.

여기 선정된 두 편의 시는 육체적 매력 이상의 것에 이끌린 사랑
을 담아내고 있다. 1907년 예이츠는 금발이 아름다운 여인 앤 그레고
리와 이탈리아 여행을 떠났다. 그리고 그는 그녀에게 이런 글을 썼다.

"나의 사랑하는 이여, 하느님만이 외로운 그대 자신을 위해 그대를 사랑할 수 있다는 것. 그대 금발머리가 아니라." 가장 진실한 사랑의 시금석은 용모와 상관이 없는 것이라고 시인은 우리에게 말하고 있다. 비록 나는 그대 겉모습의 아름다움을 찬미하지만, 하느님이 그렇듯이 외로운 그대 자신을 위해 사랑하라고 권한다.

1960년대에 내가 의과생이었을 때의 잊지 못할 기억이 하나 있다. 상담심리학의 상급 코스에 들어 있는 세미나에서 일어난 일인데, 대학에서 가장 명성이 높은 교수가 가르치는 과목이었다. 나는 열한 명의 동료와 함께 자아실현에 대해서 연구했다. 거기엔 업무 능력이 특출한 사람들의 특성도 포함되어 있었다. 이 상급반 코스의 목적은 자아실현자들의 특성을 구별하는 방법을 배워서 다른 사람들이 더 충만하고 더 철저하게 정열적인 삶을 살도록 도와주는 것이었다.

자아실현자의 특성은 아름다움에 대해 감사하고, 목적의식이 있고, 교화되기를 싫어하고, 모르는 것을 즐겨 받아들이고, 열정적이고, 내부 지향적이고, 결과에 초연하고, 다른 사람의 좋은 의견에 얽매이지 않고, 억지로 다른 사람을 조정하기 위해 애쓰지 않는 것 등이었다. 매주 우리는 의뢰인들이 자아실현을 할 수 있도록 유도하는 방법에 대해 토론했다. 학기 중간에 우리는 중간고사를 치렀는데, 교수님의 질문은 딱 하나였다.

"자아실현적 인간이 디너 파티에 도착했다. 다른 사람들은 모두 정장 차림이었는데 그는 청바지에 티셔츠, 스니커, 야구 모자 차림이었다. 그는 어떻게 했을까? 30분 안에 답을 쓰시오." 우리 열두 명은 30

분 동안 열심히 써 내려갔다. 그런 다음 교수님은 우리 각자에게 자신의 답을 큰 소리로 읽으라고 했다. 내가 기억하는 답 몇 개가 있다.

'그는 겉모습에는 신경 쓰지 않을 것이다.'

'그는 잘못된 것이 전혀 없다는 듯 행동할 것이다.'

'그는 자리를 계속 지키며 모인 사람들과 즐기고 다른 사람이 자기를 어떻게 생각하는지에 대해서는 걱정하지 않을 것이다.'

나는 내 답을 특별히 자랑스러워한 기억이 난다. 자아실현자의 목적 의식과 뛰어난 의무감에 대해서 쓴 답이었다.

우리 모두 답안지 읽기를 마쳤을 때, 교수님은 이렇게 말했다. "미안하네. 자네들 중간시험은 모두 낙제네. 단 세 마디만 쓰면 되는 답이었어." 그러면서 그는 칠판에 세 마디를 써 나갔다. "그는 몰랐을 것이다."

자아실현적 인간은 외모를 신경 쓰지 않고, 만나는 모든 사람의 내면에 있는 신의 모습만을 본다는 사실에서 우리는 최고의 깨달음을 얻을 수 있다. 예이츠가 말한 것도 이런 식의 사랑이다.

도전하자! 우리가 눈으로 보는 것 이상을 보기 위하여, 육체적인 외모보다는 영혼에 대한 총체적인 애정을 느끼기 위하여. 오로지 외모와 관련된 상품 광고로 우리를 폭격하고 있는 사회에 도전하자! 우리 사회의 사고방식으로 보면 주름살은 감추거나, 외과적인 수술로 제거해야 한다. 하얗게 센 머리칼도 숨겨야 한다. 자연스레 나이 들어가는 과정이 드러나는 흔적은 모두 감추어야 한다.

외모와는 아무 상관이 없는 하느님과 같은 방법으로 사랑하기 위해, 피상적인 인간들에게 전혀 신경 쓰지 않기 위해, 예이츠는 그런 광고의 메시지 너머를 보라고 한 것이다. 우리는 과거 한때 이런 능력을 가지고 있었다. 같이 노는 친구의 피부색이나 눈의 모양새에 신경 쓰지 않던 때가 있었다. 문화에 적응해 가면서 우리는 포장 안에 있는 영혼보다는 점점 담고 있는 용기의 외양을 보고 구별하기 시작했다.

내가 좋아하는 예이츠의 시 「비잔틴 항해」에는 어떤 시구보다도 강렬한 연이 있다.

늙은이는 다만 쓸모없는 것일 뿐,
지팡이에 걸쳐 놓은 누더기 코트일 뿐,
죽어 없어질 육신의 옷에 누덕누덕 기운 자국을 위해
영혼이 손뼉 치며 점점 더 소리 높여 노래해 주지 않는다면.

사실 육체적인 존재로서 우리는 모두 '지팡이 위에 걸쳐 놓은 누더기 코트'가 되어 가고 있다. 감각으로 지각할 수 있는 것만을 사랑한다면, 사실 인간은 쓸모없는 것이 된다. 그러나 영혼이 손뼉 치며 노래할 때, 나이를 먹는다는 사실은 대수롭지 않게 된다. 예이츠는 먼저 피상적인 것의 너머를 보라고 했다. 이를 통해 자아를 실현한 뒤 피상적인 것들을 초월하는 지점에까지 도달하라고 한다. 사랑하는 사람들의 영혼에 관심을 가져라. 그런 동안에 자신에게도 호의를 베풀어 자기 영혼이 손뼉 치게 하라. 영혼이 당신의 박수를 받게 하라. 신이 당신을 사랑하듯 당신을 사랑하라. 외로운 자신을 위해.

이런 사랑을 하면서 살기 위해 몇 가지 제안을 한다.

- 자신을 영혼을 가진 육체로 보지 말고 육체를 가진 영혼으로 보기 시작하자. 나이 들어가는 흔적을 가치 있는 훈장으로 보자. 나이 들지 않고 유언도 하지 않는 자신의 영적인 부분 속에 들어가 나이의 흔적 이상의 것을 보려고 노력하자.

- 영원한 젊음에 매달리고, 외모로만 사람들을 판단하라고 매일 부추기며 당신의 의식을 끊임없이 폭격하는 광고를 무시하자. 외모 때문에 자신을 자랑스럽게 생각하지 말자. 자신의 개성에 담겨 있는 내용 때문에 자랑스러워하자. 『바보들의 감옥』에 나오는 유명한 구절을 자주 읊어보자. "지금의 내가 바로 나다."

- 다른 사람들을 만나면 먼저 그 안에 자리 잡고 있는 신의 모습을 보자. 우리는 피상적인 특징만 보도록 훈련되어 있지만, 그것에 대해 얘기하고 싶은 마음을 버리자. 다른 사람에 대해 말할 때는 그 사람의 내면의 아름다움을 화제로 삼자. 외모를 강조하는 잡담에 끼어들지 말자.

- 사랑하는 사람에 대해 당신이 느낀 것을 말할 때는 그들의 외모를 강조하지 말고. 무엇 때문에 그들을 진정으로 사랑하는지 그것을 강조하자. 그들의 영혼이 주차되어 있는 차고에 대해 이야기하지 말고 그들의 영혼에 대해 이야기하자.

46

조이스 킬머 · 가족

집은 보호와 사랑의
공간이 되어야 한다

조이스 킬머(1886~1918)
「나무」라는 시로 주로 기억되는 미국의 시인 조이스 킬머는
제1차 세계대전 중 프랑스 전투에서 사망했다.

지붕(아멜리아 조제핀 버를 위하여)

길은 넓고 별들은 반짝이고 밤의 숨결은 부드럽다.

지금은 방랑벽이 내 발길을 붙잡아야 할 때.

하지만 나는 툭 트인 길과 얼굴에 쏟아지는 별빛에서 선뜻 돌아선다.

그리고 사람이 살고 있는 곳을 찾아 객지의 장려함을 떠난다.

나는 세상의 거리를 오르내리며 가정을 갖지 않고

방황하기를 진정으로 좋아하는 방랑자를 결코 보지 못했다.

지난밤 헛간에서 자고 새벽에 떠났던 떠돌이는

머물 자리를 다시 찾을 때까지만 이리저리 돌아다닐 것이다.

집시는 캔버스 천이 덮인 자기 마차에서 잠들거나

텐트로 들어갈 것이다.

그는 잔디밭에 앉아 해가 높이 떠오를 때까지 오래 쉴 것이다.

하지만 어두워지면 하늘을 버리고 지붕을 찾는다.

집시를 방랑자라고 부르는 것은 잘못된 표현이다.

그는 여행을 하는 것이 아니라 집을 가지고 다니기 때문이다.

방랑자들은 누구나 알고 있듯, 길이 좋은 유일한 이유는

돌아갈 집, 바로 그 집, 집이 있기 때문이다.

사람들은 말한다. 인생은 고속도로, 세월은 이정표라고.

때로는 티켓을 눈물로 사야 하는 톨게이트가 있다.

인생은 거칠고 가파른 길. 그 길은 넓고 멀리까지 뻗어 있다.

그러나 마침내는 황금 집들이 있는 황금 도시에 가 닿는다.

조이스 킬머는 "나무같이 아름다운 시를 나는 결코 보지 못하리."로 시작되는 12행 시로 알려져 있지만, 나는 집에 대한 이 시적인 찬사를 조명하기로 결정했다. 추리형식으로 된 이 시는, 특히 가족과 사랑하는 사람을 포함한 가정의 모든 것에 가치를 두고 있다. 조이스 킬머가 이 시에서 찬양한 그 지붕 아래에는 위대한 사랑의 근원으로서 모

두가 살아가는 동안 마음에 간직해야 할 것이 있다. 그 지붕은 우리의 안락한 보금자리를 보호해 준다. 우리 대부분에게 가정은 매우 깊은 의미가 있다. 일시적으로 이 땅을 찾은 우리에게 집이란 닻의 의미이다. 그것은 안전을 상징한다. 우리와 함께 거하는 사람들은, 낯선 자들로 가득한 이 세상을 우리가 헤쳐 나갈 수 있도록 인도해 준다. 우리들 대부분의 가정생활은 목가적인 것과는 거리가 멀지만, 우리가 아무리 멀리 떠나올 지라도 돌아갈 집이 있다는 사실은 여전히 보편적인 안정감을 준다.

나는 세계 곳곳을 여행했기에 여러 가지 형태의 집들을 보았다. 폴리네시아에서는 풀을 엮어 만든 집에서 사람들이 살았고, 얼어붙은 툰드라에서는 이글루에서 살았다. 홍콩에서는 수많은 사람들이 조그만 아파트에서 함께 모여 살았고, 또 다른 사람들은 사막의 변두리를 따라 텐트 안에서 살고 있었다. 홈리스라는 딱지가 붙은 사람들조차 커다란 박스나 육교 밑에 한 지점이라 하더라도 어떤 장소를 점유하고 있는 게 보통이었다. 안락함의 원천과 안전감을 제공하는 은신처를 찾아, 그것을 집이라고 부르는 것이 일반적인 경향이었다.

조이스 킬머는 인간의 방황하는 특성과, 방황 후에 다시 돌아갈 장소를 갖는 특성 이 두 가지 인간의 특성에 대해 글을 썼다. 진실로 길 위에 있는 것은 위대하지만 집과 같은 장소는 세상 어디에도 없다고 그는 말한다. 이 시는 나에게 감동을 주는데, 그것은 나 또한 방랑자 기질이 있으면서도 집에 머무는 것을 좋아하기 때문이다. 내 안에도 있고, 내가 만나고 편지를 받는 대부분의 사람들 안에도 존재하는, 겉보기에 반대되는 이 두 가지 성향의 결합 방식을 이 시는 보여주고 있다.

우리 모두는 세상을 보고, 여행하고, 일어나서 앞으로 가기를 원한다. 직업 없는 방랑자로 자유롭게 떠돌아다니고, 우리를 되돌아오게 만드는 모든 닻을 잘라 버리고 싶은 것이 모든 사람이 지닌 일반적인 환상이다. 그러나 동시에 킬머가 얘기한 것처럼 "방랑자들은 누구나 알고 있듯, 길이 좋은 유일한 이유는 돌아갈 집, 바로 그 집, 집이 있기 때문"이다. 당신은 어디를 여행하든, 자신의 은신처로 모이는 사람들을 볼 수 있다. 그리고 정말로 그것은 우리를 향수병에 시달리게 만든다.

이 시 「지붕」은 집이라는 은신과 안락의 장소에 대해 감사하는 내면의 태도를 갖추고, 주위를 돌아보면서 자연의 위협이나, 집 잃은 두려움으로부터 안전할 수 있는 그 축복을 만끽하라고 말한다. 우리가 집이라고 부르는 이런 구조물들은 장소나 건물 이상의 의미가 있다. 한 지붕 아래 있는 사람들은 우리를 가장 걱정하고, 선뜻 지지해 주고, 먹여 주고, 골치 아픈 일이 아무리 많아도 늘 함께하는 사람들이다.

가장 기본적인 문제들과 불행은 대부분 한 지붕 밑에서 살고 있는 사람들을 제대로 대하지 못한다는 데서 비롯된다. 대개 같은 집에서 사는 가족 구성원 사이에는, 아주 끈끈한 유대가 존재한다. 수십 년 동안이나 떨어져 살고 있는 내 형제들이 생각난다. 나는 그들을 1년에 몇 번 볼 따름이다. 그러나 한지붕 아래에 같이 있던 그 시간들은 결코 깨질 수 없는 사랑의 원 안에서 우리를 묶어 준다. 가족이 상징하는 것은 바로 다른 사람과 연결되어 있다는 이런 느낌이다. 그것은 측량할 수 없다. 그것은 그 공간을 함께하는 다른 사람들과 일치한다는 느낌이다. 조이스 킬머는 그 느낌을 귀중하게 여기라고 한다. 집이라고 부르는 것에는 무엇이든지 감사하고, 벽돌과 지붕으로 둘러싸인 경계 안에서 함께 사는 기회를 가졌던 사람들에게 감사하라고 한다.

여행을 떠나고 싶은 열망이 일어나면 무슨 수를 쓰든지 떠나라. 그 넓은 길을 택해, 볼 수 있는 모든 것을 보아라. 동시에 그 넓은 길 양옆에 있는 모든 것을 알아 두어라. 그리고 그 길 끝에는 사람들이 집이라고 부르는 장소가 있다는 것을 기억하라. 그러므로 돌아와서 가장 낯익은 길을 걸어 내려가 문을 열기 전에 잠시 멈춰 서라. 돌아올 집이 있다는 사실에 감사하고, 또한 당신이 자라날 집을 지어 준 이들에게, 좋고 나쁘며, 쉽고 어려운 모든 추억을 제공해 준 이들에게 깊이 감사하는 느낌을 가져 보라. 오늘 방랑자가 된 다음 집으로 돌아오라. 당신이 나쁜 길로 빠지지 않고, 자급자족할 수 있기 위해서는 대단한 사랑과, 돌봄과, 음식과, 노동과, 에너지가 필요하다. 집이라는 것이 의미하는 것은 사랑과 돌봄 전부다.

이 감상적인 시를 쓴 시인은 제1차 세계대전 때 미군 상사로 있었다. 이 섬세한 젊은이, 스스로 원해서 멀리 방랑을 떠난 이 젊은이는 1918년에 서른한 살의 젊은 나이로 프랑스에서 교전 중 죽었다. 이 시의 마지막 행은 예언적으로 보인다. "인생은 거칠고 가파른 길. 그 길은 넓고 멀리까지 뻗어 있다. 그러나 마침내 황금 집들이 있는 황금 도시에 가 닿는다."

나는 제1차 세계대전의 참호보다 더 험하고 가파른 마지막 길은 상상할 수 없다. 그러나 어쨌든 조이스 킬머는 그 영혼이 거할 더 넓은 집에 대해 알고 있었다. 「나무」에서도, 그리고 이 시의 마지막 행에서도 그것은 명확하다. "시는 나 같은 바보가 짓지만 나무를 만들 수 있는 분은 오직 하느님뿐."

이 시의 메시지를 당신의 삶에 적용하기 위한 몇 가지 제안이 여기 있다.

- 얼마나 대단한지 혹은 얼마나 비천한지에 상관없이, 집이라고 부르는 직접적인 환경에 대해 감사하는 마음을 매일 몇 차례씩 가져 보자. 이 집을 제공해 준 사람들에게, 이 집에서 함께 사는 사람들에게 감사하자. 그리고 은신처를 준 신의 은총에 감사하자.

- 집이 없는 사람들을 도울 수 있는 일은 무엇이든지 해보자. 어떤 사람은 방랑 후 되돌아갈 집을 가진 반면, 다른 사람들은 어떤 선택도 할 수 없는 홈리스 상태이다. 집이라고 부르는 더 영속적인 장소를 갖고 싶어하는 사람들에게 재정적으로, 정신적으로, 또 육체적으로 봉사하자.

- 같은 집에 살고 있는 사람들에게 집을 영광스럽게 여기고 존경하도록 가르쳐야 한다. 그것의 물리적 속성뿐만 아니라 집이 보호와 사랑의 공간이기 때문이다.

47

윌리엄 블레이크 · 소통하는 법
그날의 분노는 잠들기 전에 풀어라

윌리엄 블레이크(1757~1827)
윌리엄 블레이크는 영국의 시인이자 판화가, 화가, 신비주의자였다.
그의 시는 신비주의와 복잡한 상징주의로 유명하다.

독 있는 나무

나는 친구에게 화가 났었네.
화가 났다고 말했더니 화가 풀렸네.
나는 원수에게 화가 났었네.
그렇다고 말하지 않았더니 나의 화가 커졌네.

나는 두려움 속에서 그것에 물을 주었네.
밤이나 아침이나 나의 눈물로.
나는 그것에 햇살을 쪼여 주었네,
미소와 부드러운 속임수로.

그랬더니 그것은 낮이나 밤이나 자라나
마침내 빛나는 사과 한 개 달렸네.
나의 원수는 그것의 광채를 보았네.
그는 그것이 나의 것임을 알고

밤이 하늘을 가렸을 때
나의 뜰로 숨어들어 왔네.
아침에 나는 기쁘게 보네.
나의 원수가 나무 밑에 뻗어 있는 것을.

윌리엄 블레이크는 내가 흠모하는 이상적인 인물 중 하나다. 생전에
그는 완벽한 시인이자 화가, 예술가였으며, 환상을 보는 신비주의자
였다. 이 신비주의자는 당시 대부분의 사람들에게 무시당하고 미쳤다
는 취급을 받았다. 그는 평생을 가난 속에서 살았으며 무관심 속에서
죽었다. 하지만 오늘날 그는 문학사에서 매우 독창적이며 위대한 인
물로 인정받고 있다. 그리고 그의 독창적인 판화는 수백만 달러에 달
하는 귀한 보물이 되었다.

　나는 그의 서사시에 탐닉했으며, 평생 그의 글을 광범위하게 인용
했다. 그가 쓴 글 중에서 어떤 글을 이 책에 포함시킬까 결정하는 일
은 상당한 도전이었다. 가장 유명한 글은 1803년에 쓴 「순수의 비유

(무구의 노래)」 시작 부분 몇 줄이다. "모래알 속에서 세계를 본다는 것, 야생화에서 천국을 본다는 것은 손바닥 안에 있는 무한함과 한 시간 안에 들어 있는 영원을 붙잡는 것이다." 이 구절은 신 혹은 무한의 존재, 우리 상상력의 가치, 그리고 하나로서의 우주에 대해 블레이크가 온 정신을 집중했다는 사실을 말해 준다. 이 주제에 관해서는 이 책 어딘가에 쓴 적이 있기 때문에 이 '미친 천재'가 당신과 나에게 제시해 주는 다른 주제를 골랐다. 그것은 200여 년 전 그의 펜에서 창조되어 나온 것으로, 프랑스 혁명의 와중에 쓴 「독 있는 나무」이다. 프랑스 혁명은 블레이크가 이 작품을 쓰고 있던 곳 가까이에서 일어났다.

「독 있는 나무」는 의사소통을 통해 서로 사랑하는 관계를 유지하라는 매우 기본적인 메시지다. "나는 친구에게 화가 났었네. 화가 났다고 말했더니 화가 풀렸네." 이렇게 간단한 방법으로 심오한 진리를 표현하고 있다. 사랑하는 사람에 대한 느낌을 표현할 상식이나 용기가 있다면, 그 분노는 사라진다. 거의 마술처럼 사라진다.

과거에 나는 분노를 느낄 때면 자주 침묵하는 경향이 있었다. 그 때문에 마음을 졸였으며, 분노를 느끼는 상대와 계속해서 이야기를 주고 받는 상상에 빠지곤 했다. 내가 사랑하는 사람이나 친구를 얼어붙게 만드는 이런 자세를 취하는 한, 그 분노는 계속된다. 하지만 마침내 분노를 드러내고 확실한 감정을 표현하여 서로의 의견을 나눌 수 있게 되면 신기하게도 분노는 순식간에 마술처럼 가라앉는다. "나는 원수에게 화가 났었네. 그렇다고 말 하지 않았더니 나의 화가 커졌네." 이것은 내가 배웠던 바로 그 교훈이다. 그리고 나는 날마다 그 교훈이 여전히 효과가 있음을 인정한다.

과거에 나는 가장 사랑하는 사람들 중에서 적을 만들었다. 그들을 적으로 돌리는 순간, 나는 내 안에 분노를 품고 혼자만이 은밀히 관여하고 있는, 믿을 수 없을 만큼 복잡한 시나리오를 만들어 나 자신과 두뇌 게임을 했다. 분노를 간직하고 있으면서도 표현하지 않는 나의 이런 경향은 블레이크가 독 있는 나무라고 부르는 것을 만들었다. 내 눈물로 그것에 물을 주고 거짓 웃음을 햇볕처럼 쪼여 주었다. 그 결과는? 그것은 계속 자라서 열매를 맺었다. 그 열매는 확실히 독이었다. 독이 너무 많아서 결국은 내가 적이라고 꼬리표 붙여 준 사람들을 파괴할 것이었다. 그들이 거기 "나무 아래 길게 뻗어" 있었다.

이 시의 메시지는 매우 심오하다. 이것은 개인적 관계에만 적용되는 것이 아니라 살아가면서 만나는 모든 사람들을 다루는 일에도 적용된다. 당신의 마음속에 타오르던 불꽃이 꺼지고, 분노가 커지고 있다고 느낄 때 우리는 장차 늪이 될지도 모르는 곳으로 향한다. 그곳에서 빠져나오는 길은 걸음을 멈추고서 그 사람을 적이 아닌 친구로 만드는 것이다. 그 사람에게 말하자. "당신은 지금 나를 교묘히 조종하려는 것 같은데, 이제 그만 두는 편이 좋겠어." 이런 식으로 솔직하게 말하면 분노가 한쪽으로 밀려나서, 결국 당신이나 적이 될 누군가를 파괴하게 될 그 독 있는 나무가 자라는 것을 막을 것이다.

마찬가지로 가까운 가족 관계에서도, 분노를 느끼게 되면 말을 함부로 내뱉거나 목소리를 높이지 말고 용기를 내어 당신의 심정을 표현해 보자. 말없이 대응하면 화가 가라앉지 않는다는 것을 나는 우리 애들을 보고 알았다. 아이와 나는 둘 다 마음속에 각자의 독 있는 나무를 키우고 있었기 때문에 서로를 적으로 만들면서 관계는 점점 악화되어 갔다. 둘이 마주 앉아 내가 어떻게 느끼는지를 말하고, 내가 무엇 때문에 실망했는지를 말하면 열린 토론에 이르게 되고, 서로 껴안으면서 "아빠, 나도 아빠를 사랑해."라고 끝맺게 된다. 놀랍게도, '내가 분노하는 이유를 말하는 순간' 내 분노는 끝나 버렸다. 만약 당신이 지금보다 더 행복한 관계를 맺고 싶다면, 이 말을 꼭 기억해 두라.

이 방법은 갈등 관계에 있는 두 사람이 협력 관계를 이루는 데 반드시 필요하다. 만약 두 사람이 모든 면에서 일치한다면, 둘 중 하나는 필요가 없을지도 모른다. 영혼의 친구는 서로 너무 닮지 않은 경우가 많다. 오히려 단추만 하나 눌러 당신을 미치게 만들 수 있는 사람이 영혼의 친구다. 그 사람은 바로 이런 힘 때문에 영혼의 친구인 것이다. 당신이 화가 나 있다는 걸 깨닫는 순간에는, 화나게 만든 사람이 가장 위대한 선생이다. 그 사람은 당신이 자신을 아직 억제하지 못한다는 것을, 그리고 화를 가라앉히는 방법을 모르고 있음을 가르쳐 준다.

평화로 가는 방법은 당신의 친구, 연인, 자녀, 부모 또는 장모나 시어머니에게 당신이 어떤 감정을 느끼는지를 정확히 말하는 것이다. 그들에게 분노를 느꼈다면, 초연하고 정직한 자세로 사실을 말하자. 그리고 분노가 어떻게 사라지는지 지켜보자. 이렇게 하면 독 있는 나무를 키워 낼 가능성이 완전히 없어질 것이다.

윌리엄 블레이크의 유명한 시를 당신의 삶에 받아들이기 위해서 다음의 간단한 제안들을 시작해 보자.

- 당신이 냉담한 분위기에 빠져 있다면 오프너로 그 침묵의 뚜껑을 열어 버리자. "이것저것 따지지 말고 바로 지금 우리가 어떻게 느끼고 있는지 얘기해 볼래요?"라고 말하자.

- "내가 느끼기에는……"이라는 말로 시작하며 당신이 어떻게 느끼는지를 직접적으로 말하자. 여기서 강조할 점은 상대방도 자신의 느낌을 진지하게 말해보도록 하는 것이다. 자신만의 느낌을 함께 나눌 만한 친구가 있다면 공유해 보자. 이 단계의 대화 주제는 풀어야 할 문제 자체가 아니라 느낌의 소통이다. 그리고 그 문제에 대해 가졌던 방어적인 자세를 버리고 애정을 가지고 다른 사람의 느낌 자체를 경청하자. 느낌과 친구가 되자.

- 침묵하는 시간도 제한이 필요하다. 한 시간 정도로 정한 다음, 이제 준비가 되었다고 생각되면 의사소통의 라인을 열자. 자신을 숨막히게 하기보다는 소통하는 것이 분노를 가라앉힌다는 걸 알게 될 것이다. 특히 서로 의견이 일치하지 않는 부분에 대해 있는 그대로 정직히 말할수록 그 부분들이 덜 불쾌하게 느껴질 것이다. 묘목에 싹이 나서 마침내 독 있는 나무로 크는 것은 불쾌하게 느끼는 시간 속에서 일어난다.

- 분노를 끌어안은 채 잠자리에 드는 짓은 절대 하지 말자. 이것은 독 있는 나무를 키워 더 울창하게 만든다. 잠들기 전에, 그냥 자신의 감정을 말하고 애정 표현을 위해 노력하자. 그것 때문에 체면을 잃고 자존심을 죽이게 될지라도.

48

존 던 · 공동체 의식
편가르기와 꼬리표 달기를 멈추라

존 던(1572~1631)
존 던은 영국 시인으로 당시 형이상학파를 이끈 첫 시인이었으며,
가장 훌륭한 시인으로 주목받았다. 영혼과 육신이 인간 속에서
역설적으로 결합한다는 것이 반복되는 그의 주제다.

「긴급한 경우에 바치는 기도」로부터

어느 누구나 하나의 섬이요, 자기 스스로가 온전한 것이 아니니라. 사람은 모두 대륙의 한 조각, 본토의 일부분. 흙 덩어리가 바다에 씻겨 내려가도, 모래톱이 쓸려 내려가도, 유럽은 그만큼 작아지리. 그대의 친구나 그대 자신의 농토도 마찬가지이리라. 어떤 사람의 죽음도 그대 자신의 소모이니, 그대 또한 인류의 일부이므로. 묻지 말지어다, 종은 누구를 위하여 울리느냐고. 종은 그대를 위하여 울리므로.

아마 신비주의를 정의하는 유일한 특성은 '하나 됨'이라는 개념일 것이다. 그 개념은 17세기 초에 씌어진 이 구절에서 존 던이 매우 날카롭게 표현하고 있다. 통일된 의식이라는 개념, 인류가 하나라는 개념은 고대 우파니샤드 같은 성스러운 문학에서는 어디서든 나타난다. 신비주의자의 정원에서는 나, 너, 그, 그녀, 그들과 같은 구별이 존재하지 않는다고 고대의 지혜는 말하고 있다. 존 던은 매우 유명한 이 시의 첫 행에서 "그 누구도 섬이 아니다."라고 근본적으로 같은 사상을 표현하고 있다. 삶에서 더 높은 깨달음과 기쁨의 경지에 도달하기 위해, 그 첫 행의 진리를 이해해야 한다. 우리의 이기적 자아가 그 메시지를 받아들여야만 그 이해는 가능해진다.

이기적 자아는 우리가 다른 사람과 분리되어 있으며, 우리의 영역이 끝나는 곳에서 다른 사람들의 영역이 시작된다고 주장한다. 또한 우리가 환경과 분리되어 있으며, 우리가 원하면 환경을 밀어낼 수도 있다고 말한다. 하지만 고대의 스승과 시인들은 언제나 우리는 연결되어 있으며, 모든 사물과 사람은 하나라는 것을 상기시켜 준다. 그들이 말하는 공동체 의식을 얻기 위해서는 표면 아래와 현상 너머를 보아야만 한다.

우리 몸은 언뜻 보면 서로 분리된 기관처럼 보인다. 하지만 가까이 다가가 보면 수많은 기관과 수천 억의 생명체들을 담고 있는 강이 흐르고 있음을 알 수 있다. 거기에는 보이지 않는 박테리아가 무수히 포함되어 있다. 이 모든 것이 몸을 형성하기 위해 함께 일하고 있는 것이다. 오랫동안 회자되어 온 존 던의 시를 다시 풀어 보면 "어떤 세포도 그 자체로서 완전한 섬이 아니다. 모든 세포는 몸의 한 조각이다. 한 생명체가 더럽혀지면, 전체가 점점 줄어든다. 세포 하나가 병들거나 죽으면 내가 점점 줄어든다. 나는 몸 전체에 포함되어 있기 때문이다."

당신의 간세포가 구강세포와 접촉하는 일은 절대로 없지만 그들은 서로 연결되어 있으며, 몸 전체에 꼭 필요하다. 그래서 어떤 세포가 줄어들든 몸 전체를 줄어들게 만든다. 이것은 모든 인류에게 마찬가지다. 우리는 인류라고 부르는 이 몸 안에 있는 세포들이다. 그래서 자신이 남과 분리되어 있으며 서로 경쟁관계에 있다는 생각에 이르게 되면, 우리는 인류 전체를 줄어들게 만드는 것이다. 아메리카 원주민들은 모두가 하나라는 생각을 다음과 같이 표현했다. "바보스럽게 가지를 뻗어 가지들끼리 서로 다투게 하는 나무는 없다." 한 몸 안에서 이웃 세포와 싸움을 벌이는 세포는 확실히 그 과정에서 전체와 자신을 파괴하며 생명을 마칠 것이다. 이것이 암세포가 하는 일이다. 근처의 세포와 협력하는 데 실패하면, 암세포는 이웃 세포를 파괴한다. 이를 저지하지 않으면, 암세포는 온 몸과 자신을 파괴하고 만다. 그것은 사실 매우 우둔한 유기체이다.

「긴급한 경우에 바치는 기도」에서 존 던은 우리 각자에게 말한다. 우리 모두 한 몸의 구성원이며, 누구도 혼자서는 살아갈 수 없다. 실제로 우리는 우리와 함께, 우리를 위해서 일하고 있는 이 커다란 몸 안에 있는 다른 세포들에게 달려 있다. 독립된 존재라는 것은, 동맥, 정맥, 그리고 다른 모든 기관에 의존하지 않는, 몸 바깥에서 박동하는 심장과도 같은 것이다.

대양에서 떨어져 있는 물결 또는 물 한 방울을 생각해 보자. 대양에서 분리되어 있으면 그것은 약하다. 그러나 근원으로 돌아가면 그것은 대양처럼 강해진다. 존 던의 시적 단어들은 우리에게 이 진리를 깨우쳐 준다. 우리가 섬으로 존재할 때 우리는 근원적인 힘을 잃고 인류 전체를 축소시킨다. 그러나 '우리'가 '나'와 '너'를 밀어내는, 신비주의자의 정원에서는 전쟁이 불가능하다. 왜냐하면 둥근 지구 위에서는 어느 한 쪽을 선택하는 것이 불가능하기 때문이다. 우리가 자신을 전체의 부분이 아닌 섬으로 보는 것은, 가장 고귀하고 가장 풍부하고, 가장 값진 인생을 경험하지 못하도록 만든다.

자신이 모든 이들과 연결되어 있다는 것을 알게 되면, 즉시 다른 사람에 대한 비판을 멈추게 된다. 그리고 사람들이 보이지 않는 실을 통해 연결되어 있다는 것을 깨닫게 된다. 마치 발목과 팔꿈치가 보이지도 않고 소리도 없는 하나의 힘을 공유하고 있는 것처럼. 그러므로 누구를 만나더라도 저절로 연민의 마음을 갖게 된다. 일단 모든 사람을 경쟁자나 배신자가 아닌, 가족 구성원으로 볼 수 있다면, 방어나 파괴의 무기보다는 사랑을 가지고 접근하게 될 것이다.

우리가 살고 있는 인종, 가족, 나라 안에서 배운, 모두가 따로라는 생각을 버려라. '무엇이 다른가'로 서로를 확인하는 것이 아니라 '무엇을 공유하는가'로 서로를 확인하는 것이다. 우리의 시선은 외양에 머물지 않고, 서로에게 얼마나 필요한 존재인가에 맞춰져 있다. 그래서 우리들 사이를 갈라 놓는 것은 모두 없애려는 소망이 자리 잡는다. 이것은 마치 문제를 일으킨 암세포를 제거하는 의사와 같다. 그는 모든 신체 기관이 합동 작전으로 암세포를 뿌리 뽑게 만들어, 몸 안에서 부조화를 일으키는 힘을 상실하게 만든다.

이 민감한 구절의 첫 문장을 떠올리면, 고민과 스트레스가 훨씬 줄어든다. 나는 판지에 구걸하는 말을 적어서 들고 있는 거지들을 경멸의 눈으로 본 적이 있다. 종종 나 자신이나 만나는 사람들에게 "왜 저 사람들은 돈을 벌기 위해 나처럼 일하지 않는 거야?"라고 말하곤 했다. 이제 나는 약간 불가사의하기도 하고, 신비스럽기도 한 방법으로, 내가 그 사람들과 연결되어 있다는 사실을 깨닫는다. 그들의 빈곤, 더러움, 좋지 않은 건강은 나 자신을 포함해 우리 모두를 줄어들게 만든다. 나는 그들에게 말 없는 축복을 보내며, 이 땅에서 그런 상황을 종식하기 위해 뭔가를 하겠다고 맹세한다. 그럴 때, 마음속에 연민과 사랑이 더욱 차오른다. 우리 모두가 서로를 얼마나 필요로 하는지 나는 다시 상기한다. 이런 연결이 단순한 혈통이나 종족의 연줄보다도 훨씬 더 위대하다는 생각이 든다.

누군가가 폭력에 희생되었다는 것을 알리는 종소리가 슬픔에 잠겨 울리는 걸 들으면, 400년 전에 존 던이 했던 말을 기억하자. 그 종은 그대를 포함해서 우리 모두를 위해 울리고 있다!

당신의 삶에 '모두가 하나'라는 생각을 적용해 보고 싶으면 다음의 것들을 시작해 보자.

- 지리를 기준으로 편을 나누지 말라. 혹은 어디선가 싸우고 있는 사람들과 자신과는 상관없다고 생각하지 말라. 저쪽 해변에서 누군가가 고통받고 있다면, 그 사람을 위해 조용히 기도하자. 그리고 마음속에서 그 사람과 하나가 되는 경험을 할 수 있는지 시도해 보자.

- 모든 사람, 모든 물건에 깃들어 있는 신을 볼 수 있어야 한다. 그리고 모든 사물 안에 있는 그 신을 존중하라. 희망, 평화, 사랑이 없는 사람들, 대신 미워하고 비판하는 사람들을 비판하지 않도록 노력하자. 남을 미워하는 사람을 비판하고, 비판하는 사람을 미워할 때, 우리 역시 치료가 되는 것이 아니라 암의 일부가 된다.

- '그들'과 우리를 구별하는 꼬리표를 달지 말자. 당신은 미국인이 아니다. 이탈리아인도, 유대인도 아니다. 중년도 아니고, 땅딸막한 사람도 아니다. 여자도 아니고, 운동선수도 아니다. 어떤 꼬리표도 당신이 아니다. 당신은 세계의 시민이다. 꼬리표 붙이는 짓을 멈출 때 모든 정원, 모든 숲, 모든 가정, 모든 창조물, 그리고 모든 사람에게서 신을 보게 될 것이다. 그리고 그 보상으로 당신 안에 평화가 깃들 것이다.

49

스티븐 크레인 · 평화

나약한 영혼이 사랑에 이끌리도록

스티븐 크레인(1871~1900)
미국의 소설가이자 단편작가, 시인, 종군기자였던 스티븐 크레인은
『붉은 무공훈장』으로 널리 알려져 있다. 그는 29세의 나이에 죽었는데
미국 문학에 길이 남을 작품들을 남겼다.

울지 말아요, 아가씨, 전쟁은 관대하니까

울지 말아요, 아가씨, 전쟁은 관대하니까.
당신의 애인은 억센 두 손을 번쩍 들어 항복했고
놀란 말은 혼자서 달아나버렸으니,
울지 말아요.
전쟁은 관대해.

목쉰 소리, 큰 소리로 울리는 연대의 북소리,
싸움에 목마른 나약한 영혼들.

이 남자들은 훈련받고 죽기 위해 태어났지.

그들의 머리 위에 서려 있는 설명할 수 없는 영광.

전쟁의 신은 위대하고 위대하네.

그의 왕국은 무수한 시체가 누워 있는 들판.

울지 말아라, 아가야, 전쟁은 관대하단다.

네 아빠는 황토색 참호 속에서 뒹굴고,

가슴에 차오르는 분노를 억누른 채 죽었으니.

울지 말아라.

전쟁은 관대하단다.

재빨리 타오르는 연대의 깃발,

붉은색과 황금색 문장으로 꾸며진 독수리.

이 남자들은 훈련받고 죽기 위해 태어났지.

그들에게 학살의 덕목을 강조하라.

살인의 훌륭한 점을 쉽게 설명하라.

그의 왕국은 무수한 시체가 누워 있는 들판.

아들의 화려한 수의에 달린 단추처럼

심장이 얌전하게 매달려 있는 어머니,

울지 말아요.

전쟁은 관대하답니다.

스티븐 크레인 · 평화

열네 명의 아이들 중 막내였던 스티븐 크레인은 짧지만 매우 폭발적인 삶을 살았다. 그는 아주 매혹적이면서도 혐오스러운 주제를 다루었다. 그의 첫 번째 소설 『거리의 여인 매기』는, 한 불쌍한 소녀가 슬럼에서 태어나 몸 파는 신세로 전락하여 결국엔 자살에 이르는 내용으로, 거리의 폭력과 그로 인한 희생이 주제였다. 1893년에 이런 소재는 문학에서 금기시되었다. 그래서 그는 이 책을 자비로 출판했으며, 익명을 사용해야 했다. 이어 1895년에 『붉은 무공훈장』이라는, 전쟁의 공포에 대한 그의 대표적인 소설이 출간됐다.

폭력에 대한 혐오감, 희생자들과 짓밟힌 자에 대한 동정심을 글로 풀어낸 그는, 동시에 이런 폭력을 직접 겪어 보고 싶어서 유곽의 포주였던 사람과 한동안 함께 살기도 했다. 그는 취재기자이자 저널리스트로, 지구상에서 전쟁이 터지는 곳이라면 어디든지 달려갔으나 그리 오랜 경력을 쌓진 못했다. 미국-스페인 전쟁을 취재하며 쿠바에 머물던 중, 그는 말라리아와 결핵에 걸려 스물아홉의 나이에 죽었다.

그가 심오한 반어법으로 쓴 이 시는, 전쟁의 공포를 비난할 뿐만 아니라 모든 폭력에 반대하는 전형적인 발언이라고 할 수 있다. 그 폭력에는 우리가 매일 목격하는 인간의 인간에 대한 비인간성, 가슴속에 있는 분노가 포함되어 있다. 이런 것들은 전쟁과 같은 파괴력을 지녔으며, 시인이 한탄하는 주제이기도 하다. 반어적인 시 「전쟁은 관대하다」는 그가 "나약한 영혼"이라 표현한 이들, 즉 싸우기를 갈구하며, 학살처럼 무서운 일에서 미덕을 찾고, 수천의 시체가 널린 들판에서 위대함을 찾는 영혼들에 대한 논평이다. 나는 내 안에서도 이 나약한 영혼의 잔재를 찾아본다. 이 시는 내 강한 영혼이 나약한 영혼에 승리하고, 모든 폭력에 대한 호기심이나 이끌림을 억누르도록 일깨워 준다.

세상 곳곳에서 울고 있는 처녀들을 버려 둔 채 총을 들고 돌아다니는 사람들이 있다. 그들은 전쟁터에서, 집에서, 학교에서, 거리에서, 운동장에서 울음이 그치지 못하게 한다. 그들은 모두 훈련받고 죽으려고 태어난 사람들 같다. 이런 학살은 전쟁과 살인, 폭력과 분노에 이끌린 결과다. 그래서 우리는 가장 두려워하는 그 일을 우리의 삶 속으로 끌어들인다. 우리는 시인 스티븐 크레인과 같이, 매혹적이면서도 혐오스러운 유행에 휩쓸려 살아간다. 만약 그 나약한 영혼에게 재갈을 물리지 않는다면, 우리 역시 설명할 수 없는 전쟁 신의 영광에 이끌려 수많은 시체가 누워 있는 그의 왕국을 찾는 희생자가 될 것이다.

오락 매체와 힘의 논리 속에서 우리는 내버려두면 폭력과 살인에 매력을 느끼도록 이끌린다. 관객을 만족시키기 위한 폭력 영화는 우리가 인식하든 못하든 대가를 치르게 한다. 무기를 들고 다닐 필요와 권리를 옹호하고, 미국의 총기 사업자들은 모든 남자와 여자, 어린이들이 총 한 자루씩 갖는 것을 목표로 삼고 있으며, 우리는 날마다 거기에 점점 더 가까워지고 있다.

"울지 말아요, 전쟁은 관대해." 하지만 슬픔이 마르지 않는다. 사랑하는 사람들이 전쟁과 불필요한 폭력에 이끌려 그 희생물이 되고, 남은 가족들은 매 순간마다 고통 속에서 울부짖는다. 우리는 지구상에서 가장 난폭한 사회에 살고 있다. 우리의 '지도자'들은 인간 권리 옹호를 명목으로 사람들을 처벌하느라 바빠서, 해마다 죽거나 불구자가 되는 수십만 명의 사람들을 살펴볼 겨를이 없다.

우리가 폭력에 이끌리는 것을 막기 위해, 먼저 우리 마음을 살펴 우리의 영혼이 유혹을 이겨 내도록 해야 한다. 우리의 강한 영혼은, 우리 모두가 보이지 않는 힘에 의해 서로 연결되어 있음을 깨달아야 하는 것을 안다. 폭력과 살인을 사소한 오락거리로 만들어선 안 된다. 우리의 어린 아들들에게 너희들은 훈련받고 죽기 위해서, 전사한 뒤 무공훈장이나 타기 위해서 태어난 게 아니라고 가르쳐라. 우리는 그들이 폭력을 부끄럽게 여기고, '전투에서의 승리'라는 미명하에 과장되게 부풀려진 분노를 억제하도록 길러야 한다. 또한 우리는 경쟁을 극복하고 나아가 서로 협력해야 한다. 아메리카 원주민 격언 중에 이런 말이 있다. "가지들끼리 서로 치일 만큼 바보스럽게 가지를 많이 치는 나무는 없다." 이 위대한 지혜를 아이들과 스스로에게 가르쳐라.

선거를 할 때는, 무기와 장전된 탄약으로 가득 찬 세상에 반대하는 사람을 뽑도록 하라. 우리의 지도자는 어떤 대가를 치르더라도, 대량 살상용 핵무기에서 소구경의 권총에 이르기까지 살인을 위해 고안된 모든 무기를 끝장내도록 노력하는 사람이어야 한다. 무엇보다도 우리는, 우리의 나약한 영혼이 폭력이 아닌, 친절과 사랑에 이끌리도록 자신의 마음속을 들여다봐야 한다.

인간 정신에 대한 탐구로 평생을 보낸 올더스 헉슬리는, 임종시에 인류에게 줄 조언을 부탁받자 이렇게 대답했다. "우리가 꼭 해야 할 일은 서로에 대해 좀 더 관대해지는 것입니다." 그는 아주 단순한 해결책을 제시해 주었다. 전쟁은 분명 친절하지 않다. 이 세상 전체에서뿐만 아니라, 모든 것이 시작되는 우리 개인의 삶에서도 친절만이 해결책이다.

스티븐 크레인의 시에 대한 이런 깨달음을 당신의 삶에 적용하기 위해 다음을 시작해 보자.

- 어떤 종류의 영화나, TV, 책이라도, 살인과 폭력을 부추김으로써 생명의 가치를 떨어뜨리는 것에는 참여하지 말자.

- 어린이들에게 살인보다는 친절에 가치를 두도록 가르쳐야 한다. 그들이 장난감 총과 무기를 갖고 노는 것을 말리고, 그 이유를 말해 주어야 한다. 살인을 흉내내는 놀이보다는 친절을 베푸는 놀이를 선택하면 그들이 세상을 바꿀 수 있다고 설명하라.

- 폭력의 충동을 자제하자. 그리고 분노보다는 친절의 대열을 따라 자신을 다시 프로그래밍 하라. 그렇게 되면 분노가 나타날 때, 자신의 강한 영혼이 나약한 영혼을 순화시키게 될 것이다.

- 지구상에서 폭력의 근절을 사명으로 삼는 기구를 지원하자. UN에서부터 각 지역 그룹에 이르기까지, 평화적인 사람을 위원이나 공무원으로 뽑는 조직들이 많이 있다. 그런 기구들을 지원하도록 하자.

5부

충만한
삶을 살기
위하여

50

칼릴 지브란 · 노동
지금 하고 있는 일을 사랑하는 법

칼릴 지브란(1883~1931)
칼릴 지브란은 레바논의 신비주의자이자 시인, 극작가, 화가였다.

우리가 일할 때는 한 자루의 피리가 된다. 피리는 그 심장을 통해서 시간의 속삭임을 음악으로 바꾼다. 삶을 사랑함으로써 삶의 가장 깊은 비밀을 깨닫게 되는 법이니. 사랑이 없으면 모든 노동은 헛된 것이다. 노동은 눈에 보이는 사랑이라.

나는 나 자신을 이런 식으로 나누고 싶다. 1퍼센트의 눈에 보이는 부분과, 나머지 99퍼센트의 보이지 않는 부분으로. 이것은 "네가 생각하는 대로 너는 그렇게 되리라."는 구약성서의 말을 바탕으로 내린 결론이다.

생각은 인간의 보이지 않는 영역인데, 이것이 눈에 보이는 자아, 즉 땅을 딛고 서 있는 큰 덩어리에 관한 모든 것을 결정한다. 보이지 않는 영역 중에는, 우리가 보통 영혼이라고 생각하는, 죽음을 초월한 불변의 자아도 포함되어 있다. 1퍼센트의 물질, 그리고 99퍼센트의 영혼으로 이루어진 자신을 깊이 생각해 보자.

이제 그 1퍼센트의 작은 부분만이 실제 일어나는 일들을 나타내고 있다는 사실을 생각해 보자. 아마 우리 인간적 속성 전체의 1퍼센트, 그것의 다시 4분의 1도 안 되는 부분이 노동이라고 부르는 육체적 활동에 쓰이고 있을 것이다. 그러나 일에 대한 우리의 생각은 훨씬 더 많은 부분을 주관한다. 생각이나 영혼은 나머지 99퍼센트에서 나오는데, 그것은 늘 우리와 함께 있다. 우리의 99퍼센트인 영혼이, 1퍼센트의 물질적 영역에 휘말려서 분노와 좌절감에 빠지고 괴롭게 노동을 하느라 에너지를 소비한다면 그건 주객이 전도된 것이다.

하고 있는 일에 대해 가지는 생각은 실제 자기 존재의 99퍼센트이다. 일을 싫어하면, 인간의 핵심인 99퍼센트가 나머지 1퍼센트에게 방향을 지시하게 된다. 이런 생각들은 내적인 평화가 깃들어 있는 자신의 영역 안에서 생긴다. 칼릴 지브란은 이것을 "생명의 가장 깊은 곳에 있는 비밀"이라고 불렀다. 만약 자신이 하는 일을 좋아하지 않고, 자신이 좋아하는 일을 하지 않는다면, 노동하는 동안 자신을 통해 흘러나올 음악을 훼손하는 것이다.

그런 상태를 지속한다는 건 어떤 이유로도 변명할 수 없다. 간단하게 선택할 수 있는 방법이 두 가지 있다. 첫째, 하고 있는 것을 버리고 좋아하는 것을 찾아라. 둘째, 사랑이 삶을 지배하기를 바란다면 지금 하고 있는 일에 대한 느낌을 바꿔라. 이 둘 중 하나를 택하지 않고 계속 일하는 것은, 인간 속성의 1퍼센트도 안 되는 작은 부분을 만족시키려고 인생의 주요 부분을 희생하는 것이다.

우리가 세상에 태어났을 때, 우리 일도 함께 태어난다. 우리는 어떤 특별한 일을 위해서 만들어진 것이다. 그리고 그 일에 대한 욕망은 자신이 이 땅에 모습을 드러낸 그 순간 마음속에 들어와 있다. 좋아하지 않는 일을 선택했기 때문에 목적의식을 가질 수 없다면, 레바논의 시인 칼릴 지브란의 시적 조언에 귀를 기울여라. 어떤 위기가 닥치더라도 문제될 것은 없다. 문제가 되는 것은 인간적 속성, 영혼 그 자체일 뿐이다.

이 조언을 거부하기란 무척 쉽다. 좋아하는 것을 할 수 없는 현실적이고도 명백한 이유들은 많다. 그렇다고 시인의 메시지가 침묵하지는 않을 것이다. "사랑이 없으면 모든 노동은 헛된 것이다." 만약 공허함을 느끼고 싶다면, 그래서 실제적 가능성을 들먹이며 날마다 사랑이 없는 상태에서 영혼의 음악을 희생시키기를 원한다면, 이 생에서 자신의 특별한 목적을 방기하기로 선택한 것이다.

그러나 일을 통해 "시간의 속삭임을 음악으로 바꾸는 피리"가 되기를 원한다면, 나는 지금 일하고 있는 이유에 대한 내적 인식을 바꾸라고 말하겠다. '왜 일하는가.'에 대한 당신의 첫 번째 대답은 아마도 '돈을 벌기 위해서'일 것이다. 그 분야에서 훈련을 받았기 때문에, 또는 돈을 꾸준히 벌기 위해서 당신은 늘 해 온 일을 해야만 한다고 생각한다. 그것은 당신의 문화가 강요하는 생각임을 깨닫고 이에 도전하라.

자신이 좋아하는 것, 영혼이 하라고 권하는 것을 먼저 선택하면 분명 돈도 따라올 것이다. 고대 힌두교 경전 『바가바드 기타』에서 신(크리슈나)이 제자(아르주나)에게 "현명치 못한 자는 자기 행위의 열매를 얻기 위해 일하는 반면, 현명한 자는 자기 행위의 결과를 모두 나에게 준다."고 말한다. 이 메시지는 일을 즐기라는 것, 좋아하는 것을 하고 나머지 세세한 것은 우주가 돌보게 놔두라는 것이다. 노동의 대가를 받고 기뻐할 때보다는 좋아하는 일을 하고, 자신의 일을 좋아할 때 더 큰 기쁨을 얻을 수 있다.

지브란의 조언을 읽고 그 의미를 깊이 생각하라. 당신은 피리이고, 일은 눈에 보이는 사랑이다. 일과 놀이 사이의 경계를 최대한 없애라는 것이 시인의 조언이다.

나는 개인적으로 일과 놀이 사이의 구별을 없애고 있다. 어느 게 어느 건지 나도 알기 어렵다. 무엇을 하든지 그것을 통해 내 비전을 추구한다. 그리고 내가 일하는지 놀고 있는지를 다른 사람이 결정하도록 놔둔다. 나는 글을 쓰면서 내가 좋아하는 것을 하고 있기 때문에 기쁨을 느낀다. 그것이 일인지 놀이인지 간단하게 결정할 수 없다. 강의를 하거나, 테니스를 치거나, 아이들과 장난을 칠 때도 마찬가지다. 나는 늘 일과 놀이, 두 가지를 동시에 하는 것 같다.

사실 일은 눈에 보이는 사랑이다. 지브란의 조언보다 더 명쾌한 것은 없다. 좋아하는 일을 하고, 자신이 하는 일을 좋아하라. 이것이 당신이 지금 할 수 있는 최선의 선택이다. 그러기 위해 다음처럼 해보자.

- 매일 하는 작업에서 잘못된 점을 찾지 말도록 하자. 일할 수 있는 기회를 갖게 된 것에 감사하자. 만나는 모든 사람에게 사랑을 보내자. 다른 이들이 어떻게 받아들이든지 상관하지 말고, 당신 편에서 그들을 즐겁게 만들자.

- 나이에 상관없이 위험을 두려워하지 말고 큰 변화를 모색하자. 가장 하고 싶은 것이 무엇인지 결정하자. 그것이 춤이건, 정원 가꾸기건, 글쓰기건, 아니면 낱말 맞추기 퍼즐이건 상관없다. 그런 다음에 1~2주 동안 이 활동이 당신의 일/놀이 요법이 되도록 꼼꼼히 계획을 세우자. 오래지 않아, 일이 돈을 벌기 위한 고되고 단조로운 노동이라는 편견을 이겨낼 것이다.

- 좋아하는 일을 하고, 하는 일을 좋아하기로 결정했을 때, 지레 걱정을 하지 말자. 자신의 목적을 위해 산다는 즐거움에 초점을 맞추자. 그리고 당신의 비전을 방해하는 다른 사람의 생각들을 거부하자.

- 일은 일상적인 삶의 허드레로 생각될 수 있다. 하지만 날마다 하는 모든 잔일을 사랑스러운 생각으로 실행해 보자. 영혼, 삶, 정신에 주의를 돌려 보자. 쓸고, 침대를 정리하고, 장을 보고, 연필을 들고, 기타 등등을 하면서 눈에 보이지 않는 99퍼센트에 주의를 돌려 보자. 이는 노동을 통해서 자기 삶을 사랑하는 아름답고 실제적인 방법이다.

51

레오나르도 다 빈치 · 일과 휴식

떠나면 비로소 보이는 것

레오나르도 다 빈치(1452~1519)
이탈리아의 화가이자 조각가, 건축가, 음악가, 엔지니어,
수학자이자 과학자였던 레오나르도 다 빈치는
인류 역사상 가장 위대한 지성인 중 한 사람이었다.

때때로 먼 곳으로 떠나,

긴장을 풀고 충분히 쉬라.

다시 일로

돌아왔을 때

판단력이 더 명확해질 것이니

일에 끊임없이 매달려 있으면

판단의 힘을

잃게 되기 때문이다.

먼 곳으로 떠나라.

일이 더 작아 보이고

더 많은 부분이

한 눈에 들어오고

조화를 이루지 못하고 있거나

균형을 이루지 못한 것이

더 쉽사리 눈에 띄기 때문이다.

레오나르도 다 빈치 같은 사람이 충고를 한다면 적어도 나는 기꺼이 귀를 기울이겠다. 많은 역사가들은 그를 역사상 가장 탐구심이 강한 사람이라고 한다. 정말 맞는 말이다! 그의 업적은 막대하며, 암흑시대에서 인간을 끌어 낸 르네상스의 문을 연 사람이다.

다 빈치는 어디서든지 눈에 띄는 것은 다 신비로워했고, 그것들을 이해하기 위해 깊이 파고들었다. 그는 땅, 하늘, 그리고 천국을 연구했다. 별들의 움직임을 기록했으며, 최초의 비행기가 만들어지기 400년 전에 날아다니는 기계의 설계도를 그렸다. 그는 자연과 인간성을 본격적으로 연구하기 시작한 건축가이자 완벽한 화가였다. 그가 그린 초상화는 그 이전이나 이후의 것들보다도 훨씬 솜씨가 좋았다. 그는 주제의 핵심을 포착해서 사실성을 구현하였다. 수많은 책들이 그의 그림 〈최후의 만찬〉의 장엄함에 대해 저술했다. 어떤 주제도 레오나르도의 질문을 피할 수 없었다. 그리고 위에 언급한 짧은 충고에서 그는 창조적인 재능을 드러내기 위한 방법을 제안하고 있다.

레오나르도 다 빈치가 평생을 바쳐 완성한 작품의 양만 생각해 봐도, 일 중독자의 모습을 떠올릴 수 있을 것이다. 깨어 있는 동안에는 언제나 그림을 그리고, 조각하고, 발명하는 일밖에 하지 않았던 A형 인간 말이다. 하지만 그의 충고는 그런 모습과는 정반대이다. 이 독창적인 르네상스 인간은 좀 더 효율적이고 생산적이 되기 위해서는 반복되는 일상에서 탈출해 먼 곳으로 떠나라고 충고하고 있다.

생산성이 높은 사람들은 생활 속에서 대단히 뛰어난 균형 감각을 지닌 듯하다. 그들은 발걸음을 늦추고 뒤로 물러나 현재의 걱정거리들을 언제 머리에서 깨끗이 씻어낼지를 아주 잘 알고 있다. 여기서 핵심어는 '균형'이다. 어떤 일 때문에 소모되는 것을 피하려면 그 일에서 멀리 떨어져 걸을 수 있어야 한다. 그렇게 떨어져 걷는 과정에서 자신의 일, 가족, 혹은 계획을 레오나르도가 말하는 '더 작게 보이는' 관점으로 볼 수 있다.

붙박인 장소에서 출발한 다음 돌아다보면 그 장소가 정말로 더 작아 보인다. 멀리서는 한번 슬쩍 보는 것만으로 자신이 떠난 곳에 대해 더 많은 것을 얻어낼 수 있다. 그리하여 약점이나 결점이 하나라도 있으면 금방 찾아낸다. 레오나르도는 예술가로서 그것을 말하고 있는지 모르지만, 그 충고는 직업과 상관없이 당신에게도 적용해 볼 수 있다.

내가 하는 다른 모든 일에서도 레오나르도의 충고는 딱 들어맞는다. 쓰고 있던 원고지를 모두 밀쳐 두고 며칠간 장거리 여행을 떠났다가 돌아오면 거의 마술처럼 모든 것이 더 확실하게 보인다. 일에서 손을 뗐을 때 통찰력이 생긴다는 사실은 참 놀랍다. 통찰력은 우리가 결과에 초연해 있는 순간에 비로소 머릿속으로 뛰어든다. 위대한 르네상스의 스승은 먼 곳으로 떠나 편히 쉬면서, 애쓰기를 내려놓고, 갈등을 잊고, 우리를 도와주는 신의 자연스러운 인도를 따르라고 말한다. 그는 "긴장을 풀고 충분히 쉬라. 다시 일로 돌아왔을 때, 판단력이 더 명확해질 것이니."라고 했다. 일상에서 이렇게 할 수 있는 방법은 먼저 명상을 배워 보는 것이다. 명상의 시간을 가지면 효율성이 엄청나게 증대할 것이다. 지난 10년 동안 나는 청중들 앞에 서기 전에 혼자서 최소한 한 시간 정도 명상을 했다. 명상에서 깨어나면 두려움이 사라진 상태로 무대 위에 오르거나 펜을 들 수 있게 됨을 경험했다. 자신과 일 사이에 일정한 거리를 유지하고, 그 공간에서 긴장을 푸는 과정에서 우리 행동에 신이 개입할 수 있게 된다. 자신에게 임무를 완수해야 한다는 스트레스를 적게 줄수록, 아이러니컬하게도 임무를 완수할 힘을 얻는다. 이런 원칙을 일상 속에서 실제로 깨달아보자.

예를 들어, 춤출 때 당신의 목적은 플로어 위의 특정 장소에서 끝내는 것이 아니다. 댄스를 즐기는 것이 목적이다. 춤을 추다 끝낸 곳은 춤의 과정일 뿐이다. 마찬가지로 콘서트에서는 음악의 끝을 보는 것이 목적이 아니다. 콘서트의 순간순간을 즐기는 것이 목적이다. 바나나 먹는 것을 생각해 보자. 무엇이 목적인가? 한 쪽 끝에서 출발해 다른 쪽 끝까지 도달하는 것? 아니면 한입 한입 즐기는 것? 긴장을 풀고 쉬면서 시간을 보내다 보면, 갈 길에 대해서는 자연스럽게 잊고 있다가, 마지막 순간에 놀라운 결과를 보게 된다.

레오나르도 다 빈치는 추구하는 것이 무엇이건 생활 속에서 균형을 견지하라고 권한다. 무슨 수를 쓰든 하는 일에 집중해야 한다. 그러나 최종 결과보다는 있는 그대로의 일을 즐기려고 노력하라. 만약 자신의 판단이 조화나 균형을 잃었다고 느껴지면 하던 일을 멈추고 몇 걸음 물러서라. 오히려 시야가 넓어지고, 창조력이 왕성해질 것이다.

독창적인 르네상스인의 조언을 받아들여 다음과 같이 해보자.

- 결과가 어떻게 될까 신경 쓰지 말고 일에서 몇 걸음 떨어져 보자. 일의 결과를 걱정하기보다는 그 행위에서 순수한 기쁨을 맛보기 위해 일을 즐기자.

- 때때로 일을 멈추고 아무것도 하지 말자. 마감 시간의 구속, 자명종도 없이. 자신을 그 상태로 두고 그게 얼마나 자유로운지를 살펴보자. 이렇게 일과 거리를 유지하면, 일을 다시 시작했을 때 새로운 활기와 더 예리해진 판단력을 얻게 될 것이다.

- 뭔가 막힌 느낌이 들 때, 내가 자주 하는 짓이 있다. 모든 것을 그냥 신에게 맡겨 버리는 것이다. "이 시점에서 뭘 해야 할지 모르겠습니다. 꽉 막혀 있는 것 같습니다. 저를 인도해서 이 문제를 풀 수 있게 해 주세요." 너무 단순화 해버린 것처럼 들릴지도 모르지만 언제나 효과가 있는 방법이다.

- 무수히 인내하면서 역사상 가장 위대한 업적을 쌓은 사람이 "때때로 멀리 떠나, 긴장을 풀고 푹 쉬라."고 충고한 것을 기억하자.

52

루이스 캐럴 · 젊은 마음

늙었다고 믿기에 늙는 것이다

루이스 캐럴(1832~1898)

영국의 작가이자 수학자, 사진가인 루이스 캐럴은 『이상한 나라의 앨리스』와
『거울 나라의 앨리스』라는 작품으로 많이 알려져 있다.

아버지 윌리엄(사우디를 사모하며)

"늙으셨군요, 아버지." 젊은이가 말했다.

"머리는 호호백발 세셨구요.

그런데 아직도 물구나무 서 계시다니요.

그 나이에 괜찮으세요?"

"나 젊었을 적엔" 아버지 윌리엄이 아들에게 대답했다.

"그렇게 했다간 머리를 다칠까 무서웠었지.

지금은 조금도 해가 없다는 걸 안단다.

그러니 왜 안 하겠어, 하고 또 할 거야."

"늙으셨군요." 젊은이가 말했다.
"전에도 말씀드렸지만
엄청 살이 찌셨어요.
그런데 문간에서 뒤로 공중제비를 넘다니요.
왜 그러시는 거예요?"

"나 젊었을 적엔" 마음 어진 아버지가 회색 머리를 흔들며 말했다.
"내 팔다리는 매우 부드러웠지.
이 연고를 사용했단다. 한 개에 1실링인데
두 개만 살래?"

"늙으셨군요." 젊은이가 말했다.
"그리고 턱이 너무 약해서
쇠기름 말고 다른 것은 드실 수 없어요.
그런데 뼈와 부리를 가진 거위를 전부 다 드시다니요.
아니, 어떻게 그걸 드셨어요?"

"나 젊었을 적엔" 아버지가 말했다. "나는 법에 마음이 끌렸지
그래서 아내와 송사 하나하나에 대해 토론했단다.
그것 때문에 턱에 근육이 생겼고 그 힘은
이후에도 줄곧 유지됐지."

"늙으셨군요." 젊은이가 말했다.

"뜻밖이네요. 눈이 예전과 한결같다는 것이.

그런데 뱀장어를 코 끝에 세우셨네요.

어떻게 그렇게 영리해지셨나요?"

"질문에 세 번이나 대답했으니 이제 충분하다."

아버지가 말했다. "까불지 마!

그따위 얘길 하루 종일 들을 수는 없어.

꺼져, 안 그러면 아래층으로 차 버릴 거야!"

찰스 도지슨은 수줍음 많은 영국 태생의 수학자이자 사진가요, 소설
가였다. 그는 한쪽 귀가 멀었으며, 말더듬이였고, 평생 결혼하지 않고
혼자 살았다. 어린이들에게 둘러싸여 있는 것을 좋아해 어린 친구들
과 함께 자주 피크닉을 떠났다. 그리고 피크닉을 즐기는 동안 앨리스
와 지하 세계의 모험 이야기를 만들어 들려주곤 했다. 그는 『이상한
나라의 앨리스』를 출판한 지 25년쯤 뒤에 이렇게 회상했다. "어떻게
든 새로운 이야기를 짜내려고 궁리한 끝에, 뒷 이야기에 대한 아무런
아이디어도 없이 여주인공을 일단 토끼굴 속으로 내려보냈죠."

　여주인공 앨리스에 대한 흥미진진한 이야기는 계속 이어져서 결국
『이상한 나라의 앨리스』라는 책이 되었다. 그리고 찰스 도지슨은 오
늘날 가장 유명한 어린이 책 저자 중의 하나인 루이스 캐럴이라는 이

름으로 알려지게 되었다. 여기에 인용된 글은 1862년, 찰스가 옥스퍼드에서 템스 강을 보트로 거슬러 올라가 강둑 위로 피크닉을 갔을 때, 동행한 어린이들에게 처음 들려 준 유명한 이야기에서 따온 것이다. 오늘날에는 이 이야기를 전세계의 어린이들과 어른들이 읽고 있다.

「아버지 윌리엄」은 아들과 아버지 사이의 대화를 유머 있는 필체로 묘사한다. 여기서 아들은 아버지를 늙고 말라빠진 보잘것없는 사람으로 여긴다. 그에 대한 아버지 윌리엄의 대답은, 우리의 육체가 담고 있는 늙지 않은 영혼에 대해 두 가지 메시지를 던지고 있다. 첫째, 우리는 늙었다고 믿기 때문에 늙은 것이고, 둘째, 우리는 뭐든 우리가 선택한 분야에서 전문가가 될 수 있다는 것이다. 아버지 윌리엄은 아들의 질문 하나하나에 자신의 젊은 날을 인용하면서 대답한다. 아들은 그 대답을 무시하고 아버지를 자꾸 비꼰다. 그는 물구나무를 서 있다. 뇌를 보호해야 한다는 젊은 날의 생각을 늙은 나이가 지워버렸기 때문이다. 뚱뚱하지만 그는 뒤로 공중제비를 넘으며 약한 턱으로도 뼈를 씹는다. 루이스 캐럴이 쓴 글의 묘미는 그 비꼬는 반어법과 엉뚱한 생각에 있다. 그는 우리에게 나이 먹는 것은 어쩔 수 없으며 젊은 세대들이 비웃고 오해하는 것은 예상된 것이지만, 우리가 살아가면서 어떻게 육체를 사용할지는 늙는 것과 아무런 관련이 없다고 말한다.

그것은 내 몸속에 나이 들고 노쇠한 사람이 들어가도록 절대 허용하지 않겠다는 의미이기도 하다. 계속해서 활기차게 살아갈 것이라고 결심하면, 아무리 어려운 일도 해내게 된다. 나이와 상관없이 말이다. 나는 이런 것들을 아버지 윌리엄의 대답에서 다시 깨닫는다.

지난 20여 년 동안 나는 그의 조언을 매일 따랐다. 육체가 어떤 병을 겪게 되더라도 매일 밖에 나가 뛸 것이라고 내 몸에게 말해 왔다. 나는 엘리베이터를 타기보다는 가능하면 계단으로 걸어 올라가라고 내 몸에게 말한다. 나는 몸에게 윗몸 일으키기와 복부 근육 단련, 농구, 축구 등 아이들이 좋아하는 운동을 곁에서 함께 하라고 말한다. 인생의 단계에 따른 자연적인 흐름에 맞춰 나이 먹은 태도를 취할 필요는 없다. 당신은 쉽게 굴복하고서, 자신을 노인으로 부를 수 있다. 그리고 자신이 붙인 그 딱지로 인해 가치 없고 병약하게 될 수도 있다. 아니면 아버지 윌리엄의 예를 택할 수도 있다. 몸이 만약 거절한다면 이렇게 말하라. "내가 충분히 살다 가는 걸 넌 막을 수 없을 거야."

아버지 윌리엄의 내가 얻은 두 번째 메시지는 전문적인 한 영역에만 자신의 한계를 그을 필요가 없다는 것이다. 당신은 지성인으로 그리고 운동가로 두 가지 모두에서 뛰어날 수 있다. 위대한 작가나 위대한 연설가는 있지만 이 두 분야에서 모두 뛰어나기는 어렵다고 한다. 작가란 내성적이고 글로 의사소통을 하는 반면, 연설가란 사람들과 직접 의사소통을 하는 외향적인 사람들이기 때문이라는 것이다.

이것 역시 터무니없는 생각이다. 나는 그 둘을 다 선택했다. 그것은 클래식 음악을 들으면서 동시에 축구 경기를 볼 수 있는 것과 같다. 당신은 낭만적인 소설뿐 아니라 시도 좋아할 수 있다. 실존주의에 대한 그룹 토론을 즐기는 동시에 디즈니랜드의 가상 세계에서도 즐거움을 느낄 수 있다. 당신 자신을 알기 위해 독방에 틀어박힐 필요는 없다. 당신의 타고난 관심사 한두 가지를 찾아내 그것만 추구할 필요는 없다. 어떤 영역이든지 당신은 그 안에서 높은 수준에 이를 수 있다. 당신은 일차원적 존재가 아니라 절충적인 존재다. 젊은이들이 나이를 생각하시라고 말한다면, 루이스 캐럴이 그의 미친 듯한 상상력으로 만들어 낸 다혈질의 인물, 아버지 윌리엄을 기억하자. 물구나무를 서고, 젊은 비판자 앞에서 공중제비를 돌며 그에게 "까불지 마라…… 꺼져, 안 그러면 아래층으로 차 버릴 거야."라고 말했던 그 사람 말이다.

이 과정을 시작하기 위해 다음과 같은 것들을 제안한다.

- 몸에게 말을 걸자. 그리고 몸이 거부하더라도 억지로 더 활동적으로 움직이자. 침대에 포근히 묻혀 살아가는 데 몸이 익숙해져 있더라도 걷고, 뛰고, 매일 운동을 하면서 그것을 이겨내야 한다.

- 한계가 있다며 딱지를 붙이고 싶은 충동에 저항하자. "나는 ~ 에는 능숙지 않다."거나 "나는 ~ 에는 전혀 관심이 없어."라는 식의 말들은 단지 스스로를 한계에 가두는 것일 뿐이다. 당신이 하기로 결정한다면 뭐든지 잘할 수 있고 즐길 수 있다.

- 마음과 몸과 영혼의 상태를 최대화하도록 고안한 자기 계발 계획을 만들고 매일 그대로 실행하자.

- 양궁, 브리지 게임, 요가, 명상, 태권도, 테니스, 무용, 혹은 전에 전혀 경험해 본 적이 없는 그런 새로운 것이나 익숙하지 않은 것들에 관한 강좌를 들어 보자.

53

헨리 워즈워스 롱펠로 · 열정

행동하라, 속으로는 열정을 안고

헨리 워즈워스 롱펠로(1807~1882)
미국의 시인이자 번역가이며 대학교수인 헨리 워즈워스 롱펠로는
대중적인 인기도 있었지만 동시에 진지한 시인으로도 평가받고 있다.

인생 예찬

나에게 말하지 마라, 슬픈 어조로.
인생은 다만 헛된 꿈이라고!
잠자는 영혼은 죽은 것이고
사물은 보이는 것과는 다르다.

인생은 진실이다! 인생은 진지하다!
무덤이 인생의 종착지는 아니다.
흙에서 와서 흙으로 간다는 말은
영혼에 대한 것은 아니다.

향락도 비애도
우리가 반드시 가야 할 길은 아니다.
행동하라, 내일과 또 그 다음 날에
우리가 오늘보다 발전할 수 있도록.

예술은 길고, 인생은 짧다
우리 심장이 아무리 튼튼하고 용감해도,
싸맨 북 모양 둔한 소리로
무덤으로 가는 장송곡을 계속 울린다.

세상의 넓은 싸움터에서
인생의 야영장에서
쫓기는 짐승처럼 벙어리 되지 말고,
투쟁하여 영웅이 되라!

아무리 즐거워도 미래를 믿지 마라!
죽은 과거는 그대로 묻어 버려라.
행동하라 – 살아 있는 지금 행동하라!
속으로는 열정을 안고 위로는 하느님을 모시고서!

위인들의 생애는 우리를 일깨운다.
우리가 우리의 삶을 숭고하게 할 수 있음을,

그리고 떠날 때 우리 뒤 인생의 모래밭에
발자국을 남길 수 있음을.

그 발자국은,
인생의 장엄한 대양을 항해하다가
외로이 난파당한 다른 동지들에게
용기를 주게 되리라.

그러니 일어나서 행동하자,
어떤 운명에도 굴하지 않는 의지를 가지고.
항상 성취하고, 항상 추구하면서,
행동하고 기다리는 것을 배우자.

이 책에 수록된 시인 중에서 생전에 대단한 인기를 누린 시인은 몇 안
되는데 롱펠로는 그 중 하나다. 1839년에 출간된 시선집 『밤의 소리』
에 실린 「인생 예찬」은 미국과 유럽에서 대단한 인기를 누렸다. 19세
기 미국의 가장 인기 있는 시인이라는 타이틀을 갖고 있는 이가 쓴 이
시는, '열정'이라는 한 단어에 대한 찬사다. 이 말은 그리스어에서 나
온 것으로 원래 의미는 '내면의 신'이다. 롱펠로의 「인생 예찬」은 우
리에게 주어진 짧은 시간을 사려 깊게 관찰한 뒤, 자신의 존재 전체와

경험한 모든 것에 열정적이고 감사하는 태도를 가지라고 권한다.

1861년, 롱펠로는 두 번째 아내가 옷에 불이 붙는 사고로 사망하자 우울증에 빠졌다. 불시에 죽음으로 두 아내를 잃은 뒤 롱펠로는 정신적인 안정을 원했다. 그의 생애 마지막 20년 동안 쓴 수많은 시들은 신과 관계 맺기를 원하는 그의 바람을 반영하고 있다. 「인생 예찬」은 이 위대하고 인기 높은 시인의 정신에 대한 기념비라 할 수 있다.

이 시에서 롱펠로는 우리에게 영혼은 우리의 진정한 본질이며 "사물은 보이는 것과는 다르다."라고 말한다. 우리의 육신과 물질적 환경은 가공일 뿐이며, 지루하고 아무것도 이룰 수 없는 삶으로 우리를 이끈다. 그는 우리에게 무덤이 우리의 목표가 아니라는 것을 일깨워 준다. 나이가 들었다는 것은 단지 육체에 대한 말일 뿐이다. 롱펠로는 우리가 겪은 슬픔과 기쁨에 대해 잊지 말라고 한다. 대신 우리의 성장에 관심을 갖고, 오늘의 자신보다는 내일의 자신이 좀 더 발전해 나가도록 촉구한다. 우리의 육신은 무덤으로 가는 장례 행렬이다. 그러나 영혼은 그런 장례 행렬 같은 것은 결코 알지 못할 것이다.

그가 선택한 언어들이 나는 좋다. 떼거리 심리가 명령하는 것은 무엇이든지 따르는, 가축과도 같은 우리의 삶을 일깨워 준다. 더구나 그는 영웅이 되라고 말하고 있다. 그것은 가슴 두근거릴 만큼 열정적으로 살라는 의미라고 나는 해석한다. 인생에 대한 열정을 과시하라. 무슨 일을 하든지, 주위에 있는 사람들이 당신의 열정에 모두 영향 받을 때까지 그것을 밖으로 발산하라. 이것이 영웅주의이다. 영웅이 되기 위해서는 아이를 구하려고 불타는 건물 속으로 뛰어들 필요가 없다.

열정은 어떤 사람에게는 있고 다른 이에게는 없는 그런 것이 아니다. 시인이 "흙에서 왔으니 흙으로 간다는 말은 영혼에 대한 것은 아니다."라고 가르쳐 줘도, 우리는 내면의 영혼이 흙이 되게 버려 두고 있다. 열정은 성공을 키우는 특성이다. 당신이 열정을 품으면 사람들에게 사랑을 받게 될 것이고 어떤 흠집이 있어도 용서받게 될 것이다.

그리스의 위대한 극작가 아이스킬로스는 이렇게 선언한 적이 있다. "인간이 열심히 하려고 할 때, 신은 찾아온다." 열정은 기쁨을 퍼뜨린다. 아무것도 그것을 억누르지 못하기 때문이다. 열정이 있으면 모든 두려움을 이길 수 있고, 신뢰를 쌓게 된다. 모든 의심과 혼란은 사라진다. 당신은 지금 바로 열정을 선택할 수 있다.

동시대의 인물 에머슨 역시 "역사 상의 위대하고 당당한 행동은 모두 열정의 승리"라고 했다. 이 「인생 예찬」이 제시하는 것을 실천함으로써 자신의 삶 자체를 위대하고 당당하게 만들자. 이 '어떤 운명에도 굴하지 않는 의지'를 가지고 자신이 처한 환경에 상관없이 열심히 노력하는 사람들을 눈여겨 보자. 그들은 즐겨 웃는다. 아주 작은 일에도 흥분한다. 지루하다는 것을 전혀 모르는 사람들처럼 보인다. 선물을 하나 줘 보라. 고마워하며 껴안을 것이다. 그리고 곧 그것을 사용할 것이다. 그들에게 공짜 연주회 표를 하나 줘 보라. 기대하지 않던 선물에 탄성을 지를 것이다. 함께 쇼핑을 가 보라. 눈을 크게 뜨고 보이는 것은 빠뜨리지 않고 감상하며 단 한마디도 불평하지 않을 것이다. 그들 곁에 있고 싶지 않은가? 이것이 열정이다. 그 열정은 "인생은 진실이다! 인생은 진지하다!"는 롱펠로의 말을 우리가 깨닫길 바란다.

'침묵하고 있는 영혼은 죽은 것이다.'라는 롱펠로의 말을 기억하라. 자신의 영혼을 다시 살아나게 하자. 육체를 통해서 영혼이 인생을 경험하게 하자. 열정이 되살아나면 당신은 무엇이든 시작할 수 있다. 그런 의미에서, 몇 가지 실제적인 시도를 해보자.

- 해변을 걷거나 축구 시합에 참가할 때는 언제나, 이것이 '처음' 경험하는 일이자 동시에 '마지막으로' 경험하는 일인 것처럼 하자. 무엇을 하든 이런 태도를 취하면 새로운 시각과 열정적인 감각을 갖게 될 것이다. 나는 재능 많은 여덟 아이들을 따라 수 많은 연주회와 오디션, 축구, 농구, 야구까지 다양한 활동에 참여했다. 그때마다 나는 마치 생전 처음 해보는 것처럼 행동한다. 그러면 그 경험은 더욱 생생해지고, 열정이 다시 솟구친다.

- 지금까지 자신을 훈련해 온 방법에 대해 생각을 바꿔 보자. "난 언제나 겉으로 드러내는 성격이 아니었어."가 아니라, "삶에 대한 내 열정을 보여주고 말 거야."라고 말하라. 영혼을 잠자게 하느냐 아니면 일깨우느냐는 언제나 선택의 문제다.

- 참여하지 않으려는 경향을 줄여 나가자. 다른 사람이 뭔가 하는 동안 옆에 가만히 서 있는 것도 나쁘진 않다. 그러나 삶에 대한 열정을 가지고 승리를 위해 행동해 보면, 롱펠로가 일어나 행동하라고 말한 것이 무슨 의미인지 경험하게 될 것이다.

54

퍼시 비시 셸리 · 정열과 기쁨

당신의 인생을
열정에 넘치도록 만들라

퍼시 비시 셸리(1792~1822)
철학적인 영국 시인 퍼시 비시 셸리는 모든 제도가 사랑과 자유를 질식시킨다고 믿어
거부했으며, 영국의 정치와 종교에 반대하여 저항했다.

사랑의 철학

1

샘은 강물과,

강물은 바다와 합친다.

하늘의 바람은 영원히

달콤한 감정과 뒤섞인다.

세상에 외톨이인 것은 하나도 없으며,

만물은 신성한 법칙에 따라

서로 다른 것과 어울리는데

어찌 나는 당신과 합치지 못할까?

2

산은 높은 하늘에 입 맞추고
물결은 서로 껴안는 것을 보라.
만일 어떤 누이 꽃이 제 오빠 꽃을 업신여긴다면
결코 용서받지 못하리라.
햇빛은 대지를 껴안고
달빛은 바다에 입 맞춘다.
이런 모든 입 맞춤이 무슨 소용 있으랴.
당신이 나에게 입 맞추지 않는다면!

셸리의 시는 일상의 삶을 열정적으로 살아가는 것이 얼마나 중요한
지를 우리 모두에게 이야기해 주는 유산이다. 가장 권위 있는 브리태
니커 백과사전은 이 낭만적인 영국 시인에 대해 이렇게 말하고 있다.
"그는 개인의 사랑과 사회적 정의에 대해 열정적으로 탐구했으며, 그
탐구는 공공연한 행동에서 시작해 시를 쓰는 일에까지 점차 연결되
었는데, 그 시들은 영어로 된 시 중에서 가장 위대하다고 평가받고 있
다." 삶을 정열적으로 살면 우리는 엄청난 보상을 받게 된다. 죽음이
예기치 않게 찾아올 수도 있다는 것을 깨달을 때, 그 보상은 더욱 커
진다. 셸리의 경우가 그랬던 것처럼.
　다음과 같은 상황을 상상해 보라. 19세기 초 영국에 사는 한 남자가

있다. 그는 아일랜드 가톨릭교도의 정치적인 권리와 자치권을 주장하고 팸플릿을 배포했다는 이유로 생명의 위협을 받고 있다. 그는 열아홉 살에 여자와 눈이 맞아서 양쪽 가족을 배신하고 달아났다. 스물네 살에 첫 아내가 자살했다. 20대 중반에는 두 아이를 잃었다. 그 뒤, 그는 연인 메리 울스턴 크래프트와 결혼해, '시를 느끼고, 철학을 이해할 수 있는' 인생 동반자가 되었고 시집을 출판하여 얻은 수입으로 유럽 전역을 여행했다. 그는 유럽 여러 도시에서 바이런 경을 만나 함께 새로운 작업을 시도했다. 그리고 시인이란, 인간의 가치와 사회질서를 창조하는, 인정받지 않은 세계의 입법자라고 선언했다.

그는 사랑을 위한 사랑, 열정을 위한 열정에 대해 쓴 열렬한 이상주의자였다. 그는 스물아홉 살까지 보물과도 같은 시와 산문들을 완성했지만, 폭풍 속에서 보트 사고로 죽고 말았다. 시뿐만 아니라 셸리의 삶 역시 그의 거대한 열정을 말해 준다. 그는 자신의 명성과 삶을 내걸었으며, 인생의 순간순간을 완전히 불태웠다. 여기 인용된 시 「사랑의 철학」은 셸리가 가슴으로 느꼈던 열정을 희미하게나마 전해준다. 그의 낭만적인 많은 시들이 그렇듯이, 그것은 나에게 이렇게 말하고 있다. 사람들에게 사랑을 느껴 보라. 그리고 그것을 열렬하게 표현하라. 그게 싫다면 좌절 속에서 평생을 살아야 할 것이다.

정열적인 사랑은 모든 생각과, 모든 깨어 있는 순간에 스며들기를 갈망하는 내적 감각이다. 우리가 연인과 황홀한 순간을 보낼 때 우리는 성적인, 또는 낭만적인 감정 속에서 더없는 행복을 느낀다. 강, 바람, 산, 꽃, 달빛 사이에서 서로 뒤섞이고 얽히고 껴안고 입 맞추는 모든 것들이, 그 더없는 행복에 대한 셸리의 메타포들이다. 왜 당신은 이런 감정을 표현하지 않고 좌절을 선택하는가? 나는 살아오면서 사랑 때문에 여러 번 아픔을 맛보았지만 마침내 그 사랑이 긴 포옹과 키스와 두 사람의 결합으로 표현되었을 때 나는 마치 천국에 온 듯했다. 황홀한 창조의 순간들도 그 중 하나이다. 중요한 것은 열정을 느끼는 일에 관심을 쏟는 것이다. 나는 글을 쓸 때와 청중들에게 강연할 때, 창조의 황홀함을 느낀다. 깊은 명상에 잠길 때, 아내와 오랫동안 걸을 때, 혹은 아이들이 노는 걸 보는 동안에도 황홀함을 느낀다. 셸리는 사랑과 기쁨을 통해서 세상의 아름다움에 대해, 그리고 사랑하는 이들에 대해 감사할 수 있다고 말한다. 그가 말하는 열정은 사랑에 국한된 것이 아니다. 그는 오늘을 인생의 유일한 날인 것처럼 살라고, 당신의 정열을 나누어서 기쁨이 두 배가 되도록 하라고 권한다.

우리는 인생에 대해 너무 심각할 때가 많다. 우리는 자신을 불안한 상태, 더 심하게는 무관심한 상태에 묶어 두려고 애쓴다. 기쁨과 황홀은 마음에서 온다. 어떤 값을 치르고도 살 수 없는 것이다. 우리는 모두 기쁨과 행복을 찾고 있다. 그런데 종종 그것이 찾아왔을 때 마음이 누릴 수 있는 상태가 아니라고 판단하곤 한다. 그런 상태를 판단할 수 있는 열쇠는 일단 인생을 열정적으로 살아 보는 것이다. 사랑도 열정적으로, 오락과 휴식도, 그리고 이 장엄한 우주와 뒤섞여 있는 자신을 관찰하는 일도 열정적으로 하라. 열정적으로 할 일은 무수히 많다.

이루고 싶은 것에 대해 열정이나 강한 의지를 지닌 사람들, 숨기지 않고 드러내는 사람들은 언제나 원하는 것을 얻는다. 셸리는 숨 쉬는 순간마다, 심장이 박동하는 순간마다, 열정적인 이상주의 속에서 살았다. 그의 열정은 장려한 시에 투영되어 있다. 「사랑의 철학」을 다시 읽고 자신에게 '왜 아니겠어?'라고 물어보라.

다음 조언들을 따라 당신의 인생을 열정에 넘치도록 만들어 보자.

- 당신은 기쁨으로 가득 찬 우주의 일부분임을 깨닫자. 일상에서 낭만적이고 황홀하고 행복한 순간을 더 많이 만들자. 기쁨을 느끼면, 그것을 맛보고 그것을 표현하자.

- 시를 써 보자. 열정적인 감정을 느꼈으면 시간을 내어 그것을 기록해 보자. 대상이 도자기, 고가구, 수학, 음악, 또는 무엇이 되든, 당신의 열정을 자신의 언어로 표현해 보자.

- 열정적인 사람이 될 기회를 만들어 보자. 그리고, 당신이 선택한 물건이나 사람에게 열정을 가져 보자. 마음속에 비관적인 마음이 들면, 그 마음에게 부드럽게 그러나 확실하게 로비에서 기다리라고 일러 주고, 나중에 만나고 싶은 때에 초대하겠다고 하자.

- 가능하면 자주 사랑하는 사람들에게 당신이 느끼는 기쁨을 들려주고 당신도 셸리 같은 열정적인 사람의 시를 읽고, 읽고, 또 읽어라. 그들의 심장 박동을 느낄 수 있게. 당신이 지구에 도착하기 전에 그들이 본 것을 당신 자신도 보고 느끼고 있다고 상상해 보자. 그러면 기쁨이 두 배가 될 것이다.

55

시애틀 추장 외 · 환경 보호

서로가 서로를 치유하도록
노력하라

시애틀 추장(1790~1866)

시애틀 추장은 수콰미시-두와미시 족이자 퓨젓 사운드 지역
백인 정착자들의 친구였으며, 인디언 보호구역 지정과 땅의 양도를 골자로 하는
1855년 엘리엇 요새 조약에 참가했다.

(당신들의) 도시에는 조용한 장소가 없다. 봄날의 나뭇잎, 또는 벌레들의 날갯짓 소리를 들을 장소가 없다…… 인디언들은 연못의 표면을 스치는 부드러운 바람 소리, 한낮의 비에 씻긴 바람의 냄새, 식용 소나무 향내를 실은 바람의 냄새를 더 좋아한다. 피부 붉은 사람들에게 공기는 무엇과도 바꿀 수 없는 귀한 것이다. 짐승도, 나무도, 인간도, 살아 있는 것들은 모두 같은 공기를 호흡하기 때문이다. 여러 날에 걸쳐 서서히 죽어가는 사람처럼, 당신네 도시 사람들은 악취를 맡지 못하고 있다.

이 장의 글을, 아메리카 원주민의 살아있는 지혜였던 분들에게 바친다. 그들은 우리 자연계 안에 있는 모든 성스러운 것들에 대해 커다란 존경심을 보여주었다. 그들이 남긴 글의 일부를 우리는 현재 읽고 나눌 수 있다. 나는 그 중, 아메리카 원주민들의 지혜와 평화에 관한 몇 가지 명상적인 글을 인용할 것이다. 이 장은, 그들의 추억과 우리 살아남은 자들을 위한 장이다. 그들의 글은 환경을 깊이 사랑하고 존경한 결과 만들어진 유산이다.

시애틀 추장

시애틀 추장은 미국 대통령에게 보낸, 유명한 편지를 쓴 사람으로 널리 알려져 있다. 그는 편지에서, 아메리카 인디언의 관점을 고려해 보라고 요구하고 있다. 세상 어느 곳이나 그 땅에 사는 사람들에게는 그 곳이 신성한 곳이며, 우리는 모두 그 귀중한 땅의 일부일 뿐만 아니라 영적으로 서로 형제들이라고 그는 말한다. 위에 인용한 구절에서 시애틀 추장은 우리에게 삶의 부드러운 소리와 달콤한 냄새들을 더 잘 느끼라고 말한다. 그렇게 하면 우리는 환경을 더 존경하는 마음으로 대하게 될 것이다. 그것은 자연의 아름다움 때문만이 아니라, 우리 모두가 서로 얽혀 있는 생명체임을 깨닫게 되기 때문이다. 짐승도, 나무도, 인간도, 살아 있는 것들은 모두 같은 공기를 호흡한다.

오렌 라이언스

다음 글에서 오렌 라이언스는 자기 부족들이 중요한 결정을 내리는 방법에 대해 말해 준다.

우리는 살아가거나 통치하면서 어떤 결정을 내릴 때 언제나 앞으로 올 일곱 번째 세대를 염두에 둔다. 앞으로 올 사람들, 아직 태어나지 않은 세대들이 우리보다 더 나쁘지 않은, 바라건대 더 나은 세상을 갖도록 살피는 것이 우리의 일이다. 어머니 대지 위를 걸을 때면 우리는 언제나 조심스럽게 발을 옮긴다. 우리 미래 세대의 얼굴들이 땅 밑에서 우리를 쳐다보고 있기 때문이다. 우리는 결코 그것을 잊지 않는다.

개발의 이름으로, 그리고 우리 시대가 부여한 권리의 이름으로 우리가 숲을 짓밟고 하늘을 오염시키기 전에 태어나지 않은 세대들을 생각했으면 좋겠다.

워킹 버팔로

우리가 학교와 책을 통해 지식을 얻는 반면, 워킹 버팔로(타탕가 마니; 완고한 인디언)는 대지와 자연과 친숙한 주변 환경에서 지혜를 얻었다. 그는 이렇게 말했다.

그래, 나는 백인들의 학교를 다녔다. 교과서와 신문과 성경에서 읽는 법을 배웠다. 그러나 때가 되자 나는 이런 것들은 충분치 않다는 것을 알게 되었다. 문명인들은 인쇄된 것들에 너무 의존한다. 그 대신 나는 세상의 모든 창조물들인 '위대한 영'이라는 책으로 돌아섰다. 자연을 공부한다면 당신도 그 광대한 책의 한 페이지를 읽을 수 있으리라. 종이로 된 책을 태양 아래 널어놓아 보라. 눈, 비와 곤충들이 당신의 책을 어떻게 만드는지 보라. 남아나는 것은 하나도 없을 것이다. 그러나 '위대한 영'은 당신과 나에게 숲, 강, 산 우리를 포함한 모든 동물들을 자연이라는 대학에서 연구하도록 해 준다.

그는 우리에게 창조 활동 전체를 깊이 생각하고, 우리의 발이나 손, 심장처럼 서로 긴밀히 연결되어 있는 모든 생명체와 자연 전체를 껴안으라고 말한다. 그의 말에 따르려면, 우리는 우리 이외의 것들과 분리되어 있다는 느낌, 그리고 시간과 공간 속에 제한되어 있다는 생각들을 버려야 한다. "어느 곳이든지 세상의 중심이 아닌 곳은 없다. 어느 것이든지 신성하지 않은 것은 없다."고 믿으며.

루서 스탠딩 베어

우리가 문명이라는 이름으로 '문화'와 '개척'을 시도하기 훨씬 전에 이곳에 살았던 인디언들은 우리에게 영성을 강화하고 신과의 관계를 복원하라는 메시지를 보내고 있다. 인디언들은 '와칸 탄카'라는 신을 섬기는데, 모든 생명체가 이 영적인 실재를 그 안에 지니고 있다고 믿는다. 바람이나 흐르는 구름은 움직이고 있는 와칸 탄카이다. 그들은 흔히 볼 수 있는 막대기나 돌멩이에도 존경심을 갖는다. 모든 것은 우주의 신비로운 힘이 겉으로 드러난 형태라고 믿기 때문이다. 오글랄라 시우스 족의 추장, 루서 스탠딩 베어는 그 사상을 다음과 같이 시적으로 표현했다.

인디언은 경배하기를 좋아한다.
태어나서 죽을 때까지 인디언은 숭배한다.
주위에 있는 모든 것들을.
그는 생각한다. 자신이 어머니 대지의
호사스런 무릎에서 태어났으며
자신에게 척박한 땅은 없다고.
그와 성스러운 위대한 영 사이에는
아무것도 가로막는 것이 없다.
그 관계는 깊고 내밀하며
하늘에서 내리는 비처럼
인디언의 머리 위로 쏟아져 내리는
와칸 탄카의 축복이다.

당신의 인생이 얼마나 평화롭고 즐거울 수 있느냐는 당신이 주변의 모든 사물에게 존경심을 가질 수 있는가에 달려 있다. 나는 그 '성스러운 위대한 영'과 내밀한 관계를 맺는다는 생각이 좋다. 우리 모두는 자신의 삶 속에서 그런 관계를 새롭게 맺어 나가길 바랄 것이다. 루서 스탠딩 베어는 다음과 같이 권유하고 있다. 깊은 존경심으로 세상을 바라보라. 그리고 다른 사람들에게도 그렇게 해보도록 권유하라.

워킹 버팔로

다시 워킹 버팔로의 지혜를 이야기하려 한다. 야생의 자연 속에 살기 위해 도시의 생활방식을 버리라는 말은 억지스럽게 느껴질 수도 있다. 물론 현대생활은 우리에게 많은 것을 제공해 준다. 도시는 나쁜 점도 있지만 좋은 점 또한 많은 곳이다. 하지만 도시에서의 생활 태도는 우리가 자연법칙에 따라 영적 조화를 이루는 걸 방해한다.

워킹 버팔로는 1967년에 96세의 나이로 죽었다. 그는 자연과 도시, 두 세계를 두루 보며 살았다. 그리고 우리에게 이런 말을 남겼다.

언덕은 언제나 돌로 지은 빌딩보다 더 아름답다는 걸 아는가. 도시의 삶은 인공적인 생존이다. 많은 사람들은 발밑의 진짜 흙을 거의 느끼지 못한다. 화분 말고는 식물이 자라는 걸 보기도 어렵다. 별들이 점점이 박혀 있는 매혹적인 밤하늘을 보기 위해 멀리 도시 불빛이 없는 곳까지 가기도 힘들다. '위대한 영'이 만든 장면에서 멀리 떨어져 살게 되면 그 영의 법칙을 잊어버리기 쉽다.

그는 우리에게 이사하라는 것이 아니라 잊지 말라고 이야기하는 것이다. 모든 생명체의 성스러움을 잊지 말고, 이 성스러운 순환 고리의 굴렁쇠 안에서 자연의 법칙이 어떻게 작용하는지 언제나 기억하라고 말이다. 어디에 살든지, 지금의 환경이 어떻든지 공기 그리고 벌레에게까지 이 자연의 법칙은 작동하고 있다. 자연의 법칙에 큰 존경심을 가지고 수천 년을 이 땅에 살아 온 우리 조상들에게 관심을 기울이자. 우리가 생태학적인 지식이라고 부르는 것 말이다. 인디언들은 앞으로 올 일곱 세대를 생각했다. 그랬기 때문에 생명의 무한한 가치가 보존되었을 것이다. 이 아메리카 인디언의 시는 우리에게 그 불꽃을 다시 지피라고 한다. 이것을 깊이 생각해 보고 당신의 일상생활에 이 고대의 지혜들을 받아들이도록 하자.

오지부아이의 기도를 마지막으로 인디언들이 우리에게 보내는 메시지를 끝맺으려 한다.

할아버지,
깨어진 우리들을 보십시오.
우리는 알고 있습니다,
모든 창조물 중에 오직 인간만이
성스러운 길을 벗어나 방황하고 있다는 걸.
우리는 알고 있습니다,
우리는 하나여서 나뉠 수 없다는 걸.
또한 우리는 하나여서
그 성스러운 길을 걷기 위해
함께 돌아가야 한다는 것을.

할아버지,

성스러운 분이시여,

우리에게 사랑을, 자비를, 영예를 가르쳐 주소서.

우리가 이 땅을 치유할 수 있게

그리고 서로를 치유할 수 있게.

이 기도를 잘 읽었다면, 오늘부터 다음과 같이 시작하자.

- 당연하게 여긴 많은 것들에 대해 끊임없이 감사하는 마음을 지키려 노력하자. 짐승, 햇빛, 비, 공기, 나무 그리고 땅에게 날마다 조용히 감사 예식을 올리며 축복해 주자.

- 매일 생태학적 지식을 쌓고, 오염물질 배출과 쓰레기를 줄이려는 노력을 의식적으로 하자. 당신은 개인적인 노력을 통해서, 대지의 성스러운 그물망에 대한 존경심을 끌어낼 수 있다.

- 자연의 소리를 듣고 땅을 맨발로 걸으면서 생명을 유지해 주고 지탱해 주는 모든 것에 당신을 다시 연결하도록 하라.

- 스스로 모범이 되어보자. 사람들이 쓰레기를 버린다고 탄식하기보다는 알루미늄 캔을 주워 분리수거를 하자.

- 오지부아이의 기도를 외워보자. 그렇게 매일의 생활 속에서 땅이 치유되고, 서로가 서로를 치유하도록 노력하자.

56

윌리엄 워즈워스 · 자연

세상과 조화를 이루는
경험을 하라

윌리엄 워즈워스(1770~1850)
영국 시인 윌리엄 워즈워스는 계급 차별을 반대했으며,
자연에 대한 사랑과 인간에 대한 존경심을 시로 표현했다.

나이팅게일! 진정 그대는

나는 오늘도 들비둘기가

노래마냥 지저귀는 그 소박한 이야기를 들었다.

그 소리는 나무 사이에 파묻혔지만,

산들바람이 불어오면

그 지저귐이 다시 은은하게 들려온다.

그는 끊임없이 구구거리며

마냥 사랑을 호소하듯 구슬피 울었다.

시작은 느려도 다함이 없이,

고요히 스며드는 선율로

들비둘기는 사랑을 노래하고,

진실된 믿음과 마음속 기쁨을 읊었으니

그것은 진정한 노래, 나를 위한 노래인가!

선조들의 지혜를 우리 삶에 어떻게 적용할까. 이에 관한 에세이 모음집을 준비하면서, 나는 현대로부터 예수 탄생 수천 년 전에 이르기까지 위대한 사상가들과 시인들이 쓴 글들을 수천 편 읽어 보았다. 특별히 모든 시들을 꿰뚫고 있는 주제 하나는, 자연에 대한 도취였다. 이 영혼의 필자들은 자연 속에 파묻혀 살면서 놀랍고도 황홀한 상태에서 나오는 시들을 창작했던 것 같다.

내가 연구한 수천 편의 시들 중에서도 자연을 화제로 삼은 이 한 편을 골랐다. 이것은 굉장히 탁월한 재능을 타고나 수많은 작품을 남겼던 윌리엄 워즈워스의 시다. 그는 18세기 후반 유럽이 혁명으로 들끓고 있는 동안 이 시를 썼다. 「나이팅게일! 진정 그대는」이라는 시에서 워즈워스는 특유의 상상력을 발휘하고 있다. 그는 자연에 대한 기억들, 보고, 들은 경험 속에서 정신적 가치를 만들어 내었다. 그가 우리에게 주는 교훈은, 때 묻지 않은 자연은 치유력이 있다는 것이다. 상상해 보라. 시인은 그저 새 소리를 듣고 있다. 한순간 새소리가 너무도 강렬하게 다가왔고, 그는 매우 원초적인, 그러나 보편적인 인간적 경험(새가 노래하는 것을 듣지 못할 사람이 어디 있겠는가?)을 이렇게 써내려 갔다. "시작은 느려도 다함이 없이, 고요히 스머드는 선율로 들비둘기는 사랑을 노래하고, 진실된 믿음과 마음속 기쁨을 읊었으니 그것은 진정한 노래, 나를 위한 노래인가!" 워즈워스의 시적 관찰이 당신을 황무지로 나가도록 고무한다면 그렇게 해 보자. 뒷마당이라도 좋다. 공원 밖에 갈 데가 없다면 공원이라도 상관없다. 당신보다 앞서 산 많은 시인 중 한 사람이 된 기분으로 새 소리를 들어 보자. 자연의 소리와 그 모습을 기억에 담아 두자. 당신의 번잡한 마음을 가득 채우고 있는 모든 혼란들을 차단하자. 그리고 지금 이 순간에 빠져들자. 당신은 분명 '한 마리의 들비둘기가 노래마냥 지저귀는 그 소박한 이야기들'을 들을 수 있을 것이다. 그건 바로 당신을 위한 노래이다. 사실 때 묻지 않은 자연, 그 모든 광경과 소리는 치유력 이상의 힘을 발휘한다. 이것은 당신의 영혼과 영원한 창조적 에너지를 연결하는 고리다.

이것은 자연이 창세기의 새로운 장을 써내려 가기 위해 봄마다 사용하는 바로 그 에너지다. 워즈워스가 대서양의 동쪽에서 주목한 것을, 에머슨은 대서양의 서쪽에서 동시에 관찰했다. 에머슨은 "자연 속에 있는 것은 무엇이든지 자연의 모든 힘을 가지고 있다. 모든 사물은 한 가지 비밀스런 재료로 만들어져 있다." 이것은 당신을 포함한 자연계의 모든 것에 해당되는 말이다. 그렇다. 당신 역시 이 자연계의 일부다. 혼자 있고 싶은 욕망, 자유롭게 살고 싶은 욕망, 자연스러운 본래의 자신이고 싶은 욕망, 비난받지 않고 노래 부르고 싶은 욕망, 강물이 흐르듯 자연스럽게 흐르고 싶은 욕망, 이런 자연적인 본성들은 너무 자주 무시되고 있다.

평생에 가장 즐거웠던 기억이 무엇인지 자신에게 물어보자. 그것은 아마 자연과 황홀하게 만난 개인적인 경험일 것이다. 해변을 찰싹거리거나 으르렁대는 물소리와 바람 소리. 얼굴을 때리는 추위와 몸을 꿰뚫는 듯 강렬한 해변의 태양. 숲속을 걸을 때의 가을 낙엽 소리와 그 모습. 어둠의 신비로운 소리를 들으며 야외에서 잠들었던 캠핑. 어떻게 우리의 눈과 귀를 닫아 놓을 수 있을까? 어떻게 자연의 그 황홀한 모습을 잊을 수 있을까? 워즈워스가 묘사한 장소로 돌아가 보자. 나무들 사이로 산들바람이 분다. 들비둘기가 구구거리며 구혼을 한다. 이 광경들은 시인이 시를 쓰기 위해 사용한 소재 이상의 것이며, 잃어버린 행복을 다시 찾을 수 있는 티켓들이다.

수십 년 전, 뉴욕의 세인트존스 대학 교수로 있을 때였다. 내 강의가 시작되기 직전의 오후 시간은 하루 중 가장 떠들썩한 때였다. 학교 외부에 있는 내 사무실은 상담 받으러 온 대학원생들로 항상 북적거렸다. 비서는 끊임없이 걸려 오는 전화들을 연결해 주었다. 그런 데다 학장은 몇 가지 행정적인 문제를 떠맡기곤 했는데, 그 밀고 당기는 실랑이를 하느라 스트레스가 이만저만이 아니었다. 더군다나 나는 두시간짜리 강의를 앞두고 있는 상태였다.

그 혼란스러움 속에서 나는 비서에게 종종 양해를 구하고는 이렇게 통보했다. "급한 일이 생겨서 잠시만 나갔다 올게." 그러고 나서 사무실에서 나와 한 블록 떨어진 공원으로 가곤 했다. 거기서 가장 마음에 드는 벤치를 골라 앉고는, 나무들에 둘러싸여 자연의 소리와 정경에

푹 파묻히곤 했다. 그 15분 정도의 조용한 순간이 나에게는 치료제였으며, 온전한 정신으로 돌아오는 탈출구였다. 우리 과에서는 내가 어딜 그렇게 자주 가는지. 왜 급히 사라지는지 아무도 몰랐다. 그러나 내가 돌아왔을 때 대부분의 문제들은 해결되어 있었고, 나와 약속했던 사람들은 스트레스가 확 풀린 교수를 만나게 되었다. 이제 돌이켜 보면, 나는 워즈워스의 시가 주는 지혜를 내 상황에 활용했고 그에 따라 자연의 말에 귀 기울였던 것이다.

수많은 시인과 작가들이 자연이 예술의 원천임을 알고 있었다는 사실은 결코 우연이 아니다. 자연은 비난하지 않기 때문에 그 안에서는 남을 비난하려는 마음이나 잘못된 변명을 잊게 된다. 유명한 자연주의자 존 뮤어는 이렇게 말했다. "거대한 쇼는 영원히 계속된다. 해는 늘 어디선가 떠오른다. 아침 이슬은 한꺼번에 모두 말라 버리지 않는다. 소나기는 영원히 쏟아진다. 안개는 늘 피어오르고 있다……자연 속으로 물러나 앉으면 당신은 그 영원한 쇼와 하나가 된다. 당신은 이 세상과 당신 자신이 조화를 이루는 경험을 하게 될 것이다.

워즈워스의 서정적인 짧은 시는 자연 속에서 새를 관찰한 것 이상을 말하고 있다. 우리를 미치도록 만드는 사소한 강박관념들을 버리고, 자연의 정경과 음성 속에서 조화를 찾으라고 그는 말한다. 사실 모든 자연은 지금 당신을 위해 노래하고 있다.

윌리엄 워즈워스의 제안을 되새겨 보기 위해 다음의 사항들을 시도해 보자.

- 매주 혹은 가능하면 매일, 시간을 정해 잔디 위를 맨발로 걸어 보거나 자연 속에 파묻혀, 들려오는 소리에 귀 기울이자. 해야 할 일이나 과제는 미뤄 두고서 완벽한 자연계를 그냥 듣고 바라보자. 기억하라, 때 묻지 않은 자연은 치료제다.

- 시든 에세이든 원하는 형식으로 자연에 대한 자신의 느낌을 써 보자. 시의 운율이나 문법 같은 건 잊어버리자. 내 친구 하나는 자연의 풍경 속에 앉아 있는 시간을 즐기는데, '오줌 누는 것에 서 천상의 축복에 이르기까지' 이리저리 옮겨가면서 자신의 경 험을 적어 나간다. 워즈워스가 몇 세기 전에 그랬듯이, 시인이 되어 자연과 대화하면서 자신의 신성한 직관을 기록해 보자.

- 다음 휴가 때는 자연에서 많은 시간을 보내도록 계획해 보자. 산속에서 트래킹을 즐기든지, 흰 물보라를 일으키는 래프팅을 하든지, 스키나 캠핑을 해보자. 이런 것들은 당신이 찾고 있는 행복을 느끼게 해 줄 것이고, 평생 간직할 만한 추억을 남길 것 이다.

- 하룻밤 야외에서 잠을 자보자. 뒷마당에 텐트를 쳐도 좋다. 가족 과 함께, 특히 아이들과 함께 해보자. 자연 속에 있음으로써 그 들 모두 느끼는 흥분을 살펴보자. 이 흥분은 일상의 어떤 분야에 서든 다시 불러낼 수 있을 것이다.

57

로버트 브라우닝 · 완전한 우주

주변의 수많은 기적들에
관심을 갖자

로버트 브라우닝(1812~1889)
영국 시인 로버트 브라우닝과 엘리자베스 배릿의 사랑 이야기는
〈윔폴 거리의 배릿 집안〉이라는 희곡으로 만들어지기도 했다. 그는 섬세한 시들을
쓴 지 40년 만에 『반지와 책』을 출간해서 엄청난 성공을 누렸다.

계절은 일 년 중 봄,

때는 하루 중 아침.

시간은 일곱 시.

언덕 기슭엔 진주 이슬이 방울방울 맺히고

종달새 날개 퍼덕이고

달팽이는 가시나무 위를 기고 있네.

하느님은 하늘 위에 계시니

온누리 태평하여라.

로버트 브라우닝과 그 못지않게 유명했던 아내 엘리자베스 배릿 브라우닝은 빅토리아 시대의 시인들로, 그들의 시와 희곡은 영적이고 형이상학적인 낙관주의 때문에 비난을 받았다. 그가 죽은 100백 년도 더 지난 지금, 로버트 브라우닝의 8행짜리 명작은 생전에 그렇게도 그를 괴롭혔던 형이상학적 낙관주의를 반영하고 있다. 브라우닝은 우주의 장엄함과 완전함에 대해 말하고 있다. 그는 이 시를 통해서 "주위를 돌아보라. 모든 것은 당연히 존재해야 할 그곳에 존재하고 있다."라고 말하는 듯하다.

만약 당신이 브라우닝을 옳게 평가한다면, 봄날과 아침이 기적으로 보인다는 데 동의할 것이다. 그것들은 새로운 생명의 탄생을 상징한다. 심장은 임신 뒤 몇 주 만에 엄마의 자궁 안에서 뛰기 시작한다. 이 사실을 놓고, 가장 위대한 과학적, 비판적 관찰자들은 의문에 휩싸인다. 그 생명은 이전에는 어디에 있었는가? 다음에는 어디로 가는가? 무엇이 이것을 시작하게 만들었는가? 무엇이 이것을 멈추게 하는가? 왜 시작하고 멈추는가? 이런 질문들은 비판자들을 난처하게 만들고, 이처럼 위대한 시의 원천이 된다.

'두려움'보다 '경외'를 느끼며 살고 싶다면, 브라우닝의 시에서 단순한 진실을 발견해 보라. 시인이 땅 아래에 묻혀 있을지라도 이슬은 여전히 산허리를 덮는다. 종달새는 무덤 위를 날아가며, 하느님은 하늘나라에 있다. 세상 모든 것이 무사태평하다.

우리는 자신이 이 세계와 연결되어 있다고 보는 것이 아니라, 세상이 우리의 편리를 위해 돌아가는 것이라고 생각하는 경우가 많다. 이세계를 받아들이기보다는, 이기적 자아를 만족시키기 위해 대량 파괴를 일삼으며, 불균형적이고 불완전한 것들을 만들어 내면서 세계를 왜곡한다. 신에게서 선물 받은 완전무결한 세상에 흠집을 내고는, 그 결과를 가지고 신을 비난한다. 시인은 우리에게 평화 속에 머물고, 세상을 비판하지 말고 관찰하라고 말한다. 곧게 펴려고 하지 말자. 구부러진 것이 지니고 있는 온전함을 받아들이자. 그리고 그것과 조화를 이루며 살자. 문제를 만들어 내지 말자. 그 모든 것들의 온전함을 경외하면서 살자.

다른 글에서 로버트 브라우닝은 "보석의 심장 속에는 놀라움과 풍족함이 모두 들어 있다. 진주한 알 속에는 바다의 그늘과 햇빛이 모두 담겨 있다…… 진실, 그것은 보석보다 더 빛난다. 믿음, 그것은 진주보다 더 순수하다."라고 말했다. 그는 우리에게 새로운 눈으로 세상을 보라고 요구한다. 경이에 가득 찬 눈으로 우주 공간 구석구석에 쌓여 있는 기적을 보라고. 보석과 진주라 불리는 물질적 존재를 초월하여 고마움에 젖은 눈으로 진실과 믿음을 발견하라고. 비난을 버리고 눈부신 세상에 초점을 맞추면, 두려움과 걱정, 혹은 스트레스로 가득 찬 날들을 언제든지 바꿀 수 있다.

세상이 완벽하다고 말한다면, 불완전한 것을 많이 찾아내고 싶어하는 사회 비평가들은 분노할 것이다. 그들은 세상은 모두 잘못되어 있다는 데 초점을 맞추고, 우리한테 세상의 불완전함에 절망한 수많은 사람들의 일부가 되라고 부추긴다. 로버트 브라우닝처럼 "세상은 모두 무사태평하다."라고 말하는 사람들에게 그게 얼마나 터무니없는 생각인지 말해 줄 회의론자들이 아마 한 트럭은 있을 것이다. 빅토리아 시대에도 비평가들은 세상이 무사태평하지 않다는 증거로서 노예제도와 경제적 재난과 전쟁을 지적했다. 하지만 브라우닝은 인간이 만든 세상 그 너머를 보기로 했다. 이것은 내가 당신에게 권하는 일이기도 하다.

당신이 속해 있는 우주의 완벽함을 바라보자. 남들이 뭐라든, 지구는 끊임없이 궤도를 돌면서 우주 속을 날아다닌다. 우리의 하루하루는 언제나 '아침 중에서도 일곱 시'이다. 끊임없는 실패와 도전을 반복한 모든 사람들 역시 여전히 '아침 중에서도 일곱 시, 언덕 기슭엔 진주 이슬이 방울방울 맺혀 있는' 상태에 있다. 이것은 세상의 잘못된 점에서 완전함으로 시선을 바꾸는, 실로 간단한 방법이다.

예를 들어, 번개로 인해 사방에서 일어나는 산불에 대해 생각해 보자. 그것은 생태학적 균형을 적절하게 유지하기 위한 것으로 불가피한 일이다. 우리는 신이 숲을 태워 버리거나, 땅을 뒤흔들어 지진을 초래하는 일들은 일어나지 말아야 한다고 생각한다. 하지만 이 역시 모든 사물 자체가 지니고 있는 완전함의 일부분이다. 좀 더 넓은 시야로 바라보면, 혼돈 속에서 완전함을 깨닫게 될 것이다.

평화로운 삶을 사는 방법은 신의 세계에 있는 완전함, 그리고 우리 자신 안에 있는 완전함을 주시하면서 시야를 넓히는 것이다. 로버트 브라우닝의 아내 엘리자베스 배릿 브라우닝은 「나의 케이트」라는 두 행짜리 시에서 이 모든 내용을 산뜻하게 묶어 냈다. "빈약한 사람과 할 일이 없는 사람, 교양이 없고 거친 사람, 그녀는 그들을 보자마자 데려다가 하나같이 잘 대접했다." 경이로움으로 눈을 크게 뜨고 둘러보면, 그리고 눈에 보이는 모든 것들을 신에게서 받은 선물로 생각하고 감사하면, "하느님은 하늘 위에 계시니, 온누리 태평하여라."라고 쓴 시인의 말을 이해하게 될 것이다.

이 형이상학적 낙관주의를 채택하려면 다음과 같은 일을 시작하라.

- 주위의 모든 것에 경외심을 갖고 그 마음을 5분 동안 유지해 보자. 밖으로 나가 주변에서 일어나는 수많은 기적들에 관심을 가져 보자. 하루 5분간의 감사 요법은 삶을 경외하는 데 도움이 될 것이다.

- '완전함'을 늘 쓰는 어휘로 삼자. 예수님이 "하늘에 계신 아버지께서 완전하신 것같이 너희도 완전한 사람이 되어라."라고 말했듯이. 세상과 자신을 늘 비판하고 개선하려는 관점으로 볼 필요는 없다. 완전함을 향유하는 것은 위인들의 지혜이다.

- 시에 나오는 이슬, 종달새, 달팽이처럼 우리 자신도 굉장한 기적이라는 사실을 기억하자. 자연과 자신이 연결되어 있다는 것을 믿을 뿐 아니라 자신의 신성함을 믿고 자신을 가치 있게 여기자. 어느 곳에서나 신이 일하고 있다는 것을 기억하라.

58

프란체스코 · 기도의 의미
신은 어디에나 있다

아시시의 성인 프란체스코(1182~1226)
프란체스코는 프란체스코 수도회의 창설자로, 모든 살아 있는 존재들을 형제자매로
불렀으며, 자연에 대한 사랑과 기쁨으로 그의 신앙을 표현했다.

주여,

저를 당신의 평화의 도구로 써 주옵소서.

미움이 있는 곳에 사랑을,

상처가 있는 곳에 용서를,

의심이 있는 곳에 믿음을,

절망이 있는 곳에 희망을,

어둠이 있는 곳에 빛을,

그리고 슬픔이 있는 곳에 기쁨을 심게 하소서.

오, 전능하신 주여

위로하는 것만큼 위로받기를,

이해하는 것만큼 이해받기를,

사랑하는 것만큼 사랑받기를 구하지 않게 하소서.

받는 것은 주는 것 안에 있고

용서받는 것은 용서하는 것 안에 있으며

영생은 죽음 안에 있사오니.

이 간단한 기도는 역사에 기록된 모든 기도 중에서 가장 유명하며, 생명력이 가장 길다. 이 시에는 육신의 형태로 살고 있는 인간이 영적인 존재가 되고자 깊이 갈망하는 마음이 잘 나타나고 있다. 프란체스코 성인은 이 기도에서 인간의 자아가 가장 높은 수준에 도달하는 데 꼭 필요한 내용들을 묘사하고 있다. 나는 때때로 이 기도를 조용히 외운다. 때로는 소리 높여 읊어보기도 한다.

이 기도를 암송하노라면 프란체스코 성인과 직접 만나는 듯한 느낌이 든다. 그는 언젠가 우리들 사이를 걸어 다녔던, 가장 신성하고 영적인 인간이었다. 그를 통해 흘렀던 보이지 않는 신의 힘은, 당신과 내 속에도 역시 흐르고 있다. 나는 그의 삶에 큰 감동을 받은 나머지, 아시시를 직접 방문하여 그가 걸었던 숲을 똑같이 걸어 보고 그가 수없는 기적을 행했던 그 교회에서 기도해 본 적도 있다.

오랫동안 회자되어 온 이 기도는 기도의 참 의미를 말해 준다. 많은 사람들에게 있어 기도란 신에게 특별한 부탁을 들어 달라고 간청하는 것을 의미한다. 성녀 테레사의 기도에 관한 언급도 우리에게 큰 교훈을 준다. 그녀는 이렇게 말했다. "모든 기도를 오직 한 가지에 집중시켜라. 그 한 가지는, 당신의 뜻이 신의 뜻과 일치하도록 하는 것이다." 이 말은 프란체스코 성인의 기도와 정확히 같은 뜻을 담고 있다. 두 사람 모두, 기도란 우리 외부에 있는 어떤 존재로부터 무언가를 부탁하는 것이 아니라고 말한다. 그들은 오히려 신이 바라는 것을 전달하는 수단이 되고 싶어 한다. 이것은 우리 대부분에게 아주 놀라운 관점이며, 정신적인 깨달음을 향한 첫 발자국이 되어 준다.

증오가 있는 곳에 사랑을, 절망이 있는 곳에 희망을, 그리고 어둠이 있는 곳에 빛을 심을 힘을 청하는 것은, 우리를 가두고 있는 편협한 마음과 비판에서 자유롭기를 바라는 것이다. 또한, 우리의 일부인 창조주에게 바치는 강력한 사랑의 표현이기도 하다. 최근에 나는 바로 그렇게 해볼 기회를 가졌다.

얼마 전 나는 동료 세 사람과 함께 복식으로 테니스 시합을 했다. 경기가 진행되어 감에 따라 상대 팀이 밀리기 시작했는데, 그 중 한 사람이 짜증을 내며 불쾌해했다. 그는 경기하는 동안 자주 라켓을 집어던지고 욕설을 퍼부었고 경기가 끝난 후에는 악수도 거절한 채 코트에서 나가 버렸다. 다른 두 사람은 그의 행동과 태도를 비난했다. 나도 끼어들어 그가 얼마나 바보 같은지 한마디 하고 싶은 유혹이 밀려왔다. 하지만 프란체스코 성인의 기도를 암송하면서 간신히 그 유혹에서 벗어날 수 있었다. "절망이 있는 곳에 희망을…… 슬픔이 있는 곳에 기쁨을 심게 하소서……."

코트에서 나오자, 한쪽 구석에 화나고 상처 입은 그가 있었다. 나는 그에게 다가가 껴안고 이렇게 말했다. "누구나 안 좋은 순간이 있 잖아요." 내가 이런 식으로 할 수 있었던 것은 말을 잘해서가 아니었 다. 다른 대륙에서 나보다 800년이나 앞서 살았던, 신과 같이 진술한 성인의 말이 그날 테니스 코트에서 나를 통해 그 사람의 귀에 들어간 것이다.

우리는 결코 혼자가 아니며, 우리 안에 신이 살고 있다는 것을 기억 하면 기도하는 태도가 달라진다. 위험하지 않게 보호해 달라고 하는 대신에 두려워하지 않을 힘을 바라는 것이다. 또한 고통을 제거해 달 라고 하기보다는 그것을 초월하고 정복할 수 있는 능력을 청할 수 있 다. 이 순간 우리에게 필요한 것, 우리에게 도움이 될 것이 뭔지 알고 있다고 더 이상 가정하지 말라. 오히려 한 번도 요구해 본 적 없는 것 들이 가장 이로운 것일 수도 있다. 셰익스피어는 이런 말을 남겼다. "우리는 자신을 너무 모르기 때문에, 종종 스스로에게 해가 될 것들을 구한다. 그런데 현명한 신은 우리를 위해서 그것을 거절한다."

프란체스코 성인의 기도는 일상생활에 위로와 이해와 용서와 자선 을 실천하는 방법을 말해 준다. 우리는 모두 이런 능력들이 있고, 자주 이런 행동을 하려고 마음먹기도 한다. 그러나 우리는 우리와 동떨어 져 있다고 생각하는 신을 포함하여 다른 사람들에게, '우리'를 위로해 달라고, '우리'를 이해해 달라고, '우리'를 용서해 달라고, '우리'에게 뭔가를 달라고 너무나 자주 요구한다.

이 간단한 기도를 암송하는 것만으로도 영적으로 성장하는 단계를 밟아갈 수 있다. 우리는 이기심을 버리고, 신성한 자아가 우리의 삶을 지배하도록 할 수 있을 것이다. 이 기도의 내용을 깨닫거나 실천하는 일은 매우 개인적이면서도 동시에 우주적인 일이다. 우리는 삶을 변화시킬 만큼 강력한 힘을 얻게 되고, 무한한 존재와 친교를 나누게 된다. 프란체스코 성인이 제시한 방법을 통해 삶을 살아갈 힘과 용기를 구하도록 하라.

내가 즐겨 인용하는 어떤 스승과 제자의 이야기가 있다. 스승이 제자에게 "신이 어디 있는지 말하면 너에게 오렌지를 하나 주겠다!"고 말했다. 그러자 제자가 이렇게 대답했다. "신이 없는 곳을 말해 주시면 선생님께 오렌지 두 개를 드리겠습니다!" 이 이야기의 교훈은 바로 신은 어디에나 있다는 것이다. 당신이 기도할 때, 당신은 자신의 일부분인 조용하고 강력한 존재, 영원의 존재에게 기도하는 것이다. 그 존재와 당신이 분리돼 있다는 생각을 버리고 그와 친교하라. 그런 다음 프란체스코 성인이 말한 신성한 말들을 실행하라. 그리고 가능하면 많은 장소에서 날마다 그 말들을 실행하도록 하라. 랠프 월도 에머슨은 기도라는 주제로 다음과 같은 글을 남겼다.

"개인적인 목적을 이루기 위한 수단으로서의 기도는 도둑질이요 비천한 짓이다. 그것은 자연계와 정신세계가 서로 다르다는 이원론을 전제로 한다. 사람이 신과 하나가 되는 순간, 그는 구걸하지 않는다. 그는 모든 행동이 기도라는 것을 알게 될 것이다."

프란체스코 성인의 말들을 다음처럼 일상생활 속에서 실행해 보기 바란다.

- 프란체스코 성인의 기도를 매일 조용히 암송해 보자. 기도를 입에 올리기만 해도 그날 하루 종일, 어느새 그 기도에 따라 행동하는 자신을 보게 될 것이다.

- 어떤 사람하고 어떤 일로든지 얼굴을 마주할 일이 있으면, 그를 가족이나 손님으로 대하자. 행동하기 전에 자신에게 이렇게 물어보자. "내가 이러는 것은 필요에 의한 것인가, 아니면 친절한 마음에서 우러나오는 것인가?" 그리고 진심으로 친절하게 행동하자. 이기심 때문에 생기는 갈등은 무시해 버리자.

- 신문을 읽거나 텔레비전에서 뉴스를 볼 때, 이전에 당신이 미워했던 존재가 나오면 사랑하려고 노력해 보자. 어려운 일이겠지만, 미워하는 마음을 억누르고 사랑하자. 이렇게 조심스러운 태도를 가지면, '눈에는 눈'이라는 식의 사고를 극복하게 될 것이다.

- 당신에게 피해를 입힌 과거의 모든 사람들에 대해 자신의 솔직한 마음을 들여다보자. 고통이 남아 있다면 용서를 베풀자. 용서는 정신적으로 깨어날 수 있는 가장 근본적인 요소이다.

59

조지 버나드 쇼 · 존재의 목적

가장 밝게 타오른 후 스러져라

조지 버나드 쇼(1856~1950)
아일랜드의 극작가이자 비평가이며 사회개혁가였던 조지 버나드 쇼는,
자신의 이론과 주장을 펼치기 위한 도구로 연극과 에세이를 이용했다.
그 안에는 정치경제적 사회주의, 창조적 진화론, 생체 해부 반대론, 채식주의,
그리고 철자법 개혁 등의 내용이 담겨 있다.

삶의 진정한 기쁨은 이것이다. 즉, 당신이 절대자라는 '목적'을 위해 사용되는 존재라는 것. 이 작은 육체는 병들고, 욕심 많으며, 허황되고, 이기적이다. 또한 세계가 자신의 행복을 위해 헌신하지 않는다며 불평한다. 하지만 나는 그 육체가 아닌, 조물주의 힘을 위해 사용되는 존재이다. 내 삶은 전체 사회에 속해 있다고 나는 생각한다. 그것을 위해, 내가 살아 있는 동안 가능한 일은 무엇이든 하는 것이 내 특권이다.

내가 죽을 때는 철저하게 소모된 다음 죽기를 원한다. 더 열심히 일할 수록 더 오래 살 것이기 때문이다. 나는 삶 자체를 즐긴다. 나

에게 인생은 더 이상 '곧 꺼질 촛불'이 아니다. 인생은 잠시 들고 있
는 영롱한 횃불 같은 것이다. 다음 세대에게 그것을 넘겨주기 전
에 가능하면 밝게 타오르게 하고 싶다.

조지 버나드 쇼는 구십대에 이르러서도 극작가, 문학 평론가, 교수, 음
악 평론가, 연극 평론가, 그리고 모든 주제를 망라하는 수필가로 뛰어
난 활약을 했다. 그는 1925년 『성자 후안Saint Joan』으로 노벨문학상 수
상자가 되었으나 수상을 거부했다. 그는 아주 매혹적인 작품 『인간과
초인Man and Superman』으로 유명하며, 『피그말리온Pygmalion』을 집필하기도
했다. 영화 〈마이 페어 레이디〉는 이 작품을 각색한 것이다. 위에 인용
한 한 단락은 17세기 이래 가장 뛰어난 아일랜드의 극작가로 불리는
쇼가 어떻게 살았는지를 정확히 보여준다.

쇼가 죽었을 때 나는 열 살이었는데, 아직도 그의 부음 기사를 읽던
기억이 난다. 나는 그의 인생철학에 언제나 매료되었다. 그는 위의 인
용문에서 우리 인생을 '절대자'라는 '목적'을 위해 사용되는 것으로
한 단계 고양시켰다. 우리가 원래의 목적을 타고난다는 관점은 우리
의 자아 이미지에 직접 투영된다. '세계가 자신의 행복을 위해 헌신하
지 않는다며 불평하는, 병 들고, 욕심 많으며, 허황되고, 이기적인 이
작은 육체'라고 묘사된 이미지를 동경할 사람이 누가 있겠는가? 아마
아무도 없을 것이다. 하지만 우리 사람들이란 이런 묘사에 딱 들어맞

는 존재 같지 않은가?

스스로를 조물주를 위한 힘이라 생각하고 인생을 즐기는 이들은 생을 충실하게 사는 사람들이다. 그들은 불평하는 사람, 우는 소리 하는 사람이 아니다. 그들은 단순히 바쁘기 위해서 움직이는 것이 아니라, 삶의 활동들을 즐기는 사람들이다. 하찮은 불평에는 신경 쓸 시간도, 관심도 없다. 어쩌면 마음속에 불평하는 행위 자체가 입력되어 있지 않을 수도 있다. 쇼는 이렇게 스스로에게 빠져서 살지 말고 인생의 진정한 기쁨을 즐기라고 한다. 그러려면 먼저 자신이 '목적'을 위해 쓰이는 존재라는 것을 느껴야 한다.

이 인용문에서 역동적이고 기지에 찬 철학자는, 인생에 대한 자신의 엄청난 열정을 전하며 우리에게도 모든 사람, 모든 사물에 대해 열정적인 태도를 보이라고 권한다. 불평을 늘어놓거나 우는 소리 하지 말며, 인생에 대한 일상적인 사고방식을 바꿔 소극적인 성향을 없애라고 쇼는 말한다. 또한 살아가면서 생기는 결과물이나 보상을 위해서가 아니라 순수하고 단순하게 인생 자체를 위해 즐기라고 한다. 이 조언은 자기 역할을 완벽하게 해낸 위대한 인간의 사례에서 나온 것이다. 소극적인 행동이나 행복의 조건을 찾는 행위는 벗어 버려라. 대신 우리가 누구를 만나든, 무슨 일을 하든, 거기엔 인생 본래의 목적이 담겨 있다는 행복한 사실을 기억하라. 어떻게 그럴 수 있을까?

내 방법은, 쇼가 기술한 원칙을 훼손하는 사람들의 공간에 들어가지 않는 것이다. 불평이 들리기 시작하면 나는 되도록 빨리 그 공간에서 빠져나온다. 부정적으로 해석될 만한 말이나 행동은 일체 하지 않는다. 그런 상황을 주변에 두지도 않는다. 나는 말을 적게 할수록 불평할 것도 적어진다는 사실을 깨달았다. 20여 년 전, 쇼의 이 글을 읽은 다음부터 나는 "피곤해.", "기분이 안 좋아.", "감기 들었어."와 같은 말들을 의식적으로 쓰지 않기로 했다. 그렇게 함으로써, 피곤과 질병에 대한 내적인 자세를 바로잡게 되었다. 불평을 그친 것뿐인데도, 나는 실제로 이런 병에 잘 걸리지 않게 되었다.

너무 피곤하다거나, 감기에 걸린 것 같다고 말하는 사람에게 나는 이렇게 대답한다. "피곤하다는 생각을 버리세요.", "감기 생각을 버리세요." 나를 어리둥절한 표정으로 보는 사람도 종종 있지만 대부분은 무슨 뜻인지 알아챈다.

조지 버나드 쇼의 이 조언대로 따른다면, 마음의 상태를 정말 바꿀 수 있다. 스스로를 절대적인 존재로 여기고, 자만심과 불평을 버리며, 인생을 찬란한 횃불로 여긴다면, 쇼가 말한 '삶의 진정한 기쁨'이 무엇인지 알게 될 것이다. 나는 철저하게 소모된 후 죽기 원한다는 쇼의 생각에 공감한다. 이 말은, 우리를 멈춰 서도록 만드는 생각이나 성스러운 임무로부터 분리시키려는 생각들을 버리라는 뜻이다. 우리는 조물주를 위해 사용되는 힘이며 어떤 목적을 위해 이 세상에 왔다는 사실을 기억하고, 이에 반하는 생각이나 행동을 하지 말라는 것이다. 그 부정적인 생각들을 먼저 똑바로 인식한 다음, 차례차례 없애 나가도록 하라.

이런 조언이 조지 버나드 쇼 같은 천재에게는 어울리지만, 당신에게는 걸맞지 않다고 생각할지도 모른다. 왜냐하면 당신은 스스로를 이기적이고 하찮은 육체로 평가하기 때문이다. 이런 태도는 당신의 자아 이미지를 스스로 결정하게 만든다. 하지만 쇼는 당신 역시 자아 이미지를 바꿀 수 있다고 말한다. 기억하라. 자아 이미지는 자신에게서 나온 것이다. 다른 누구를 탓할 일이 아니다. 이것은 순전히 당신의 몫이다.

이 말들은 젊은 시절 이후 내 인생에 줄곧 길잡이가 되어 왔다. 허황되고, 이기적인 이 작은 육체에 대한 대안으로 다음을 실천해 보자.

- 삶 속에서 일어나지 않길 바라는 것은 절대로 입밖에 내지 말자. 다른 사람들에게 자신이 병들고, 피로하고, 두렵다고 말하려 할 때 잠깐 멈추자. 뭐든지 다 할 수 있다고 미리 떠들어 대지도 말자. 대신 조용히 침묵하자.

- 끊임없이 불평을 해대며 억지로 부담을 주려는 사람들과는 되도록 거리를 두자.

- 새로운 것에 흥미를 갖거나, 새로운 계획에 착수해 활기 있게 살자. 또는 일상적 삶을 즐기려 노력하자. 초라한 자아 이미지는 버리자. 자기를 훼손하는 꼬리표를 붙이거나 혹은 그런 언급을 하지 말자. 당신에게 그렇게 말하는 사람이 있다면, 더 이상 그런 식으로 인식되기를 원치 않는다고 알리자.

60

웨인 W. 다이어 · 사랑의 기적

내가 확신하는 것은 우리의 사랑뿐

웨인 W. 다이어(1940~2015)
한 여자의 남편이자 여덟 아이의 아버지이며, 작가와 강사로 일하고 있는
웨인 다이어는, 이 책을 비롯한 수많은 저서를 남겼다.

브리즈번

브리즈번.

신이 우리에게 모습을 드러낸 곳.

오직 우리 두 사람만 그 존재의

신비와 존엄을 알고 있다.

불가능한 승산에 맞서서……

영원에 대한 우리의 관계는 더욱 공고하고 강력해졌다.

하지만 모순은 늘 사라지지 않는다……

우리는 통제되고 있다. 또한 통제되고 있지 않다.

우리는 선택하도록 운명지어졌다.

내가 확신하는 것은 우리의 사랑뿐, 영원 깊이 간직되어 있는.

이 책은 시나 철학을 감상하려는 것이 아니라, 우리 일상생활에 필자들의 지혜를 적용하기 위해 씌어졌다. 이 책에 선정된 모든 글은, 한때 이 지구에 살았던 감수성이 뛰어나고 창조적이며 능률적인 개인들의 메시지를 전하고 있다.

최고의 시인들과, 예술가, 철학자들이 쓴 광휘의 모음과 더불어 나 자신의 글을 직접 선정하여 묶으면서 주제넘은 일을 했다는 생각도 들었다. 그러나 그 불편한 마음을 감수하고, 내 시 「브리즈번」을 이 책에 포함시키기로 결정했다. 이 시는 정상적이고 평범한 한 남자가, 마음에서 우러나오는 감정을 담아 아내에게 바치는 시이다. 순수한 경외심과 영감에 찬 순간에 지어진 이 시는, 나에게 있어 사랑의 노동이었다. 나는 이 시를 쓰게 된 뒷이야기를 여러분에게 들려주고 싶었다.

여러분도 나처럼 손에 펜을 들고, 사랑하는 사람에게 가슴 깊숙한 감정을 표현해 보기 바란다. 스스로를 대시인들과 부당하게 비교하려는 마음을 떨쳐 버리고.

이 시의 제목 '브리즈번'은 오스트레일리아 북부에 있는 한 도시의 이름이다. 나는 1989년 그곳에서, 내가 신이라고 부르는, 전 우주에 작동하고 있는 한 힘의 존재를 의심할 여지 없이 절대적으로 느꼈다. 그것은 '신을' 알게 된 경험의 시작이었다. 그때까지는 나는 단지 '신에 대해서' 알고 있었을 뿐이었다.

당시 나는 아내 마셀린과 각각 한 살 반, 세 살 반이었던 두 아이와 함께 오스트레일리아에서 강연회를 열고 있었다. 그날 나는 수많은 청중들 앞에서 강연을 했고 저녁때쯤 녹초가 되어 브리즈번에 있는 호텔로 돌아왔다. 내 침대에는 첫째가 누워 있었고, 아내는 옆 침대에서 둘째에게 젖을 먹이고 있었다.

그리고 새벽 4시 5분, 그 전에도 혹은 이후에도 일어나지 않았던, 말로는 표현하기 힘든 일이 일어났다. 아내는 깊이 잠들어 있다가 깨어나 방을 정리하기 시작했다. 그러더니 내 침대에서 첫째를 안아 둘째 옆에 함께 누였다. 그녀는 내 침대로 기어 들어와 내 곁으로 바짝 다가왔다. 이것은 마셀린의 평소 모습이 아니었다. 게다가 그녀는 하루 종일 아이에게 젖을 먹이느라 무척 피곤했을 터였다. 놀라서 반쯤 깬 상태로, 나는 꿈을 꾸고 있다고 생각했다.

아내는 난소 하나를 제거한 수술 때문에 다시는 임신하지 못할 거라고 확신하고 있었다. 게다가 아내가 지난 8년 동안 젖을 먹이거나 임신한 상태였기에 분명히 우리는 피임 중이었다. 하지만 이 모든 것에도 불구하고, 새벽 4시 5분에 브리즈번에서 우리 막내딸 세이지가 잉태되었으며 1989년 11월 16일, 이 세상에 태어났다.

그 순간 내 아내를 깨운 것은 뭐였을까? 늘 자기관리가 철저해서 거의 강박관념에 사로잡힌 듯 보이는 여인에게 이런 이상한 행동을 야기한 것은 무엇이었을까? 그날 밤에 도대체 어떤 힘이 작동했을까? 그 책임은 누구에게 있는 걸까?

세이지는 우리의 결혼 생활에서 아내와 나를 묶어 주는 사랑의 힘이 되었다. 기묘했던 그날 밤 아내가 임신했음을 알았을 때, 아내와 나는 같은 생각을 했다. 우리가 더 이상 아이를 갖지 않겠다고 결정했음에도, 우리를 통해 이 세상으로 그 작은 천사를 보내 준 어떤 힘이 있다는 생각을 말이다. 외과 수술, 피임, 폐경, 배란의 부재, 그리고 외국 땅에서의 깊은 수면. 이런 것들은 이 세상에 모습을 나타내기 위해 투쟁하는 생명력에게는 별로 대단치 않은 장애물이었다.

1989년 어머니날에 나는 아내를 위해 「브리즈번」이라는 시를 썼다. 그리고 오스트레일리아 여행 때 산 액자에 그 시를 넣었다. 하지만 내가 얼마나 많은 말을 썼고, 얼마나 진지하게 그 특별한 경험을 전달하려 했느냐와 상관없이, 오직 우리 두 사람만 '그 존재의 신비와 존엄'을 알고 있다. 그때부터 지금까지, 나는 내 삶에서 신의 존재를 한순간도 의심해 본 적이 없다. 믿지 않는 사람들과는 길게 이야기하지 않는다. 내가 알고 있는 것에 대해 누군가를 설득할 필요가 없기 때문이다. 나는 그냥 내 글이나 강연에서 그걸 말할 뿐이다. 그리고 내 아내를 위해 쓴, 내 간단한 시에서 표현할 뿐이다.

우리는 모든 상황을 책임지는 건 우리 자신이라고 여긴다. 하지만 동시에, 우리 삶에 결정된 무언가를 바꿀 수 없다는 걸 안다. '선택하기로 운명지어졌다'는 말의 패러독스는 항상 명확하다. 그것은 우리가 통제되고 있으며, 동시에 통제되고 있지 않다는 뜻이다. 나는 이런 수수께끼와 함께 사는 것이 신에 대해 알아가는 과정이라고 생각한다.

당신도 이와 비슷한, 기적과도 같은 시나리오를 통해 이 땅에 도착했다. 당신의 심장은 임신 후 몇 주 만에 어머니의 자궁 안에서 뛰기 시작한다. 그리고 이것은 모든 사람들에게 완전한 미스터리다. 아무것도 없는 것에서 어떻게 어떤 것이 나올 수 있을까? 임신 이전에는 그 생명이 어디에 있었을까? 창조의 순간에 무슨 일이 일어났을까? 우리는 걷고, 숨 쉬고, 패러독스를 말하고 있다. 또한 우리는 서로의 사랑을 영원히 가슴에 새기면서, 그 사실을 머리가 아닌 마음으로 받아들이기 위해 노력한다.

이 경외심을 간직하고서 인생의 모든 순간, 창조의 모든 요소에 감사하라. 그러나 어딘가에, 당신 내부의 깊은 곳에, 당신 의식의 작은 구석에, 신의 존재가 있어 당신과 전 우주를 통해 작용하고 있음을 기억하길 바란다. 그리고 그것은 결코 실수하지 않는다는 사실을 기억하라. 우리는 모두 그 일부분이며, 조화롭고 질서정연하게 움직이고 있다.

마지막에 선정된 이 글은 당신에게 주는 메시지일 뿐 아니라 1989년 초, 그 순간에 대한 헌정이기도 하다. 이 책을 덮으면서 당신과 함께 꼭 나누고 싶은 제안을 마지막으로 하려 한다. "당신이 선택한 길 위에서 당신과 함께 걷고 있는 존재가 누군지 안다면, 모든 두려움은 사라질 것이다."

나마스테!(우리 모두가 하나가 될 수 있는, 당신 안에 있는 그 장소를 나는 존경한다.)

KI신서 11818
행복한 이기주의자 두 번째 이야기

1판 1쇄 발행 2024년 3월 27일
1판 2쇄 발행 2024년 4월 26일

지은이 웨인 다이어
옮긴이 김성
펴낸이 김영곤
펴낸곳 (주)북이십일 21세기북스

정보개발팀장 이리현 **정보개발팀** 이수정 강문형 박종수
디자인 표지 수란 **본문** 이슬기
출판마케팅영업본부장 한충희
마케팅1팀 남정한 한경화 김신우 강효원
출판영업팀 최명열 김다운 김도연 권채영
제작팀 이영민 권경민

출판등록 2000년 5월 6일 제406-2003-061호
주소 (10881) 경기도 파주시 회동길 201(문발동)
대표전화 031-955-2100 **팩스** 031-955-2151 **이메일** book21@book21.co.kr

ⓒ 웨인 다이어, 2024
ISBN 979-11-7117-506-2 03320

(주)북이십일 경계를 허무는 콘텐츠 리더

21세기북스 채널에서 도서 정보와 다양한 영상자료, 이벤트를 만나세요!

페이스북 facebook.com/jiinpill21 **포스트** post.naver.com/21c_editors
인스타그램 instagram.com/jiinpill21 **홈페이지** www.book21.com
유튜브 youtube.com/book21pub